Allocation of Scientific
Instrumentation by Interface Analysis

科学仪器设备配置学
——人工智能时代的界面管理

王士国 翟 宇 虞振飞 方良华 著

图书在版编目（CIP）数据

科学仪器设备配置学：人工智能时代的界面管理 / 王士国等著. —北京：北京大学出版社，2023.9

ISBN 978-7-301-34484-2

Ⅰ.①科… Ⅱ.①王… Ⅲ.①高等学校 – 仪器设备 – 设备管理 – 研究 – 中国 Ⅳ.①G647.6

中国国家版本馆CIP数据核字（2023）第183885号

书　　　名	科学仪器设备配置学——人工智能时代的界面管理 KEXUE YIQI SHEBEI PEIZHIXUE——RENGONG ZHINENG SHIDAI DE JIEMIAN GUANLI
著作责任者	王士国　翟　宇　虞振飞　方良华　著
责任编辑	尹照原
标准书号	ISBN 978-7-301-34484-2
出版发行	北京大学出版社
地　　　址	北京市海淀区成府路205号　100871
网　　　址	http://www.pup.cn　新浪微博：@北京大学出版社
电子邮箱	zpup@pup.cn
电　　　话	邮购部010-62752015　发行部010-62750672 编辑部010-62752021
印　刷　者	北京虎彩文化传播有限公司
经　销　者	新华书店
	720毫米×1020毫米　16开本　19.5印张　333千字 2023年9月第1版　2025年2月第2次印刷
定　　　价	76.00元

未经许可，不得以任何方式复制或抄袭本书之部分或全部内容。
版权所有，侵权必究
举报电话：010-62752024　电子邮箱：fd@pup.cn
图书如有印装质量问题，请与出版部联系，电话：010-62756370

中国科协战略发展部支持项目：2022年度"科技智库青年人才计划"（20220615ZZ07110379）

感谢以下作者为本书更具系统性所做出的重要贡献：
  王 杰 研究员[中国地质大学(北京)]
  赵 明 研究员(北京工业大学)
  李 崧 教授(北京师范大学)
  沈 莹 侯 丽 陈中叶 李 昕 周 然 乔红红
  张 威 邓菀菁 侯茹莹 高 欢 黄 玮 李倩雯
  陈诗卉[中国地质大学(北京)]
  徐 航(香港大学)
  石威巍(清华大学)
  邴丕敬(中国人民大学)
  于海鹏(北京航空航天大学)
  刘 洋(北京林业大学)

内容简介

高校作为国家科技战略创新体系的重要组成部分,在科技创新和科技强国过程中起着重要的作用。在当下,科学仪器设备由于其独特的属性,逐渐成为科技创新的重要资源,并随着信息技术的发展呈现出智能属性。卓越的科学仪器设备配置水平,可以使科研过程中的人力、物力、财力、信息资源、时空资源形成合力,不断推动科研项目的原始创新和核心技术突破。

本书将从高校资源配置的教育、科研、社会、经济规律视角,以建设世界一流大学为导向,对高校科学仪器设备配置中的问题进行研究,主要有:一是将界面管理引入科学仪器设备配置中,构建科学仪器设备一体化资源体系;二是创新性地提出高校资源配置的教育、科研、社会、经济规律,并应用于阐释科学仪器设备一体化资源体系促进科技创新的机理;三是提出基于界面分析方法的定量理论;四是提出优化科学仪器设备配置路径,即加强成本核算、预算管理一体化、构建决策链体系、深化创新价值链体系。本书吸纳了多层次、广角度仪器设备管理实践经验,既有实证研究,又有前瞻性思考,对加快建设世界一流大学,落实科技强国战略,实现高水平科技自立自强进行了聚焦研究。对当前科学仪器设备配置中存在的问题进行深刻分析,提出可借鉴的发展模式,并有利于提高预算配置资源的效益,为推进科技强国战略提供财政支撑。

该书适用于高校科学仪器财务管理、资源配置、预算管理、采购管理、资产管理等领域的研究者使用。

序 言

目前,我国科学界整体科研创新水平呈快速提升趋势,但是科研人员提出原创思想、产生重大科学发现、实现突破性进展的研究较少。作为国家科技战略中的重要创新力量,高校做好科研项目原始创新的主要发力点是促进科研人员按照科研规律开展探索研究。人力、物力、财力、信息资源、时空资源配置在原始创新管理中占据重要位置,其配置方式不能简单地套用行政管理的办法,应遵循科研规律。科学仪器设备由于其价值高、典型性强、与原始创新关联度高,被作为科研资源配置的研究对象。

探索资源配置有效途径,提升科学仪器设备效益,是高校资产管理者进行研究的重要课题。为便于资产管理和科研管理人员了解科学仪器设备配置的理论和政策,作者总结多年财务管理,化学、化工实验室管理的丰富的工作经验,以及《首都高校实验室科技创新视角下经费优化配置路径研究》(20220615ZZ07110379)、《实验室仪器设备成本核算关键问题研究》(JSWZ202215)、《高校固定资产的核算与管理研究》(JYKJ2022-060MS)课题的研究成果,并结合最新的国家关于科学仪器设备各方面的法律、法规政策,组织编写了本书。

2016—2020年,是高校开启第一轮"双一流"建设的重要阶段,研究此期间科学仪器设备配置的状况、存在的问题、局限性,提取科学仪器设备配置过程中的经济现象与经济规律,为制定配置资源政策、建设世界一流大学高地提供参考。同时,高等教育逐渐向高质量发展转变,随着国家财政、经济、教育、科技等战略调整,高校的财政拨款出现较大变化,高校预算将面对更大的约束性。2022年4月21日,教育部组织高校进行预算管理一体化网络培训,并于2023年开始实行预算管理一体化,使预算管理与科学仪器设备配置更加精准。科学仪器设备一体化管理(研制、采购需求制定、购置论证、预算编制工作、立项、政府采购、验收、管理、报废等综合管理)是预算管理一体化的必然趋势。以科研规律为遵循,对科学仪器设备配置进行深入探索,才能形成符合科研规律、有利于科研人员开展科研活动的管理模式,提升高校科学仪器设备配置的效益。

本书围绕科学仪器设备资源配置,提出了高校科学仪器设备配置研究内容,即高校与科学仪器设备相关的创新资源种类、数量、分布情况分析,科学仪器设备使用主体分析,配置主体分析,配置科学仪器设备资源的模式,目前配置现状与存在的问题,资源配置效益的优化路径探索。本书遵循科研规律和人才成长规律,受高校预算管理一体化与新结构经济学启发,通过将界面管理引入科学仪器设备配置的九个流程,创新性地提出了一种基于界面分析方法的定量理论,用于优化科学仪器设备配置效益,并分析科学仪器设备在教育、科技、人才耦合过程中的重要作用。

第一章,围绕科学仪器设备资源的种类、数量、分布,介绍了高校科学仪器设备的具体分类、发展趋势、与高等教育相互作用的途径。

第二章,结合高校财务部门配置科学仪器设备的丰富实践,聚焦科学仪器设备资源的使用主体、配置主体、配置模式、配置现状与存在的问题,对科研活动中的物力、财力、人力配置进行综合分析,总结配置过程中的经济现象和问题根源,为界面定量理论奠定理论基础。

第三章,受我国微观经济学原理启发,运用新结构经济学原理,通过深入分析科学仪器设备配置经济现象背后的逻辑结构,提出界面定量理论,优化配置效益。界面在经济活动中无处不在,高校科学仪器设备配置,是基于人力资源、物质、能量、信息、知识等生产要素的投入与产出且具有高等教育特点的实践活动。随着高校科研活动从无到有、从量变到质变的演进历程,科学仪器设备也经历了研制、专业化生产、成为技术资源的过程,高校的科学仪器设备已经与很多经济资源构成有机的复杂系统。

第四章,分析配置路径与成本核算。基于高校成本核算具体情况,分析科学仪器设备在配置过程中的各种成本,提出成本核算改革的举措,从而提升财政资金的使用效益。

第五章,深入讨论优化路径,积极推进预算管理一体化与预算、采购、核算、决算融合。自2016年以来,高校进一步深化"双一流"建设改革,贯彻落实不相容岗位分离的内控制度(授权科学仪器采购、执行采购、审核固定资产经济业务的职务要分离),高校国有资产与实验室管理处原有的采购业务被分离,高校新成立采购部门(招标与采购办公室、招标采购中心等),科学仪器设备类资产外的资产业务划入资产管理部门,科学仪器设备类资产管理划入设备管理部门(设备管理处、实验室与设备管理处等)。由于国有资产与实验室管理处汇集了仪器设备采购、管理、验收业务,培养了很多具有综合能力和素质的人才。结合作者在财务综合事务、招标采购、资产管理、实验室管理等方面的丰富工作经验,探讨了预算一体化与采购以及财务业务协同中的界面效应,结合科学仪器设备配置分析了采购、预算、核算、决算中存在的问题、面临的挑战以及解决的路径。通过不断与先进的经济学原理和管理理念融合,逐步解决问题,构建了一体化的管理模型。

第六章,以构建"科学智能决策链"优化路径为重点,讨论了界面定量理论与科学智能决策链的耦合机制。科学仪器设备管理工作具有以下特点。①工作领域宽:包含教学科学仪器设备的采购、使用、管理、维护等。②工作任务重:教学科学仪器设备具有非常大的增量空间。③工作难题多:要符合社会发展需求和"双一流"建设需求。④工作变化大:技术的更新发展非常迅速。正是这些管理的难点和痛点,倒逼管理者采用先进的信息技术手段、第三方机构赋能的管理经验来提高高校仪器设备管理效率。方良华基于第三方机构管理特点和丰富的实践经验,介绍了相关方面的工作。

第七章,以创新价值链的视角,分析了界面定量理论在高校大型仪器共享平台、实验室管理中的应用。不仅实现了校内优质资源的集中化管理与高效使用,还解决了安全隐患,降低了安全成本,更好地促进了学科交叉。本章由翟宇、虞振飞完成。

第八章,提出了科学仪器设备改革与界面定量理论的应用前景。

高校人才资源、实验室资源、科技资源丰富,是国家知识创新的重要力量。"双一流"建设是一项高度集中的资源投入方式,财力资源往往有限,本书重点关注有限的经费资源投入、供应链改革、创新价值链改革,充分发挥效益,达到卓越目标。此外,界面定量理论对于高校培养人才,产出诺贝尔奖级别的科研成果,具有一定的指导意义。本书既有实践活动的可行性和可操作性,又有理论研究的合理性,更为探索未来高等教育高质量发展空间开辟一条高质量、可持续的发展途径。

王士国
2023年6月

专用语

场域(Field)：高校开展教育活动的现实场所以及在教育活动中各种关系交互形成的动态社会空间或网络。

创新(Innovation)：将前沿的基础研究转化为实际应用发明的过程，是知识经济的驱动因素。

大型贵重仪器设备(Large-scale instrument)：单价在人民币10万元(含)以上的仪器设备。

复合型仪器设备(Composite instruments)：由一些不太昂贵的组件组合而成，具有了新的特定功能且功能性强的科学仪器设备。

高校科技创新(Scientific innovation in universities)：高校通过现代化的治理体系，强化对接国家战略目标与战略任务，发展科技、培养人才、增强创新，实现原创性科学研究和技术创新的过程。

高校科学仪器设备资源配置(Allocation of scientific instrumentation)：高校的资源配置主体根据依法履行职能和事业发展的需要，采用一定的配置机制与配置手段，为本单位的资源使用主体提供特定数量和结构比例的科学仪器设备资源的行为。

高校学术资源(Academic resources in universities)：高校教学人员和科学研究人员通过原始创新、知识的开发与传播，利用学科和课题等学术单元，形成具有相对稳定性学科范式的知识储备，可以利用学术范式、建立模型来衡量的资源。

高校资产(Assets in universities)：高校依法直接支配的各类经济资源。高校的资产包括固定资产、流动资产、在建工程、无形资产、对外投资、公共基础设施、政府储备物资、文物文化资产、保障性住房等。

机器人流程自动化(Robotic process automation，RPA)：基于人工智能或软件机器人进程的自动化技术。

界面(Interface)：不同要素的结合部分，产生于各类资源要素结合在一起时的接口。

近距离经济学(Close encounter economics)：以人类地理学距离与经济理论相结合，研究经济在空间扩散中的关联、相互作用以及研究经济产出规律的经济学。

精密仪器设备(Precision Instrumentation)：用以产生、测量精密量的设备和装置，实现对精密量的观察、监视、测定、验证、记录、传输、变换、显示、分析处理与控制。

科技创新(Scientific innovation)：基于一定的经济体制、创新主体，通过创造性劳动使科学、技术、知识生产从原始创新发现场域跃迁至经济场域，从而为社会创造财富的集体行动过程。

科技创新链(Scientific innovation chain)：包括基础研究、应用基础研究、应用研究、技术开发、技术市场化。

科学革命(Scientific revolution)：常规科学量变积累，会有越来越多的无法回答的异常现象，使科学出现危机，从而催生新范式取代旧范式，完成科学结构转换的过程。

科学研究(Scientific research)：为探究自然规律进行的调研、实验、试制等一系列科学活动。

科学仪器(Instruments for scientific research)：科学技术上用于实验、计量、观测、检验、绘图等用途的器具和装置。

科学仪器设备(Scientific instrumentation)：课题组/部门采购的直接用于科研工作，在科学技术上用于检查、测量、控制、分析、计算和显示被测对象的物理量、化学量、工程量和生物量等性质的器具或装置。

科学仪器韧性计算(Resilience computation of scientific instrument)：通过建立科学仪器设备故障原因、维修记录、智能运行的大数据库，对在使用的科学仪器进行预处理(加以人工辅助)，防止突然的故障导致仪器无法运行而建立的科学仪器韧性模型。

科学仪器设备人力资源(Intelligence resources from scientific instrumentation)：由高校教学科学研究人员、学生、仪器管理技术人员为主体，围绕知识、信息、技术、经验、文化等所形成的具有高校特色的、具有核心价值的人力资源。

老旧仪器(Aged instrument)：已经超过最低报废年限，或者虽未超过年限，但其主要功能和技术指标已经不能满足科研需求的大型科学仪器。

"零基"预算原则(Budget principle based on zero base)：对存量基数全部

"清零",改变部门预算长期以来形成的"基数+增长"的编制方式,按照"量力而行、尽力而为"的原则编制预算。

路径依赖(Route dependence):即制度惯性,是指制度创新的方向对现存制度安排存在一定的依赖关系。一旦管理者选择了某个体制,该体制中的资源将会沿着既定方向不断强化;一旦采用特定路径,将具有"惯性"。

配置(Allocation):定向分配给特定对象的决定或分配过程。

配置路径锚定现象(Anchoring effect of allocation route):因从传统的资源配置模式和机制转向另一种高质量的模式和机制需要花费过高成本或不符合实际财政,导致资源配置锚定在现有的、非最优的较低效率的路径上的现象。

人工智能生成内容(AI-generated content,AIGC):利用人工智能辅助仪器设备生成的内容。

设施(Infrastructure):某一个组织为保持运行或满足某种工作需要而建立起来的机构、系统、组织、建筑等复合体。

实验室(Laboratory):科研工作者基于特定条件的建筑,从事以实验为主的科学活动,并具有传承性的社会组织。

世界一流大学高地(The world-class university highland):为支撑国家战略发展、区域经济建设和国际交流合作而集聚世界一流大学和优质高等教育资源的城市集群。

算法(Algorithm):一系列用于得到科学仪器设备配置相关结果的计算方法或策略。

先进研究仪器和设施(Advanced instruments and facilities):购买金额在200万美元至上千万美元的研究仪器和设施。

资源配置(Resource allocation):对相对稀缺的资源在各种不同用途上通过比较作出选择的过程。

目 录

第一章 科学仪器设备配置概述 ... 1

第一节 基本概念 ... 3
一、科学仪器设备配置遵循的政策与规律 ... 3
二、科学仪器设备资源 ... 8
三、高校科学仪器设备财务管理特点 ... 14
四、高校科技创新规律 ... 16

第二节 科学仪器设备类资产形成的资金来源与分类 ... 19
一、科学仪器设备形成的资金来源 ... 19
二、科学仪器设备分类 ... 22

第三节 科学仪器设备发展与配置历程 ... 36
一、科学仪器设备结构变迁 ... 37
二、科学仪器设备在我国的发展 ... 40
三、科学仪器设备配置研究进展 ... 42

第四节 科学仪器设备配置目标 ... 44
一、高等教育维度:科学仪器设备配置与建设世界一流大学高地 ... 44
二、科技强国维度:科学仪器设备与科技强国 ... 48
三、社会维度:科学仪器设备是智能时代的核心支撑 ... 50
四、经济维度:科学仪器产业服务社会 ... 50

第二章 科学仪器设备一体化资源配置 ... 53

第一节 科学仪器设备资源配置实践 ... 55
一、科学仪器设备配置程序 ... 55
二、配置原则 ... 57
三、配置需求与标准 ... 59
四、高校科学仪器设备配置现状 ... 60

　　　　五、问题与挑战 ··· 63
　　　　六、高校科学仪器设备配置问题的原因分析 ······················· 66
　　　　七、优化资源配置原则 ·· 68
　　第二节　配置程序：编制规划与采购需求、购置论证、预算立项 ·········· 69
　　　　一、利用中央财政资金购置科学仪器设备 ··························· 69
　　　　二、利用科研经费购置科学仪器设备 ··································· 73
　　第三节　配置程序：研制 ··· 74
　　　　一、科学仪器设备研制的严峻性与重要性 ··························· 75
　　　　二、科学仪器设备研发研制界面存在的问题 ······················· 78
　　　　三、界面管理视角下改革 ··· 80
　　第四节　配置程序：采购与升级替代 ··· 82
　　　　一、采购论证 ··· 82
　　　　二、采购与自主研发 ··· 83
　　　　三、采购进口仪器设备的不良影响 ······································· 83
　　　　四、科学仪器的升级与替代 ··· 84
　　第五节　配置程序：验收、建账、支付款项 ································· 85
　　　　一、验收 ··· 85
　　　　二、验收中的问题 ··· 85
　　　　三、建账 ··· 88
　　　　四、强化预算、核算、决算全过程与绩效考核 ··················· 89
　　　　五、利用技术赋能实现自动化验收、建账与付款 ··············· 90
　　第六节　配置程序：开放共享 ··· 90
　　　　一、高校大型仪器设备的开放共享 ······································· 91
　　　　二、大型贵重精密仪器设备开放共享受益主体与路径分析 ········ 92
　　　　三、科研大型仪器收入分配方案 ··· 96
　　　　四、开放共享中的问题 ··· 97
　　第七节　配置程序：维修维护、升级改造、盘点 ······················· 97
　　第八节　配置程序：处置 ··· 99

第三章　科学仪器设备界面定量实证 ·· 101
　　第一节　科学仪器设备配置模式 ··· 103
　　　　一、高校科学仪器设备配置效益模式 ··································· 103

二、效益来源与财务管理 ··· 106
　　三、资源整合 ··· 108
第二节　科学仪器设备配置效率评价指标体系构建 ················· 111
　　一、效率评价指标体系设计 ··· 111
　　二、初始投入指标 ·· 112
　　三、产出指标 ··· 113
　　四、一体化资源要素分析 ··· 114
　　五、人力资源与物力资源定量关系分析 ························· 119
第三节　科学仪器设备配置效率评价实证研究 ························ 122
　　一、实证分析 ··· 122
　　二、转化系数 θ ·· 129
　　三、科学仪器设备十年增长规律 ····································· 132
　　四、一体化资源要素作用分析 ··· 134
第四节　界面分析与配置路径 ··· 142
　　一、界面分析 ··· 142
　　二、界面分析在科学仪器设备经费资源配置中的应用规律 ··· 143
　　三、科学仪器设备配置路径 ··· 151
第五节　科学仪器设备配置过程中主要的界面经济学理论 ····· 162
　　一、界面经济学理论 ··· 162
　　二、近距离经济学(开放共享潜力分析) ························· 165
　　三、界面成本 ··· 166
　　四、高校有组织科研 ··· 168

第四章　配置路径与成本核算 ·· 169
第一节　成本核算 ··· 171
　　一、成本核算制度 ·· 171
　　二、成本核算现状与存在的问题 ····································· 174
　　三、科研规律指导下的成本管理举措 ····························· 175
第二节　贵重精密仪器开放共享成本分析 ································ 180
　　一、共享成本 ··· 180
　　二、优化成本核算建议 ·· 182

第五章　预算管理一体化 ... 185

第一节　预算管理一体化背景下的采购管理 ... 187
一、科学仪器设备采购 ... 187
二、采购流程 ... 192
三、科学仪器设备采购的现状与问题 ... 195
四、高校科研设备采购经费问题的原因分析 ... 201
五、优化采购途径 ... 205
六、建议 ... 208

第二节　预算管理 ... 210
一、全面预算管理一体化 ... 210
二、预算管理一体化与科学仪器设备资源配置 ... 211

第三节　预算管理一体化背景下的内部控制管理 ... 214
一、科学仪器设备内部控制建设的重要意义 ... 214
二、科学仪器设备内部控制的方法 ... 215
三、科学仪器设备管理的风险点 ... 216
四、科学仪器设备风险预警指标 ... 216

第六章　构建科学智能决策链体系 ... 219

第一节　科学仪器设备配置决策链 ... 221
一、科学仪器设备管理政策执行过程理论模型 ... 222
二、科学仪器设备科学智能决策链分析 ... 224

第二节　优化科学仪器设备配置的决策链体系 ... 226
一、科学仪器设备经费资源配置主体：从"政府调控"向"市场调节"转变 ... 227
二、科学仪器设备资源支配权力：从"政府统管"到"放管服"转变 ... 228
三、科学仪器设备经费投入绩效：从"过程监控"向"成果评估"转变 ... 229
四、科学仪器设备专业技术人力资源评价：从"资源集中"向"资源均衡"转变 ... 230
五、大型贵重仪器设备资源共享优化：从"分块政策"向"一体政策"转变 ... 230

第三节　信息技术赋能决策链 ... 232
一、发展现状 ... 232
二、改革措施 ... 234

第四节　利用第三方机构赋能 236
　　一、科学仪器设备与第三方机构 236
　　二、总体情况 237
　　三、高校在第三方机构安全管理中存在的问题 239
　　四、第三方机构"1+3+3"安全管理体系构建 241

第七章　创新价值链 247

第一节　实验室价值链体系 249
　　一、实验室与经费配置 250
　　二、高校实验室经费配置现存问题 250
　　三、实验室经费配置优化路径 252

第二节　世界一流大学高地建设视角下配置改革 254
　　一、实验室改革中存在的问题与分析 255
　　二、建设世界一流大学高地视角下实验室改革的内涵与目标 256
　　三、改革的方向和具体路径 257
　　四、模型指标解读与实践 262

第三节　安全价值链 264
　　一、高校大型仪器共享平台危险源分析 264
　　二、危险性仪器设备的分类 266
　　三、加强信息化管理 267
　　四、开放共享、绩效考核问题讨论 268

第八章　优化配置的政策建议 269
　　一、建设科学仪器设备高地 272
　　二、做好多校区科学仪器设备配置一体化规划 273
　　三、加大基础研究，鼓励"产学研用"发展模式 274
　　四、创新科学仪器设备采购 276
　　五、信息化赋能创新工作流程 277
　　六、引入第三方机构共同治理 278
　　七、推动科学仪器设备与经济学耦合 278
　　八、提高政策一体化力度 280

参考文献 283

னt# 第一章
科学仪器设备配置概述

第一节 基本概念

科学研究是围绕科学开展的,为探究事物本质和规律进行的调研、实验、试制等一系列活动。科学仪器设备(含教学与科研仪器设备或设施)是高校开展教学、科研活动的物质基础,是衡量科技创新灵敏的"指示剂"。在当下人工智能时代,先进的智能技术对科学研究范式、科学仪器设备配置模式产生了巨大影响,但国内对科学仪器设备配置研究仍停留在根据政府采购政策、大型仪器设备共享政策提升仪器设备的效益上,并未针对科学仪器设备资源的智能配置进行研究。本书从科学仪器设备资源配置的视角,通过分析北京34所第一轮"双一流"建设高校在周期内对科学仪器设备配置的总体情况(主要有科学仪器设备资产总值、总预算收入、信息化系统数据量、大型贵重仪器开放共享绩效),构建知识积累模型,通过模型分析科学仪器设备配置使用效益存在的问题,提出提升科学仪器设备资源配置效益的路径,即开展成本核算(科学地投入产出),积极推进全面预算管理一体化,构建科学智能决策链体系和创新价值链体系(图1-1)。

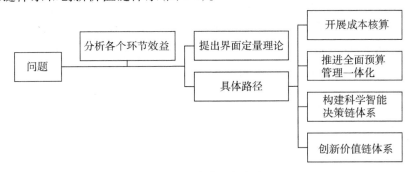

图1-1 本书逻辑框架

一、科学仪器设备配置遵循的政策与规律

(一)科学仪器设备配置

高校科学仪器设备资源配置(简称科学仪器设备配置)是指高校资源配

置主体依据法律规定履行职能,按照事业发展的需要与资源承载能力,采用一定的配置机制与配置手段,为本单位的资源需求主体提供具有一定数量和结构比例的科学仪器设备资源,并产生一定教学、科研、服务社会、文化传承效益的行为。科学仪器设备管理主体是国家财政部门、教育部门和高校财务部门,配置主体一般是财务部门,资源需求(使用)主体主要是教学和科研人员。配置范围主要是为满足学校履行职责需要配备的教学科研专用设备和特殊设备,以及与之相关的财力资源、人力资源、创新环境资源。科学研究专用设备指学校根据教学、科研和其他工作的实际需要购置的各种具有专门性能和用途的设备,特殊设备指有特殊需求的专业类设备。配置主体采用的配置机制是按照国家有关政策、法规、制度要求等配置工具作为配置依据,结合高校的资源承载能力(资产存量、资产配置标准、绩效目标和财政承受能力),通过多元资源获取方式(调剂、接受捐赠以及购置、建设、租用等方式)获得并安排科学仪器设备等相关资源。

(二)指导政策

科学仪器设备配置以上级部门政策为指导依据,政策性强。"双一流"建设作为一项国家长期战略,将科学仪器设备的配置效益作为"双一流"建设高校科研软硬件建设的重要评价指标。2017年,财政部、教育部制定的《中央高校建设世界一流大学(学科)和特色发展引导专项资金管理办法》指出,高校应围绕重大科研项目,以"高精尖缺"为导向,优化资源配置,提高资产配置的科学性,提高科技创新能力。2022年1月,教育部、财政部、国家发改委在《关于深入推进世界一流大学和一流学科建设的若干意见》中指出,"双一流"建设中仍然存在高层次创新人才供给能力不足、服务国家战略需求不够精准、资源配置亟待优化等问题。新修订的《中华人民共和国科学技术进步法》对重大科研基础设施和仪器设备开放共享、仪器新购查重评议等方面提出了明确要求。2022年4月,中共中央、国务院正式发布《关于加快建设全国统一大市场的意见》,提出"推动重大科研基础设施和仪器设备开放共享"。2022年9月,中央全面深化改革委员会第27次会议强调,要优化配置创新资源,坚持把节约资源贯穿于经济社会发展全过程、各领域。2022年10月,科技部印发《"十四五"技术要素市场专项规划》,旨在优化技术要素的配置。2022年,党的二十大报告提出"优化配置创新资源";同年12月,中央经济工作会议提出,要把科技政策同财政、货币等政策作为高质量发展的重要政策。

(三) 教育、科研、社会、经济运行规律

科学仪器设备是高校中一个集人力、财力、物力、信息资源、时空资源等稀缺资源综合作用的复杂系统。从高校财务管理来看,科学仪器配置中的资金流动所体现的经济关系,实质上是物质利益关系,体现在国家、学校、个人层面;配置过程中资金流动所体现的规律,实质上是层面之间关系,是高等教育、科研、社会、经济运动规律的交互作用。因此科学仪器设置配置的底层逻辑是高等教育稀缺资源的交互与组合。

为阐释资金流动的复杂性,对资金的流动实现实时动态定位,进而定量评价高校的科学仪器配置效率,揭示高等教育、科研、社会、经济四重规律交互作用,从而将模糊性、不确定性问题转化为确定性问题,本研究将"界面""网络"的概念引入科学仪器设备配置过程中。从界面起源来看,界面本是一个工程技术术语,描述仪器设备的接口关系。国际电气与电子工程师协会1996年将界面定义为仪器或软件模块间信息交互的共享边界、用来连接多个软件与硬件并保障信息在模块间流动的软硬件模块(朱启超 等,2005)。界面(Interface)产生于各类要素结合、集成在一起时的接口,是在相关区域、实体、物质、阶段等层面形成的共同界限(刘博 等,2012)。在管理学和经济学领域,界面用来描述任务模块以及组织部门之间在信息、物资、财务等要素流动中的相互作用关系。在高校表现为部门职能边界、组织边界、人与物的边界、各种资源之间的边界,可以用来定量描述人力、物力、财力、信息资源、时空资源配置流程之间的链接关系。

界面的本质是交互,是高等教育、科研、社会、经济多重规律交互作用的必然产物。从配置的宏观界面来看,国家是高校的投资主体,学校是单位利益的集中代表,科研人员是学校科研工作的直接劳动者和学校知识财富的直接创造者。从配置的科研规律来看,资源配置主体应该面向国家重大需求,通过与科学范式、学科融合推动资源整合,推动北京"双一流"建设高校建设世界一流大学高地。从配置的教育规律来看,配置机制要遵循高校培养人才、服务社会、文化传承的职能。从配置的社会规律来看,经过四次工业革命,社会生产力不断提升,当前社会已经发展至人工智能时代,社会运行越来越

依赖信息技术与智能技术,高校的资源配置要紧跟时代,引领社会发展。从配置的经济运行规律来看,高校要利用"双一流"建设中的资源和资金投入,使教育产出与边际效益达到最大化。高校资源配置是典型的经济学范畴,科研基础设施和大型科研仪器作为典型的财务资源同时还是科技资源,因此科学仪器设备的配置要遵循高等教育规律、科研规律、社会规律、经济规律,符合此四重规律的资源配置路径是效益最高的。

(四)科技发展对财政经费投入的依赖程度

1. 财政经费投入的稀缺性

从经济规律来看财政经费投入的稀缺性,主要表现在财政投入对科研活动、智力资源的稀缺性,智力资源对科研活动的稀缺性,科研活动本身对高校科技发展和办学水平的稀缺性。在科技竞争日趋激烈的环境下,财政经费投入是产出科研成果的必要非充分条件,科研活动对高校科技发展和提升办学水平都是一种稀缺资源,且财务部门有主动权,财政经费高,开展的科研活动就会密集,科技成果和办学水平更可能大幅提升。

2. 科技竞争能力高度依赖财政经费投入

高校资源禀赋不同,对于同质性高校(含有相同"双一流"建设学科的综合性高校和理工类高校)来说,前沿的技术、精密的科学仪器设备、领航人才变成了争夺重点,科技竞争能力取决于财政经费投入的力度。

3. 科研是高校发展的关键驱动环节,财政经费投入是最关键的驱动因子

科学仪器对于各个学院、学科、科技创新发展的驱动因子不同,科学仪器资源配置也要采取有针对性的配置方式。这点在财务资源配置的使用环节用得比较多。例如,大团队产出的科技成果多且创新度高,在配置科学仪器设备资源时会获得较高的支持度。

4. 财政经费通过科研活动激励智力资源提高创新活力

不同的激励对象,需要财务部门和科研管理部门制定不同的激励方案,如果激励的对象是资深科学家,则应配置科学仪器、建设大平台费用;如果激励的对象是青年科学家,应配置间接经费与人员效益。

5. 科研项目的投入与产出是绩效评价的主要指标

影响科研项目绩效评价的因素中,主要是科研投入与产出。产出,即科研成果,如论文、技术成果、专利等,已经随着科研活动的发展有了绩效评价指标依据。

案例1-1 教育、经济、科研规律与新基石研究员项目

现代科学仪器设备与资金流动耦合,最早追溯到近代自然科学确立以及实验室的诞生(郭金明,2019)。在最初的科学探究活动中,研究者(早期的科研人员)在私人实验室专业设计并使用科学仪器设备开展科学探究。后期由于开发成本需要资本的资助,科学仪器设备的工具属性逐渐融入资本属性,科研规律与经济规律开始融合。经过不断的专业化分工,科学仪器设备逐渐成为一门技术密集型产业,随着科学仪器规模和技术含量不断扩大,产生了科研基础设施。随着对科学技术的追逐,现代大学诞生,大学的科研人员通过购买交易(后期发展为公开招标采购)的形式,利用高校的财力购买科学仪器设备,从此,高等教育规律开始与科研规律、经济规律融合。反过来,科学仪器设备的研发与维护往往与高校科研前沿领域、交叉学科(如电子、机械)领域密切相关,科学仪器设备推动科研规律、学科交叉不断深化。1965年美国国家科学院报告 *Basic Research and National Goals*(中文译为《基础研究与国家目标》)阐述了科学仪器与基础研究的关系,报告指出对于科研设施投入很大部分是用于运行和维护费用。后来随着现代财务体系发展,科学仪器设备逐渐在财务资金流动关系中命名为固定资产。我国一直在基础研究上投入大量国家级经费,同时也引导社会资金投入基础研究,2018年,《国务院关于全面加强基础科学研究的若干意见》强调,要"采取政府引导、税收杠杆等方式……探索共建新型研发机构、联合资助、慈善捐赠等措施,激励企业和社会力量加大基础研究投入。"2022年在中国科学技术协会的指导下,由科学家主导,腾讯公司出资,"新基石研究员项目"成立。"新基石研究员项目"是一项聚焦原始创新,鼓励自由探索,带有公益属性的新型基础研究资助项目,支持富有创造力的科学家开展探索性与风险性强的基础研究。腾讯公司在10年内投入100亿元人民币,长期稳定地支持一批杰出科学家潜心基础研究、实现"从0到1"的原始创新,推动科学发展。科研人员申请

国家经费支持的常规科研基金，通常需要提供比较完整的研究数据和结果，获得多数同行专家的认可，这对于原创性的项目较难。而投资、评价机制灵活的社会资金针对原始创新进行大胆有力的支持，可与国家经费投入互补。
(资料来源：新基石研究员项目，https://www.newcornerstone.org.cn/#/，访问时间：2023年6月3日)

二、科学仪器设备资源

资源是生产资料或生活资料的天然来源，是在一定时间和技术条件下，能够产生经济价值，提高人类当前和未来福利的自然环境因素的总称。高校科学仪器设备资源主要分为本体资源以及相关资源，相关资源有人力资源、财力资源、信息资源等。

（一）本体资源

科学仪器、设备、重大科学基础设施、大科学装置，都是为了满足科学研究活动而具有实物形态的科技创新资源，是科学技术发展到一定阶段的必然产物，其目的是服务于科学研究与科学前沿探索。并且能作为知识生产的重要工具，起到催化科技创新、集聚优秀科学人才的作用（表1-1）。

表1-1 科学仪器设备概念汇总表

序号	概念	属性	移动性	批量生产	对科技创新的驱动作用	英文
1	科学仪器	用于科技实验、测量等用途的装置，属于硬件实物	兼具可移动性与不可移动性	可重复、批量生产	范围较大，是科技创新的基础	Instrument
2	设备	不仅用于科技，还用于办公等其他非科技用途	具有可移动性	可重复、批量生产	代替人力的装置，节省劳动力	Equipment
3	重大科研基础设施	是机构、系统、组织和建筑的复合体，包含软件和硬件，具有基础性和公共性特点	一般不具有可移动性	一般造价高，以单一为主	驱动科技创新作用强，容易产出原创性、颠覆性成果	Infrastructure facility

(续表)

序号	概念	属性	移动性	批量生产	对科技创新的驱动作用	英文
4	大科学装置	体积较大的仪器设备复合体	一般不具有可移动性	一般造价高,以单一为主	综合度高,驱动科技创新作用强,	Mega-science/large science facility

资料来源:皮晓青,唐守渊,冯驰,等。科技资源开放与共享策略研究[M]。重庆:西南师范大学出版社,2008。

1. 科学仪器

一般来说,仪器是科研上用于实验、计量、观测、检验、绘图等用途的器具和装置。对应英文"instrument"与"instrumentation",根据朗文词典释义,"instrument"是比较小的单个工具,而"instrumentation"是由若干小的仪器工具组成的一套仪器装置、大科学装置或设施。Nature网站对于技术与仪器(Techniques and instrumentation)的定义是研制用于应用物理、材料科学、纳米技术的设计、合成、生产、成像或分析的方法与工具,其定义带有明显的跨学科特征。

实验装备、仪器佐剂、仪器配件均为科学仪器设备功能正常运转的消耗品。实验装备主要是指辅助仪器设备的一些装置,主要有实验用的移液装置、提取装置、离心装置、试管、烧杯、蒸发皿、酒精灯、漏斗、干燥管等,其中需求较多的是实验用离心机。仪器佐剂主要是指用于满足科学仪器正常功能的实验用实验材料,比如核磁共振仪需要使用的液氮、液氦、造影剂等。仪器配件是指在大型科学仪器购买和使用过程中增添或组装的辅助配套且无法单独使用的仪器设备。

精密仪器设备是用以产生、测量精密量的设备和装置,对精密量的观察、监视、测定、验证、记录、传输、变换、显示、分析处理与控制。包括测量仪器、分析仪器、成像仪器、诊疗仪器和其他各类实验仪器。高水平的精密测量技术和精密仪器制造能力是科学研究和整体工业领先程度的重要指标。

2. 设备

设备是为满足某项工作需求的器物或机械装置。设备常具有可移动性,一般具有重复生产且可批量生产的特点。设备一般分为通用设备和专用设备。2022年教育部发布修订后的《高等学校财务制度》中,取消了关于专用设备单价大于1 500元的规定,只保留了单价大于1 000元的设备规定。

一般仪器设备,从工业生产的视角来看,是指经过加工制造,由多种部件按照各自用途组成独特结构,具有测量、科研、服务、信息储存、传递、生产加工、动力、运输、容量及能量转换等功能的机器、容器、成套装置等。仪器常与设备连用,其共同点在于都是具有特定实物形态和特定功能的装置和器具。

大型科学仪器设备是指原值在规定限额以上,直接用于研究、观测、试验、检验、检测、计算等各类科研活动和教学活动的重要的仪器和设备(含配套附件和软件),不包括与基建配套的各种动力设备、机械设备、辅助设备,也不包括专用于生产的仪器设备、办公设备以及一般运输工具(科学考察用交通运输工具除外)。

3. 重大科研基础设施

设施是指某一个组织为保持运行或满足某种工作需要建立起来的机构、系统、组织、建筑等复合体。在英文中设施常与基础组合形成词语"infrastructure",意为底层结构。

根据教育部《高等学校国家重大科技基础设施建设管理办法(暂行)》(教技函〔2019〕76号)文件,高校重大科技基础设施,是指为提升探索未知世界、发现自然规律、实现科技变革的能力,引领和支撑"双一流"建设和人才培养,高校牵头建设,经费投入大,工程建设难度高,并提供开放共享服务的大型复杂科学研究装置或系统。《国家重大科研基础设施和大型科研仪器开放共享管理办法》(国科发基〔2017〕289号)则是针对国家重大科研基础设施和大型科研仪器(以下简称科研设施与仪器),主要包括政府预算资金投入建设和购置的用于科学研究和技术开发活动的各类重大科研基础设施和单台(套)价值在50万元及以上的科学仪器设备。重大科研基础设施是指为探索未知世界、发现自然规律、引领技术变革提供基础支撑的大型复杂科学技术研究装置、系统或科学设施,一般由国家统筹布局,政府财政资金进行较大规模的投入,同时通过较长时间工程建设完成,建成后需长期稳定运行和持续开展科学技术活动,以实现重要科学技术或公益服务目标,具有战略性、基础性和前瞻性。从统筹单位层面来看,既包括发改委批建的重大科技基础设施,也包括相关地方和部门建设的其他重大科研基础设施。目前,重大科研基础设施和大型科研仪器国家网络管理平台已经纳入了各类重大科研基础设施82项，其中33项已建成。科技基础设施是一个复杂的系统工程，包括仪器设备、实验基地、科技文献等不同形态的科技资源。

重大科研基础设施是国家战略科技力量的重要组成部分，对解决重大科技问题、开展核心技术攻关、开展产业创新发展具有关键支撑作用。具备五个方面的特点：一是具有明确的科学目标和国家使命；二是科学技术基础深厚，设施技术难度大、系统复杂性高，必须经过长期研究，突破大量难关；三是兼具工程和科研双重属性，是一项复杂工程；四是科研寿命较长，往往需要通过长期稳定运行、不断改造提升和持续科研活动才能更好地实现其科学价值；五是开放共享程度高，设施的公共属性和资源稀缺性决定了开放共享是其本质要求。

4. 大科学装置

大科学装置兴起于粒子物理、核物理研究，是一批投资大、复杂精密的仪器，代表了科学仪器的最高水平。目前普遍采用的大科学分界线是美国科学家普莱斯在1962年6月发表题为"小科学大科学"的著名演讲。科学技术按时间划分，第二次世界大战前的科学属于小科学，从第二次世界大战时期起进入了大科学时代。

大科学装置是为实现重要科学技术目标，通过较大财政投入和工程建设、长期持续稳定运行科学技术活动的大型设施，是集中在固定场所的大体积科学仪器。建设大科学装置称为大科学工程。随着科学和信息技术网络的不断发展，越来越多的科学仪器装置无法固定在同一个地方，国际上把科学仪器装置的扩展称为"重大科技基础设施"；同时大科学装置也是重大科技基础设施，因此，实际上是一种大型、复杂的科学研究系统。由于大科学装置提供大型的科学平台来开展科学研究，面对的是前沿科学的基础问题和国家高科技发展面临的一些瓶颈问题，其突出特点是涉及的科学家和工程师队伍规模大、投资大、建设周期长、做研究工作的运行周期长。

总结起来，国家重大科技基础设施、国家重大科研基础设施和大型科研仪器的定义重在"科技""科研"不同，为统筹科技、科研范畴内的仪器与设施，本书采用总称科学范畴，将科学仪器设备与重要基础设施作为研究对象，主要从政策和词频统计两个视角来考虑。

根据我国科学仪器设备配置政策（表1-2）及国务院、国家科技基础条件平台中心、科技部、教育部对科学仪器设备的定义，结合美国国家科学院于

1965年提出的先进仪器与设施概念,以及高校管理仪器设备工作(一般高校将教学科研仪器设备统称为仪器设备)的实际需要,利用信息处理的科学原理,统计了关于科学、仪器、设施、设备等与配置相关的词频(表1-3),对关键词进行量化研究。研究发现,文献1~3最高词频的词语是"研究",文献4和文献5最高词频的词语分别是"仪器""设备"。将高频词之间建立相互关系,一方面说明仪器与设备对于科学研究的重要意义;另一方面通过从一组术语到另一组术语的映射,确定了科学仪器与成本、配置、创新的逻辑联系,这对加强仪器配置过程中使用词语词频的精确理解,具有重要的科学价值。

表1-2 我国科学仪器设备配置政策文件

序号	主题	政策文件	对科学仪器设备管理的影响
1	购置资金	《中央高校改善基本办学条件专项资金管理办法》《中央高校建设世界一流大学(学科)和特色发展引导专项资金管理办法》《高等学校国家重大科技基础设施建设管理办法(暂行)》	弥补高校双一流建设过程中购置科学仪器设备资金不足,提升了科研基础条件
2	开放共享	《国家重大科研基础设施和大型科研仪器开放共享评价考核实施细则》	明确了开放共享考核的一级和二级指标
3	科研经费管理	《关于改革完善中央财政科研经费管理的若干意见》《中华人民共和国科学技术进步法》	激发科学技术人员创新活力,减轻科研人员事务性负担
4	实验技术人员职称	《关于深化实验技术人才职称制度改革的指导意见》	充分调动实验技术人才对科学仪器设备研发、管理的积极性

根据定义,科学仪器设备包括:(1)单件或成套科学仪器设备;(2)构成大科学装置、科学仪器设备研制、科学仪器设备升级改造项目的不可缺少的组成部分的部件、材料;(3)使用大科学装置及科学仪器设备过程中更换的部件、材料;(4)用于科研工作的软件(不含政府集中采购目录中的软件)等。其中,检验检测类科学仪器最为常见,由于各国对于科学仪器概念的界定与统计标准不同,检验检测类科学仪器通常是指实验室分析仪器,主要包括:色谱、生命科学仪器、质谱、实验室自动化、原子光谱、分子光谱、表面分析、材料物性、通用仪器、实验室设备10类。

表 1-3 科学仪器设备配置词频

文献	研究(Research)	科学(Science)	仪器(Instrumentation)	设施(Facility)	仪器(Instrument)	资金(Fund)	成本(Cost)	项目(Program)	技术(Technology)	研究者(Researcher)	设备(Equipment)	预算(Budget)	基础设施(Infrastructure)	资源(Resource)	投入(Investment)	共享(Share)	技术人员(Technical staff)	配置(Allocation)	创新(Innovation)
1	1 207	878	854	523	444	307	391	339	137	136	110	99	96	83	47	35	17	5	2
2	1 364	795	9	8	40	444	86	235	199	80	19	15	77	74	104	41	—	—	161
3	1 163	643	287	466	277	248	230	239	186	94	232	111	352	151	83	109	30	8	9
4	20	10	84	—	84	19	—	28	17	—	82	1	—	5	9	12	—	42	12
5	15	11	97	—	97	3	—	5	21	—	103	1	—	7	2	7	—	54	1

资料来源：文献 1：*Advanced Research Instrumentation and Facilities*（2006）（先进仪器与设施（2006））。
文献 2：*The Importance of Chemical Research to the U.S. Economy*（2022）（化学研究对美国经济的重要性（2022））。
文献 3：*Midsize Facilities: The Infrastructure for Materials Research*（2006）（中型研究设施：材料研究的基础设施（2006））。
文献 4：刘长宏，岳庆荣，李刚，等．高等实验室仪器设备最优化配置的实践研究[J]．实验技术与管理，2016，33(4)：232—238。
文献 5：黄凯．高校实验室仪器设备最优化配置的实践研究[J]．现代科学仪器，2018(5)：122—125。

（二）与科学仪器与基础设施关系密切的相关资源

相关资源主要包括财力资源(x)、人力资源(y)、创新环境资源(z)，将在第二章具体论述。

三、高校科学仪器设备财务管理特点

科学仪器设备财务管理以预算管理为主体，资金来源多元化，政策性强，具有管理复杂性、支出非补偿性、财务压力迫切性。

（一）预算管理为主体，多部门协同

高校科学仪器设备的各项财务管理工作主要是围绕其预算展开的，各项财务收支全部纳入预算统一管理，多个部门(仪器需求学院、仪器管理部门、"双一流"建设部门、科技管理部门等)应编制年度预算。年度预算按照一定程序经审批通过后，作为年度各项财务活动的重要依据。财务部门年终对年度预算执行情况进行总结和分析。

（二）资金来源多元化，相应管理要求不同

随着"双一流"建设改革的不断深化，学校购置仪器设备资金来源渠道呈现多元化特点，核算方法和管理办法也不尽相同，对教育事业费和科学研究费核算收支情况，而对代管科研经费和科技费用则核算成本。这要求学校财务部门配置具有较高业务素质与能力的财会队伍，才能有效地、熟练地开展工作，实施财务监督，做好资源配置工作。

（三）政策性强

高校购置科学仪器设备的资金来源主要是国家拨款，拨款规模与方式不仅取决于国家的财政状况，还取决于各个时期的财务制度。例如，1979年以前，国家实行"预算拨款、实报实销、结余上交"的办法；1979—1985年，改为"预算包干、结余留用、超支不补"的办法；1985年后又改为"综合定额加专项补助"的核拨办法；2023年开始实行预算管理一体化制度。这些办法和

制度反映了不同时期国家对科学仪器设备管理的政策。科学仪器设备管理制度为科技创新工作提供了有力的制度保障和支撑，同时也促使高校配置主体对存在的一些不符合实际情况的陈旧制度进行了及时更新和清理，让仪器设备的制度真正发挥"推进器"的作用。

高校利用现有人力和物力开展采购、科学研究、开放共享等教育活动，应按国家有关规定收取和开支，不得任意提高收费标准，也不能擅自提高开支标准和扩大开支范围、滥发奖金和实物。资金的筹集、运用和管理都带有很强的政策性。高校的财务管理要严格执行各项财务规章制度和财经纪律，合理有效地使用每一项资金。目前关于科学仪器设备管理的主要政策可参见表1-2。

（四）管理复杂性

科研项目中的科学仪器设备的特点，有别于教学用的科学仪器设备的特点，表现为科学仪器设备技术复杂性、安装要求特殊性、安全必要性，因此在购置论证阶段有其独特的要求。由于此情况，科学仪器设备资源利用率不高，为提高其资源利用率，开放共享中收支与效益的平衡，需要准确的测定依据。科学仪器设备配置过程中很多复杂因素必然使高校财务管理工作的复杂程度加深。

（五）成本开支的非补偿性

高校作为事业单位，购买科学仪器设备的资金支出后，难以通过自我资金循环和周转实现成本补偿，因此，在平衡科学仪器设备资金支出与收益时，必须处处精打细算、量入为出、节约开支。随着高校仪器开放共享政策的落地，实现了部分成本补偿。

（六）财务压力的迫切性

资金需求与财政拨款间的缺口日渐扩大，高校自筹经费的压力随之加大，拓宽筹资渠道的要求日益迫切，从而使高校财务管理的重要性随之增强，压力也越来越大。

四、高校科技创新规律

科学仪器设备与高校科技创新规律主要体现在以下几方面。

（一）自然科学基础研究具有可通约性

以化学、物理、生命与医学为重要组成部分的自然科学，其发展历史相互缠结。通过研究这几个部分的诺贝尔奖成果可以发现，学科发展具有可通约元素，即不同学科具有亲缘性，可相通或重要观点具有交集，在科学史上具有重要关联，彼此使用的研究范式可以通用迁移，突出表现在共同使用科学仪器设备，并且同一种科学仪器设备在不同的学科发挥作用的机制具有相同的通约性。

通过科学仪器和基础设施创造知识主要有两种途径：一种途径是路径依赖型（常规科学），此种途径牢固建立在前人的科学成就上，通常用巩固性来衡量；另一种途径是突破路径依赖，旧的科学范式被新的科学范式所取代的科学革命和范式突破型，通常用不稳定性来衡量（Michael et al., 2023）。科学发展到一定程度，会有越来越多的无法回答的异常现象，使科学出现危机，从而催生科学革命，新的范式将取代旧的范式，完成科学结构转换的过程。科学仪器与基础设施是科学革命最有力的工具。

（二）科学仪器设备公共价值高

科学仪器设备除了在科研中的工具属性之外，还具有高价值、正外部性、凝聚资源属性以及结构复杂性。

1. 高价值

科学仪器设备一般价格昂贵，尤其是进口大型精密仪器设备，少则几十万元，多则几百万元，甚至上千万元。

2. 正外部性

马歇尔和庇古在20世纪初提出正外部性概念。科学仪器设备的正外部性体现在一所高校利用科学仪器设备开展科研活动导致其他相关的经济主体（师生、周边高校、第三方机构等）获得额外的经济利益，而受益者无须支付相关费用。在开放共享理念下,对于高校一定范围内的科研人员均可以使用这些科学仪器设备,并通过利用科学仪器设备产生更多的公共价值。在知识经济时代,大型贵重精密仪器设备的强共享属性和正外部性容易产生更多的共享收益。

案例1-2 科研活动正外部效应

高校利用科学仪器设备开展科研活动具有正外部效应,会使其他相关的经济主体(师生、周边高校、第三方机构等)获得额外的经济利益,而受益者无须支付相关费用。2022年9月,国务院常务会议决定,对部分领域(高等教育领域)设备更新改造贷款阶段性财政贴息和加大社会服务业信贷支持,促进消费,发挥主拉动作用。根据国务院常务会议部署,对制造业、服务业、社会服务领域和中小微企业、个体工商户等在第四季度更新改造设备,支持银行以不高于3.2%的利率投放中长期贷款。人民银行为2 000亿元以上设备更新改造专项再贷款提供资金支持,中央财政为贷款主体提供贴息,贴息后的实际贷款利率不高于0.7%。此次专项再贷款政策支持领域为十大领域。据统计,截至2022年底已披露的贷款合同超过500亿元,绝大部分贷款流向卫生健康和教育领域。因此,用于科研和教学的仪器及用于科研转化的医疗器械无疑是受益最大的。我国生命科学、食品安全等领域正处于成长期,未来有望带动相应科学仪器需求的快速增长,预计2020—2025年国内市场需求复合增速可近9%,2025年可达768亿元。

(资料来源:中国人民银行)

3. 凝聚资源属性

高精尖科学仪器设备是攻关尖端科技的必要的物质条件。由于突出的初始集聚性,高校更容易凝聚人才,开展大规模技术研发合作。

4. 结构复杂性

科学仪器设备结构复杂,是集光学、机械、电子于一体的技术密集型装置,是多种学科最新成果的综合体,不仅零件结构复杂,同时还需要与多种用途自动化软件配套使用。

(三）基础研究与工程技术相互通约

基础研究和工程技术在很多领域通过相互通约交融在一起，在介于自然科学和工程技术界面之间存在着通约面，科研人员在科研活动的不同界面进行创造性探索，逐渐形成了技术科学。在大规模技术研发合作创新模式的影响下，高校科技创新与学科发展互相融合，呈现兼具垂直层面分工与水平层面分工的特点。在垂直层面，掌握关键科学仪器设备资源的高校聚焦于前沿尖端研究，不断将工程技术推向更前沿，而将次要部分的研究留给或主动转移给其他院校。在水平层面，高校科学仪器设备与基础研究发生化学反应，适应多学科交叉研究的需要。

（四）智力资源主体的成长道路具有多元性

基于科学仪器设备的科技创新有其内在规律，使用科学仪器设备的青年科技人才是国家科技创新的主力军，青年时代是科技人才最具创造力和动力的阶段。因此，高校和科研院所高度尊重青年科技人才的首创精神、奇思妙想，激发他们的创新动力并保护他们的创新行为。以发表论文为主的成长模式只是其中一条道路。当科技发展进入新时代，赋予科研人员更多新机会和不同的成长道路——有更多问题的解决亟须科技创新。要从制度和物质保障上给予青年科技人才充分的激励，激发他们的创新动力，让他们安心从事原创性、开创性研究；要给予青年科技人才足够的创新空间和容错空间，能够包容他们的失败，保护创新行为。

（五）科研要求有序组织与管理

科学研究具有灵感瞬间性、路径不确定性、方式随意性、创新颠覆性和知识积累性等规律，需要遵循科研规律，并以科学仪器设备与基础设施为重要的技术支撑。但传统的科学仪器设备配置方式（行政管理方法）并未充分发挥出科学仪器设备与基础设施的公共价值，不利于科研人员自由探索、大胆尝试。由于科学仪器的多重属性，智力资源的多元化，使科研活动逐渐演变为一个复杂系统，通过有序组织，实行符合科学研究规律的科学仪器设备配置模式。虽然纯理论探索类基础研究只需要几个人的小团队甚至一个人便可开展，但越来越多的科研工作需要团队协助，需要管理与组织。颠覆性创新引发的科学革命往往离不开卓越的项目管理。诸多颠覆性创新项目，正是得益于该机构高效的科研组织管理模式。

第二节　科学仪器设备类资产形成的资金来源与分类

《高等学校财务制度》(财教〔2022〕128号)规定，资产是指高等学校依法直接支配的各类经济资源。高等学校的资产包括流动资产、固定资产、在建工程、无形资产、对外投资、公共基础设施、政府储备物资、文物文化资产、保障性住房等。财政部、教育部将大型科研仪器、设备、重大科研基础设施统归为固定资产。北京"双一流"建设高校资源禀赋结构不同，仪器设备类资产的资金来源渠道较多，主要有国家财政拨款、银行贷款、社会捐赠和赞助资金，其中国家财政拨款是高校仪器设备类资产形成的最主要形式。

一、科学仪器设备形成的资金来源

(一)国家财政拨款

作为购置科学仪器设备资金的主要渠道，此种途径在科学仪器设备资产总量中占据绝对优势，根据重点支持的内容，国家财政拨款又细分为财政购置专项经费、"双一流"专项经费、科研专项经费、基础设施建设专项经费等。使用国家财政拨款需坚持专款专用、分类管理、限时管理、追踪问效的原则，通过实事求是地编写采购需求、广泛调研、科学论证、申报预算的程序获取资金。

1. 中央高校改善基本办学条件专项资金

中央高校改善基本办学条件专项资金(以下简称"专项资金")用于支持中央高校及附属中小学校(以下简称"中央高校")校舍维修改造、仪器设备购置、基础设施改造、基本建设项目的辅助设施和配套工程等方面，按照《中央高校改善基本办学条件专项资金管理办法》(财科教〔2017〕3号)，专项资金的使用和管理遵循保障基本、突出重点、因素分配、公平公正、放管结合、注重绩效的原则。坚持统筹兼顾、量力而行、守住底线，区分轻重缓急，优先安排与教学科研紧密相关、涉及师生切身利益、具备实施条件的基本办学条件项目。按照因素法测算分校额度，充分考虑不同类型学校实际情况，选取客观因素，体现公平公正和激励约束。结合中央高校实际，按照类别设置项目，适当增强中央高校按照规定安排使用专项资金的自主权。同时，明确管理责任，完善管理机制，规范管理行为，科学设定绩效目标，按规定开展绩效管理，提高专项资金管理的科学化、规范化水平。

财政部设立此专项资金，旨在调整高等教育支出结构、弥补高校教育事业费不足和强化财政资金的监督管理。"十二五"规划之后称为中央高校改善基本办学条件专项资金，是高校进行基础设施改造、科学仪器设备购置与升级、房屋修缮资金的重要来源，是各高校、研究所购置大型科学仪器设备的主要经费来源之一。对于弥补高校建设资金不足，调整财政拨付结构，推动高校发展方面都有积极作用。该专项资金及其改革随着财政预算制度的不断改革而深入，直接促进了高校专项资金管理模式改革，使高校专项资金项目管理有章可循，有政策依据。

2. 世界一流大学（学科）和特色发展引导专项资金

为加强中央高校"双一流"建设，扩大高校经费使用自主权，2022年，财政部、教育部制定《中央高校建设世界一流大学（学科）和特色发展引导专项资金管理办法》（以下简称《引导专项管理办法》）。引导专项资金支出范围包括（与世界一流大学和一流学科建设以及特色发展相关的）人员支出以及设备购置费、维修（护）费、材料费、劳务费、委托业务费等相关业务支出。明确支持提升自主创新和社会服务能力，升级建设实验实践平台，大型仪器设备购置与实验室维护运行。引导专项资金按照因素法（主要包括基础因素、质量因素、其他因素，以质量因素为主）测算分配额度。基础因素指中央高校在人才培养、师资队伍、科学研究等方面具备的基本条件；质量因素指中央高校建设一流学科、引育一流师资、培养一流人才、产出一流成果、承担国家重大任务等方面情况；其他因素指中央高校办学特色、综合改革、资金使用管理情况、绩效评价结果等方面情况。

3. 科研课题专项经费

2014年，国务院部署科技体制改革，将原有的100多个科技计划，整合成国家自然科学基金、国家科技重大专项、国家重点研发计划、技术创新引导计划、基地和人才专项。科研课题经费，各高校根据研究的特长领域通过竞争方式获取，往往代表了高校的科研水平与实力，这部分经费在高校总收入中的比重越来越大。

4.重大科技基础设施建设专项经费

《高等学校国家重大科技基础设施建设管理办法(暂行)》(教技函〔2019〕76号)规定重大科技基础建设专项经费主要是指国家对于那些符合政策要求、确需支持的经费投入大、工程建设难度高并提供开放共享服务的大型复杂科学研究装置或系统投向资金。这部分资金数额巨大,形成的资产主要是重大科技基础设施,因而审批的部门多,程序相对复杂。

(二) 银行贷款

高校要适应社会发展及自身发展建设的需要,而现有办学条件不能满足高校教育发展的需要,且矛盾日益突出。为拓宽办学空间,改善办学条件,许多高校纷纷引入信贷资金,与银行建立"银校合作"关系,通过向银行贷款以解决建设资金问题。

(三) 社会捐赠和赞助

此种途径是整合内部资源与外部资源最具典型性,获得科学仪器设备资源成本较低、潜能最大的办法。随着对外技术交流与合作的扩大,高校通过内部办学资源,不断扩大办学实力与自身竞争力,以资金、仪器设备、技术、软件资料等各种形式的外部资源通过国内外社会团体、第三方机构、校友以捐赠、赞助、校企合作途径进入高校。高校成立了教育基金会,用以接收企业、社会团体和个人的自愿捐赠。通过识别、选择、汲取与高校内部科学仪器设备相适应的外部稀缺资源(如第三方机构专业、优质的仪器维修技术,校友捐赠精密仪器设备),提高科学仪器设备的运行效率,提高教育质量和学术水平,对学校教育事业发展起到积极作用。同时,实现高校内部资源与外部资源的衔接融合,会激活高校周围的区域经济,加强学校与社会的联系,充分发挥高校内外资源的效能。

(四) 高校自筹经费

自筹经费在大部分高校资产中占有的比例比较少,不具有普遍意义。高校作为教育事业的公益性单位,应是不具备自筹能力的,且高校使用国有资产进行投资必须按有关政策规定报相关主管部门、财政部门审批,同时产生的收益上缴国家。

二、科学仪器设备分类

由于科学仪器设备分类标准不同,高校中常见的分类方法主要有:

(一)按照财务价值管理视角

高等教育管理,是高等教育与公共价值的统一。对于科学仪器设备类固定资产管理应遵循安全规范、节约高效、公开透明、权责一致的原则,实现实物管理与价值管理相统一,资产管理与预算管理相统一。

财务管理的基本原则是执行国家有关法律、法规和财务规章制度;坚持勤俭办学的方针;正确处理事业发展需要和资金供给的关系、社会效益和经济效益的关系及国家、学校和个人三者利益的关系。主要任务是:合理编制学校预算,严格预算执行,完整、准确编制学校决算报告和财务报告,真实反映学校预算执行情况、财务状况和运行情况;依法多渠道筹集资金,努力节约支出;建立健全学校财务制度,加强经济核算,全面实施绩效管理,提高资金使用效益;加强资产管理,真实完整地反映资产使用状况,合理配置和有效利用资产,防止资产流失;建立健全内部控制体系,加强对学校经济活动的财务控制和监督,防范财务风险。其中与科学仪器设备有关的是:加强资产管理,真实完整地反映资产使用状况,合理配置和有效利用资产,防止资产流失。

从资产的资源属性视角来看,科学仪器设备类固定资产管理是预算管理的坚实基础,提高科学仪器设备类固定资产管理的效率和水平,及时向相关部门提供准确的、完整的科学仪器设备类固定资产数据统计报告和报表,以及科学仪器设备类固定资产清查等有关的数据资料,可以为预算编制部门合理有效地配置科学仪器设备类固定资产提供参考依据,增强预算编制的科学性。因此,科学仪器设备类固定资产管理与预算管理的实质关系就是科学仪器设备类固定资产存量管理和增量管理的关系,即以存量制约增量,以增量激活存量,并通过科学仪器设备类固定资产购置和科学仪器设备调剂两种手段,达到提升高校科学仪器设备类固定资产管理水平和财政预算管理水平的目标。因此,科学仪器设备管理与预算管理的有机结合,是高校实现科学仪器设备合理配置的必然趋势。

目前科学仪器设备类固定资产有以下几种分类方式。

1. 按照高等学校财务管理规定分类

按照财政制度与管理办法分类,资产是财务管理制度中与预算管理、收入、支出、负债管理等内容同等重要的财务内容(图1-2)。资产分为固定资产、流动资产、存货等。科学仪器设备由于其单价昂贵、技术含量高、使用机时可追踪,是固定资产中最为典型的研究对象。目前,根据财政制度对科学仪器设备分类是最广泛、最通用的分类方式。根据《高等学校财务管理制度》规定,资产具有以下属性:

资产=经济资源=固定资产+流动资产+存货　　　　（公式1）

物资资源=实物形态的资产=实物形态的经济资源

=固定资产(以科学仪器设备为主)+存货(材料、燃料、低值易耗品)（公式2）

科技创新资源=科学仪器设备资源×人力资源×信息资源×财务资源（公式3）

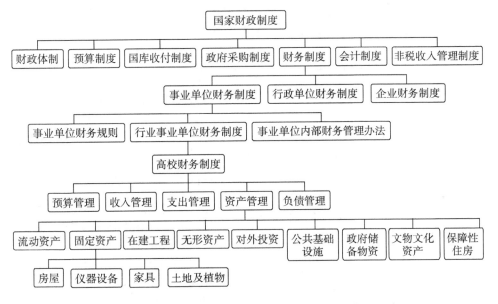

图1-2　科学仪器设备在国家财政制度体系中的位置示意

公式1中,资产即经济资源,但经济资源不仅包括资产,还包括非资产类的经济资源。公式2中,固定资产主要以科学仪器设备为主,公式3中,科技创新资源,以科学仪器设备作为资源倍增器,在科技创新中发挥重要作用。

信息资源在高校管理、科学仪器设备配置中的作用越来越显著，2021年12月，由北京大学中国教育财政科学研究所和中国教育发展战略学会教育财政专业委员会主办的"双一流"建设与评价学术研讨会，明确提出校内人力、物力、财力和信息资源是高校的四大资源体系。目前科学仪器设备管理信息化程度比佐剂、实验材料的管理信息化程度高。科学仪器设备由于自上到下，从科技部、财政部到高校管理部门，有开放共享平台对开放机时进行统计，因此倒逼高校建立对接的信息化系统，目前高校都做到了科学仪器设备开放机时可统计和追踪，因此比存货容易管理。一般的信息化系统都用于资产管理，大部分资产都是仪器设备，而对于存货或是低值易耗品则信息化系统较少，很多学校是没有建立该信息化系统的。事实上，根据《中国高校信息化发展报告（2020）》显示，高校整体在实验室管理、设备管理方面信息化程度较高，而在安全管理和耗材管理方面次之，组织管理、技术管理、质量管理、样品管理方面程度较低。

资产的经济资源属性，赋予高校创造、生产知识的经济权利与经济潜能，预期被高校的教学科研等职能活动所耗用的同时带来经济效益。关于对资产定义，先后经历了五个阶段，如表1-4所示。

表1-4 财务制度与资产变迁

序号	时间	颁布内容	政策意义
1	1997年6月	《高等学校财务制度》	给定了资产的定义，规定了资产的管理办法。2022年1月1日废除
2	2013年1月	《高等学校财务制度》，根据财政部令第68号令和国家有关法律制度，结合高等学校特点制定	完善了资产管理体系。2022年1月7日，财政部出台《事业单位财务规则》财政部令第108号，废止了第68号令
3	2019年1月	政府会计制度改革	通过核算资产的增量与存量；落实国有资产管理制度；防止国有资产流失
4	2022年1月	财政部出台《事业单位财务规则》	重新定义了资产与分类，为编制《高等学校财务制度》提供依据
5	2022年6月	《高等学校财务制度》	新发展阶段高校财务制度与资产管理的主要依据

按照财务领域的划分，"高校物资"（张柳华 等，1998）主要是指教学实验、高校办的工厂、基本建设、科学实验、设备维修和建筑维修使用的设备与物料。根据管理人员从事的物资管理专业程度，高校物资分为技术物资与非

技术物资。高校科学仪器设备属于技术物资范畴,组装成大科学装置后均为固定资产。按照价格划分,单价大于1 000元以上的科学仪器设备(通用设备、专用设备)按照固定资产标准入库。对于存货,单位价值有时候不到1 000元,但是其耐用时间超过一年以上,对于大批同类物资,单价≥200元且单批次件数≥50件的同类物资,也列为固定资产管理。固定资产作为资产中实物形态的资源,在高教资源研究中较为典型(图1-3)。

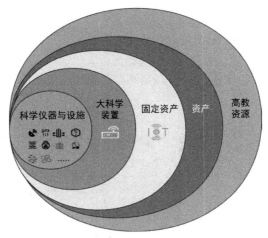

图1-3　科学仪器设备与资产的关系

2.按照教育部专项资金购置内容

专项资金偏重金额较大的设备资料购置,如仪器设备、软件、资料。项目的支持范围:用于教学、实验、实习实践、校园公共服务体系建设所必需的仪器设备、文献资料(含电子图书及数据库使用)等的购置。不得用于超标准、豪华、低水平、重复建设项目。不得用于物业费、设施设备运行维护费等日常公用经费支出。

设备资料购置具体对象包括:用于购置教学、实验、实习实践、校园公共服务体系建设所必需的仪器设备、文献资料(含电子图书及数据库)等的购置,包括校园信息化建设相关设备,校园艺术演出场地相关设备,以及各类学生宿舍家具和空调等。按照教育部基本办学条件专项资金中的分类,设备资料购置内容大致可以分为九大类,如表1-5所示。

表1-5 设备资料分类

序号	大类	具体内容	物资特点	高校分布场所
1	教学设备	多媒体教室、语音教室等教学设备	越来越智能	多媒体教室、语音教室
2	服务用仪器设备	各学科实验、科研服务用仪器设备	单台(套)价格高,是科研活动的主要物质基础	实验室
3	实习类设备	学生实习、实训场所设备	资产价格不是很高,与实习用品相关	学生实习、实训场所
4	信息化设备	用于校园信息化建设的网络、通信、存储设备	设备资产规模越来越大	信息化、数字化管理部门
5	信息化软件	用于校园信息化建设的网络、通信、存储相关软件	依赖信息基础设施	信息化、数字化管理部门
6	资料	纸质及电子图书、期刊等文献资料,音像资料,以及数据库资源	以电子媒介为主	信息化、数字化管理部门或图书期刊管理部门
7	音响	礼堂、学生艺术场馆的音响系统、视频系统	为教育提供辅助功能	礼堂、学生艺术场馆
8	家具	学生宿舍家具、图书馆家具、教室固定桌椅	为教育提供辅助功能	学生宿舍、图书馆、教室
9	空调	教室、图书馆、食堂、体育场馆、礼堂等公共场所的空调	为教育提供辅助功能	教室、图书馆、食堂、体育场馆、礼堂等公共场所

资料来源:《中央高校改善基本办学条件专项资金管理办法》。

设备购置应以满足基本需求为标准,单台(套)50万元以上的仪器设备应提供三家供应商报价单;单台(套)200万元以上的仪器设备,应对其购置必要性、合理性等方面进行充分论证。

设备购置类提供的资料包括:(1)设备购置的询价资料复印件或电子文本,学校对各供应商的报价的评价资料;(2)仪器(设备)对本校、本地区教学(工作)任务的必要性及工作量预测分析(属于更新的仪器设备要提供原仪器设备发挥效益的情况);(3)50万元以上的仪器设备要求三家供应商报价资料;200万元以上的仪器设备提供对其购置必要性、合理性等方面充分论证的材料;(4)其他必要支撑材料。

3.综合讨论

科学仪器设备属于物的类别,在不同领域具有不同的名称,从高校、北京高等教育学会研究分会业务归口和成本核算的视角,科学仪器设备按照固定资产、技术物资、教育装备、科技资源四类进行分类(图1-4,表1-6)。固定资产是高校财务管理部门、设备管理部门经常使用的术语,也是财政部文件中经常使用的;科技资源是科技部文件经常使用的。而技术物资研究分会对应技术物资的业务,教育装备研究分会对应教育装备的业务。

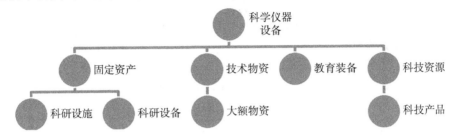

图1-4 科学仪器设备的不同分类

表1-6 固定资产、技术物资、教育装备、科技资源中的科学仪器设备规定对比

	固定资产	技术物资	教育装备	科技资源	科学仪器设备
定义	使用期限超过一年,并在使用过程中基本保持原有物质形态的资产	教学、科研实验用的仪器设备、低值品、易耗品和材料。包含了固定资产与流动资产的存货	实施和保障教育教学活动所需的仪器、设备、资料、学具、设施以及相关软件的总称	为各类科研活动提供保障和支撑的仪器设备、资料信息、实验场地等物质条件	高等学校根据科研活动需要,购置或获得的各种具有专门性能和专业用途的仪器设备
适用范围	所有的科学仪器设备都属于固定资产	包含科学仪器设备	侧重教学活动,与科研活动会有交叉	研究基地、大型科学仪器设备、自然科技资源、科学数据、科技文献、科技成果、网络环境	原则上用于行政管理和后勤保障的采购对象不包含在科学仪器设备定义范围内
单台(套)价格	单位价值在1 000元以上(其中专用设备单位价值在1 500元以上)	价格范围浮动较大	价格范围浮动较大	价格范围浮动较大	单台(套)价格普遍较高,大型精密仪器较多,单台(套)高可达3 000多万元

(续表)

	固定资产	技术物资	教育装备	科技资源	科学仪器设备
分类	房屋及构筑物；专用设备；通用设备；文物和陈列品；图书、档案；家具、用具、装具及动植物	政府采购；国有资产管理；高校所属企业管理；大型仪器设备开放共享；实验室建设与安全管理	信息化、后勤、实验仪器、实训、图书馆、音体美、其他专用设备	科技人力、科技财力、科技物力、科技信息资源	通用设备；专用设备；仪器、测试设备
财务预算	设备管理等非科研费用与科研经费	行政办公经费	各部门的专项业务费	科技管理经费、科研经费	科研经费为主
采购方式	非科研用仪器设备20万元以上要进行公开招投标。低值易耗品进行分散采购。认定为急需的科研设备和耗材，可不进行招投标程序；而对于50万元以下的科学仪器设备预算的编制，只需要提供基本测算说明即可				

（二）按照功能视角

按照功能分类，50万元及以上的大型科学仪器（表1-7）包括化学分析仪器、物理性能测试仪器、计量仪器、电子电气与通信科学测量仪器、海洋与水资源仪器、地球科学探测仪器、大气探测仪器、特种检测仪器、激光器、工艺试验仪器、计算机及其配套仪器、空间与天文仪器、生命科学与医学医药科学仪器、能源与核仪器、其他仪器等15类，直接服务于各类科技活动，能独立完成实验任务的实验测试系统。

表1-7 科学仪器分类与举例（按照功能分类）

序号	一级分类	二级分类	举例	备注
1	化学分析仪器	质谱仪器	气质联用仪、液质联用仪	国产化仪器在逐年增加，但是高端仪器仍以进口为主
		色谱仪器	气相色谱、液相色谱、离子色谱、制备液相色谱仪	
		光谱仪器	红外光谱、紫外分光光度计	
		波谱仪器	核磁共振波谱仪、电子自旋共振波谱仪	
		能谱仪器	X线能谱仪器、电子能谱仪器、电子能量损失谱仪	
		电化学仪器	电化学传感器、库伦分析仪器、机谱仪器、电位滴定仪器	
		衍射仪器	X线衍射仪、电子衍射仪器、中子衍射仪器	
		显微镜	光学显微镜、荧光显微镜、生物显微镜、激光共聚焦显微镜、扫描探针显微镜、透射电镜	
		热分析仪器	差热分析仪器、量热分析仪器、热重分析仪器	
		生化分析仪器	氨基酸多肽分析仪、凝胶扫描仪、多肽合成仪器、基因导入仪器	
2	物理性能测试仪器	光学	光放大器等	
		声学	声呐仪等	
		力学	强度和塑性测试仪器	
		电学	电性能测试仪	
		磁学	磁场强度测试仪	
3	计量仪器	长度计量		
		热学计量		
		光学计量等		
4	电子、电气与通信科学测量仪器	电子电磁测量仪器	电磁信号测试仪器	
		射频和微波测试仪器	微波测量仪、微波设备辐射空间能量检测仪	
		电气科学仪器设备		
		通信科学仪器设备		
5	海洋与水资源仪器	海洋水文仪器设备	水温等	
		海洋物理仪器设备	光学、声学等	
		海洋化学仪器设备	酸碱、溶解氧等	
		海洋地质地球物理仪器设备	海底地形地貌等	

(续表)

序号	一级分类	二级分类	举例	备注
5	海洋与水资源仪器	海洋生物仪器设备	叶绿素、微生物等	
		海洋气象仪器设备	海面风、气压等	
		海洋综合观测系统	浮标、自动海洋站等	
		海洋观测通用设备	采样设备、水下通信设备等	
6	地球科学探测仪器	航测与大地测量仪器		
		电法仪器	直流电法、交流电法、激发极化法等	
		电磁学仪器	大地电磁法等仪器	
		磁法仪器	超导磁力、霍尔效应磁力等仪器	
		重力仪器	超导重力、重力梯度等仪器	
		地震仪器	浅层地震仪器、深层地震仪器等	
		地温观测仪器设备		
		地壳形变观测仪器设备		
		地壳应力观测仪器设备		
		地球物理测井仪器	电法、放射性、重力等仪器	
		岩石矿物测试仪器	密度、岩石硬度、电参数等仪器	
7	大气探测仪器	气象台站观测仪器	大气辐射通量等仪器	
		高空气象探测仪器	无线电气象探空仪、平流层探测器等	
		特殊大气探测仪器	大气电场仪等	
		主动大气遥感仪器	激光雷达等	
		被动大气遥感仪器	大气光谱辐射仪、红外辐射计等	
		高层大气/电离层探测仪器	极光成像辐射仪等	
		对地观测仪器	成像光谱仪、干涉合成孔径雷达等	
8	特种检测仪器	射线检测仪器	高性能射线检测装置等	
		超声检测仪器	超声波测厚仪器等	
		电磁检测仪器	管线位置探测仪等	
		声发射检测仪器	全数字化声发射仪	
		光电检测仪器	复合式气体检测仪器	
9	激光器	固体激光器	光纤激光器	
		气体激光器		
		液体激光器	染料激光器	
		自由电子激光器		
10	工艺试验仪器	化工、制药、食品、材料工艺实验设备等	蒸馏、化学反应、半导体集成电路、3D打印机等	
11	计算机及其配套设备	计算机存储、网络、输入与输出设备等	数据采集、扫描、显示、打印、绘图等仪器设备	

(续表)

序号	一级分类	二级分类	举例	备注
12	空间与天文科学仪器	空间飞行器		
		空间飞行器地面试验设备	包括飞行器空间环境、力学环境和可靠性实验仪器设备	
		卫星与地面运营服务仪器设备		
		天体测量仪器	多普勒测距仪、天体照相仪、赤道仪等	
		天文望远镜	光学望远镜、射电望远镜等	
13	生命科学与医药科学仪器	细胞生物学	细胞培养仪器等	
		微生物检测	细菌、病菌检测仪器等	
		动物实验	活体动物体内组分变化分析仪器等	
		基础医学实验	免疫学、神经学检测仪器等	
		医学临床检验分析	血液分析仪器等	
		医学影像诊断	X线断层扫描仪等	
		医学电子诊断	心电图等	
		医学治疗与手术	X线治疗机	
		医药科学	高通量药物筛选仪器	
		中医与中药科学		
14	能源与核仪器	含有放射源的射线装置		
		煤炭科学仪器设备		
		石油科学仪器设备		
		天然气科学仪器设备		
		电能科学仪器设备		
		热能科学仪器设备	包括太阳能、地热仪器等	
15	其他仪器	其他专用大型科学仪器设备		

资料来源：《科技平台大型科学仪器设备分类与代码》，GB/T 32847—2016。

  实验过程一般首先通过科学仪器设备中的传感器将上述参数转换成相应的电信号，经过处理和转换后输入计算机，从而完成数据采集，通过波谱图、影像(高倍显微镜等成像仪器)等方式呈现出一定的数据结果。流变仪是用来测试液体、乳液、半固态浆料的黏度、剪切力等重要参数的专用设备，是研究材料流体特性的必备研究工具之一。

  通过所有者、使用者、仪器设备分级、购置内容等视角，又是另外一种分类方法，可以将科学仪器设备按表1-8进行分类。目前，为便于高校开展工作，我们统一采用了教育部购置对象与购置价格的分类方法，因此本书中的科学仪器分类按照教育部基本办学条件专项资金中的分类方法。

表1-8 按不同视角下的科学仪器分类标准（按所有权分类）

分类视角	分类标准		
所有者	国有仪器设备	混合型仪器设备	私有仪器设备
使用者	公益性使用	公务使用	经营性使用
仪器设备分级	通用型设备	专用型设备	特许型设备
购置内容	仪器仪表、机电设备、电子设备	文体设备，工具、量具和器具，行政办公设备	印刷机械、卫生医疗器械	标本模型，文物及陈列品

值得注意的是，以下设备在开放共享工作中不纳入科学仪器范畴(表1-9)：

表1-9 不纳入科学仪器范畴的设备

序号	大类		案例
1	计算机及网络设备		C210 GPU 并行运算服务器、CPS 实验室网络基础平台、DNA 测序数据服务器、GPU 刀片服务器、刀片机服务器、服务器与磁盘阵列、高通量冷冻电镜数据实时处理及储存系统、海洋地球生物化学模型大型服务器、生物信息学分析数据存储服务器、高性能计算集群等
2	软件及模拟系统		EMA3D 系统软件、嵌入式软件通用仿真测试环境、催化与动力学理论计算系统、系统仿真-空间科学任务论证支持系统、极端气候对路面影响的预警系统、ARCGIS 地理信息系统软件、DSPACE 实时仿真系统、GNSS 仿真测试系统、电力系统全数字实时仿真装置硬件、航电仿真平台等
3	教学医疗设备		信息安全教学系统、VR 实景教学资源处理系统、LNG 船舶运动数学模型、机械教学演示系统、载人潜水器操作训练与故障模拟仿真平台、血管造影 X 线系统、人形牙科机器人、彩色多普勒超声诊断系统、口腔激光综合治疗机、医用电子直线加速器等
4	辅助设备	模式生物培养设备	24 孔微型生物反应器、步入式植物培养箱、玻璃钢养殖水槽、大鼠隔离饲养系统、发酵罐、实验用斑马鱼养殖系统、摇床、自动细胞培养管理装置、鱼类养殖系统、兔负压饲养柜等
		特殊条件保障设备	20T 超导磁体、60MPa 压力筒、HRTEM 磁屏蔽系统、步入式温湿度环境箱体、超真空腔室、地震模拟振动台、多功能气候模拟试验系统、惰性气体手套箱、砂尘试验箱、深海超高压环境模拟系统等
		常规条件保障设备	6 轴低温闭循环样品架、-80℃自动化生物样品库、PECVD 气体管路系统、超纯水系统、超低温冰箱、高压蒸汽消毒柜、过氧化氢蒸汽发生器、笼盒笼架清洗机、实验室控制与通风系统、外场供电保障设备(汽车电站)等

(续表)

序号	大类	案例
5	不直接应用于科研的设备	LED电子屏、文检仪、实验室综合管理系统、同声传译实验室设备、巡检机器人等

(1) 计算机及网络设备,包含超算系统、高性能计算、云计算、交换机、工作站等。

(2) 软件及模拟系统,包含数据分析软件或仿真系统等。

(3) 教学医疗设备,包含所有在功能中单独标注为教学使用的设备,以及公共卫生系统的医疗专用设备。

(4) 辅助设备,主要是指科研活动涉及的各类辅助性设备。辅助设备根据其功能具体分为三类:

① 模式生物培养设备,主要实现模式生物培养,包括细菌、细胞、斑马鱼、植物培养设备和各种发酵罐等。

② 特殊条件保障设备,主要为科研活动提供所需要的特殊条件,包括低温、强磁场、高真空、磁屏蔽、高压等。

③ 常规条件保障设备,主要为科研活动提供常规保障,包括样品存储、气体系统、各类工作台、水泵、变压器、机械臂等。

(5) 不直接应用于科研的设备。

以下五种情况下的科学仪器可以不纳入开放共享考核。

(1) 老旧仪器

老旧仪器是指已经超过最低报废年限(参照财政部《政府会计准则第3号——固定资产》),或者虽未超过年限但其主要功能和技术指标已经不能满足科研需求的大型科学仪器。

(2) 在线监测仪器

在线监测仪器是指大量存在于气象、地震、水利、环保等部门和单位中,常年执行固定、连续监测任务的大气成分监测仪、雨滴谱仪等科学仪器。主要包括3层梯度气象观测系统、3米浮标观测系统、C^{13}波段信号处理终端、GPS/BD(全球定位系统,Global positioning system/Beidou)系统双星制导高维实景数据采集系统、PCR(聚合酶链式反应,Polymerase chain reaction)系统、浮游生物连续采集器、边界层梯度通量观测系统、船载海浪观测系统、地基太阳辐射监测系统、分布式光纤监测系统等。

(3) 不具备独立功能的配件

主要有1.3GHz功率放大器、CCD（电荷耦合器件，Charge-coupled device）相机、YAG（钇铝石榴石晶体，$Y_3Al_5O_{12}$）激光器、仪器进样器、参量放大飞秒激光系统、超快X线探测装置、串列静电加速器、单分子探测器、电池模拟器、运动姿态传感器等。

(4) 处于调试状态的仪器

此类仪器专指尚未完成验收或因搬迁等原因尚处于调试状态的仪器。此类仪器不进入开放目录，不纳入教育部直属高校和科研院所科研设施与仪器开放共享评价考核范围。

(5) 有特殊管理规定的仪器

少数科学仪器由于特殊的管理规定而不适宜向社会开放共享。此类仪器不进入开放目录，不纳入教育部直属高校和科研院所科研设施与仪器开放共享评价考核范围。

（三）按学科分类

1. 学科与科学仪器设备

常见的我国重大科研基础设施主要分布于能源科学、生命科学、地球系统与环境科学、材料科学、空间和天文科学、粒子物理和核物理学、工程技术科学等七大学科领域。

与科学仪器设备相关的学科如图1-5所示。

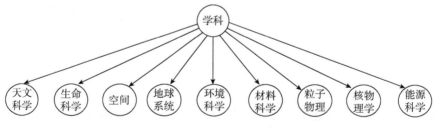

图1-5 仪器设备与交叉学科的金字塔结构

资料来源：美国科学院，*Advanced Research Instrumentation and Facilities* 〔2006〕。

与科学仪器设备使用密切相关的一流学科分布在化学、统计学、物理学、仪器科学与技术、材料科学与工程、生物学、经济学、科学技术史、管理学（表1-10）。

表1-10 我国科学仪器设备使用密切相关的学科

序号	配置环节	专业	对应一流学科
1	科学仪器设备研发研制	分析化学、分析仪器	化学
		计量学	统计学
		光学仪器	物理学
		精密仪器与机械	仪器科学与技术
		测量技术与仪器	仪器科学与技术
		电磁测量技术与仪器	物理学
		材料科学	材料科学与工程
		生物医学工程与仪器	生物学
2	购置论证、采购、开放共享、预算管理	财务管理、经济管理、新结构经济学、行为经济学	经济学
3	科学仪器设备管理	管理学	科学技术史
4	科技政策	管理学	管理学

随着跨学科研究的不断深化,其研究重点主要集中在需要大量技术的大尺度问题上,因此需要更多高级研究仪器。在学科交叉背景下,对于科学仪器设备的需求呈现以下趋势:(1)对于特定类型的科学仪器需求增加,尤其是在科学和工程学科;(2)以前只是某一个研究领域的专家使用的仪器,现在被大量科学家用来解决关键性的研究问题;(3)对于像分布式网络、网络工作、大跨度调查研究、传感器阵列等新类型的仪器的需求在不断增加;(4)研究者越来越依赖先进科学仪器,要求专业人才具备高度专业化的知识,对高层次人才需求旺盛。具备高度专业化的操作技术和理论知识的专业人才才能更好地使用和发挥其使用效益(Effectiveness);(5)在人工智能、信息技术、大数据迅猛发展的驱动下,高校教学、科学研究、行政管理领域内不断挖掘与科学仪器设备相关的前沿领域与新兴方向,不断产生新的研究成果。

2.组合型、复合型科学仪器

按照创新驱动发展战略,高校应紧密结合国家战略需求,研制战略导向型、应用支撑型、前瞻引领型、民生改善型科学仪器设备。因此科学仪器设备的设计越来越趋向于复杂化,逐渐出现了一类叫作复合型仪器设备(Composite instruments),即由一些稍微不昂贵的组件组合而成,具有了新的特定功能的且功能性强的科学仪器设备。这种组装复合型科学仪器的情况用来解决许多研究问题,并且在市场上购买不到,但在科学研究中经常出现,比如在电子工程、中子散射技术、海洋研究等领域。新型科学仪器设备的组合模式，主要靠网络工具、电力系统等方式实现重新组合，网络工具对仪器设备的影响主要集中在软件、数据收集、调查三个方面。比如根据终端不同，有以下两种组合模式：

(1) 新型的科学仪器设备＝科学仪器设备＋计算机联网上传数据/产出图像；

(2) 新型的科学仪器设备＝科学仪器设备＋智能手机APP在线查看数据和图像。

本书主要结合高校关于固定资产管理的经验，采用了教育部、科技平台按照功能分类的方法。

第三节 科学仪器设备发展与配置历程

随着社会经济不断发展，我国大学办学规模逐渐扩大，科研人员、设备、资金等办学基本条件逐渐提级，高水平的基础研究项目、应用研究项目不断涌现高水平的科研成果，不少领域已经达到国际较高水平。但是从微观角度来看，高校内部各资源要素(人力、物力、财力、信息与其他资源)均在发生深刻变化，资源要素配置机制是否跟得上转轨要求，资源投入与产出效益是否平衡，科技发展规律、财政投入规律、人才发展规律等研究是否能满足国家战略发展需要，是否能持续性地推动"双一流"建设发展，亟须高校资源配置研究人员进行阐明，为"双一流"建设提供资源配置支撑。本书选择科学仪器设备作为研究载体，对以上科学问题展开探索。从科学研究的视角来看，科学仪器设备是科学技术知识的物化，是伴随科研需求的发展而产生的，科学仪器设备与科学技术知识之间的关系是"共生"关系。科学仪器与重大科技基础设施经历了从少到多、从学习跟踪到自主创新的过程。全球科学仪器设备结构变迁与创新团队、实验室的发展变化紧密相连，经历了个人工作室(Workshop)、公共实验室、小型科学团队、大型科学团队的发展阶段。每次产业革命以新的科学理论作基础，并产生相应的生产工具，进而演变为科学仪器，并且科学仪器的体积与规模越来越大，技术含量越来越高，演变为重大科研基础设施。世界科学仪器设备的发展具有较短的历史，与工业和高等教育之间的关系，可以概括为自然、产业化、智慧三个阶段(表1-11)。

表1-11 科学仪器设备结构的变迁

阶段		结构变迁	能源	实验室与科学仪器产权
阶段Ⅰ：自然阶段		装置简单、线性结构，随着科学知识的发现，提出了仪器的基础理论知识	火、化石能源	以产权私有为主，从个人工作室向公共实验室发展
阶段Ⅱ：产业化阶段	顾问时期	设计出了原型，并实现了重复化，可批量生产	蒸汽、电力、电磁	以公共实验室为主，研发人员在实验室聚集，并在实验室开展可控实验
	工业时期			
	军事时期			
	外包时期			
阶段Ⅲ：智慧阶段		不断优化、集成，实现自动化。仪器体积与规模越来越大，演化为科研重大基础设施	核能源、信息技术	从公共实验室向共享实验室发展

一、科学仪器设备结构变迁

1. 自然阶段

在这个阶段，科学仪器的发展同实验室、科研人员、大学的发展呈现出伴生关系。科学仪器的发展源头可以追溯到15—16世纪。当时从事科学研究的科学家(学者)在个人工作室内开展探索研究，这个群体先天对自然现象具有强烈好奇心，善于学习，擅长使用科学仪器，同时擅于发明、改进仪器，并逐渐发展出控制实验的能力，为科学仪器的进步积累了大量的基本原理。这个阶段的实施主体，从科学家逐渐过渡到大学和科学研究机构，输出的是科学仪器的底层原理和相应的原型系统，此阶段的科学仪器设备规模小、价格便宜。

1592—1610年，意大利天文学家伽利略在工作室制作了望远镜和空气温度计(郭金明，2019)。利用望远镜，伽利略先是观察到远处的商船舰队，然后观察到月球环形山与木星卫星，开启了天文学的神秘大门。此后，伽利略接受了不同赞助者(政府官员、宫廷、作坊等)的赞助，并从意大利帕多瓦大学终身职位晋升到佛罗伦萨美第奇宫廷的自然哲学家，开启了政府、科学、高等教育相互作用模式的典范。拉瓦锡重视科学仪器，与工具制造商保持密切联系，并聘请他们为自己制造科学仪器(Berrata，2014)。从此，科学仪器设备的研发与资金赞助变得越来越重要。从中可以看出，工具制造商在科学仪器设备发展早期过程中起到了关键作用。

在实验仪器标准化之前,贝尔塞柳斯(Berzelius,1779—1848)自己制作玻璃和焊接工艺,为自制实验器材提供了典范。1826年,李比希在德国的吉森大学创建了世界上第一个现代化的实验室在第一次工业革命时期蒸汽机被研发并被广泛使用,带动了生产效率的提高,"蒸汽时代"推动了温度和力值的测量。18世纪的仪器设备用于展示和演示实验成为大学和商业的主流形式,随后大机器生产推动了大学和企业的生命周期,推动了工业革命的革新。随着工业革命的出现,现代大学形成,科学仪器设备发展迅猛,开始需要固定的场所来放置先进的科学仪器,因此科学仪器高度发展的一个直接影响是催生了专业实验室。由于彼时科学仪器和科学研究是明显的伴生关系,因此在科技史研究中,称之为"伴生阶段"。

2.产业化阶段

这个阶段是科学仪器从成熟的原型向专业化产品的过渡阶段,并逐渐通过大量产品积累形成了规模化的市场,随着实验室规模的扩大,科学仪器设备的规模也不断扩大。此时由学术界催生了一些具有经济头脑的科学家。科学家的身份从兼职顾问(Part-time consultants)转变为全职的公司研究人员(Full-time corporate researchers),再转变为学术企业家。学术界与产业界形成固定的通道,完成了科学仪器从原型到产品,再到规模化市场的跨越。产业化阶段又可以具体分为四个时期:顾问时期(Consultancy,1820—1880)、工业时期(Industry,1880—1940)、军事时期(Military,1940—1980)、外包时期(Outsourcing,1980—2016)。

(1)顾问时期

19世纪中叶,德国的大学通过建立实验室、招聘学术人员为国家资助的科研机构吸收了大批伽利略式的人才,实验室发展先后经历了竞争、有机化学、现代化学实验室三个阶段(乔世德 等,1991)。随后德国印染产业工业诞生了研究以及工业实验室(19世纪60年代),德国为保持科学技术优势,加速基础科学、应用研究和工业发展的交叉,建立了新型科研机构——帝国技术物理研究所(1887)。

为精确测量物理量,带动基础科学和工业的发展,19世纪60年代,实验室在英国各大学如雨后春笋般地出现。1870年,第二次工业革命将人类社会带入"电气时代",加速了高精度电特性仪表的探索,电工仪表从简陋的电磁知识装置改进为高精密度的仪器设备。1874年,英国卡文迪许实验室建成,表现出现代实验室和大学实验室的典型特征：注重科学仪器建设，有自制科学仪器的传统并且具有强大的科学创新和传承能力。1876年，美国化学会（American Chemistry Society，ACS）成立，其会徽选择了科学家李比希的五球瓶实验装置，旨在推动化学科学的发展。俄国从1861年开始改革国立大学，并对地方政府进行改革，为大胆进取的科学家提供了新的工作机会。此后，门捷列夫发表元素周期表，同年著名的 Nature 期刊创刊。加利福尼亚州地质学家惠特尼控诉耶鲁大学应用化学系教授西利曼收取石油公司巨额款项，该争议成为科学与工业产业间关系的分水岭。

(2) 工业时期

进入20世纪，科学技术特别是工业的高速发展使得科学研究工作出现了明显分工，一批高水平的科研人员独立出来成立专门制造科学仪器的公司，如卡尔·蔡司、岛津等著名的仪器设备公司。与之匹配的商用实验室如雨后春笋般建立起来，支撑世界上实验室的持续进步。科学仪器设备与实验室的不断迭代发展，催生了很多改变世界的研究成果，推动了整个人类世界的进步。这一阶段被称为"产业化阶段"。

(3) 军事时期

第二次世界大战期间"曼哈顿计划"的成功使人们意识到大科学装置无法由民营的力量来组织，而必须由国家的力量来组织。1946年，参加过"曼哈顿计划"的阿贡实验室组建为美国国家实验室。1969年，美国军事审计员发表《事后研究计划》(Project Hindsight)指出，联邦国防机构对于开放式科学的投资回报率非常糟糕，原因在于信息的不确定性(信息熵$H(U)$表示)太高，经济学成本增加，导致高投入低产出。该研究成果给我国科技研发提供了经验，这为后来有序有组织的科研提供了基础。

(4) 外包时期

利用信息化技术促进产业变革的"第四次工业革命"中，截至2021年底，直接因为科学仪器设备获得诺贝尔奖的总数有42项，占总获奖数的12%，其中68.4%的物理奖研究、74.6%的化学奖研究、90%的生理学或医学奖研究的成果都是借助各种先进的科学仪器设备来完成的，这些科学仪器设备基本由第三方机构提供（即外包）。当下的新发展阶段，我们高校科研工作者的科研与教学活动使用的的科学仪器设备，也基本由第三方提供。科学仪器设备产业变革将会重塑高校的经济和物资结构，高校应敏锐把握世界科技创新的发展趋势，用好新一轮科技革命的机遇。

3. 智慧阶段(后工业革命时代)

随着人工智能的快速发展,全球科学仪器朝着自动化、智能化、便携化、高性能化及原位测量、追踪测量方向发展。结合软件和硬件的智能判断和预测,提高仪器的灵敏度、分辨率、分析速度、稳定可靠性、容错性,降低仪器的体积。对于单台(套)科学仪器设备发挥效益具有独立性,为了发挥集聚效益,仪器设备分析测试中心、大型仪器设备共享平台应运而生。现代自然科学产生重大新发现模式,正从传统的劳动密集向智能信息技术密集转变(即依靠大规模的信息、数据、方案进行自动化大数据筛选),科学仪器设备的管理从单一分散管理模式转向集约化、自动化、智能化管理,目前我国科研院所和高校多数大型科学仪器约有1/3分布在各类科技创新基地,在一定程度上实现了集约化管理(袁伟 等,2018)。随着信息技术、物联网(the Internet of things, IoT)、人工智能内容生产(AI-generate content, AIGC),以及生成型预训练变换模型(Chat generative pre-trained transformer, Chat GPT)的发展,科学仪器设备与传感器通过网络连接在一起,通过自动化、智能分析决策的模式产出新的科学发现。

二、科学仪器设备在我国的发展

1. 近现代科学仪器的发展

1901年,上海科学仪器馆经销科学仪器,拉开了我国近现代科学仪器发展的序幕。1932年,中国仪器股份有限公司和中央研究院物理研究所的物理仪器工厂成立。新中国成立后,一系列分析仪器厂纷纷发展国产科学仪器。但由于历史的原因,国产科学仪器发展相对比较缓慢。国家重大科技基础设施起源于"两弹一星"时期。科学仪器试制中有代表性的成果有:20世纪50年代,王大珩领导主建了中国科学院长春科学仪器馆。1956年,机械工业部成立仪表局,1959年,成立北京分析仪器厂。为适应我国发展需要,1963年,北京分析仪器厂研发成功同位素质谱仪,同期试制成功我国第一台气象色谱仪。上海分析仪器厂于1962年开发出72型分光光度计,1964年试制成功100型气相色谱仪。此期间,清华大学、天津大学等大学陆续设置精密仪器系或仪器仪表系,设立分析仪器专业。1975年,北京分析仪器厂试制成功60兆核磁共振仪,1978年,上海分析仪器厂试制成功光栅分光的761分光光度计。中国科学院科学仪器厂成功试制电子显微镜。

2. 改革开放以来科学仪器的发展

1980年国务院决定将仪器仪表单列管理,成立了国家仪器仪表总局,在全国范围内集中投入资金和人力,促进该行业的发展。改革开放后正负电子对撞机在北京投入使用,标志着国家重大科技基础设施进入成长期。

20世纪90年代以后,随着人们对发展科学仪器重要性认识的提高和国有经济体制改革的深入及民营企业的崛起,加上整个经济发展加速所起的带动作用,在科教兴国战略的指导下,国家有关部门立项支持了一批科学仪器设备的启动建设。科技部从"九五"(1996—2000)开始把科学仪器的研制和开发列入了国家科技攻关项目并逐渐增加投入,从"十一五"(2006—2010)开始设立重大科学仪器开发专项;国家自然科学基金委员会也设立了重大科学仪器研制专项。经过多年的积累,我国仪器设备的规模持续增长,覆盖的学科领域不断拓展,技术水平也明显上升,支撑大学、社会服务成效日益显现。"十二五"(2011—2016)以来,在相关规划指导下,科学仪器和国家重大科技基础设施在范围、数量、质量上实现新的跃迁,迎来快速发展时期。在国家层面的投资拉动下,商业投资也开始活跃,科学仪器的研究开发和产业的发展逐渐开始走出低谷。根据三星公司公布的全球仪器市场规模数据显示,2019年,全球实验室分析仪器市场规模约为656亿美元,2009年,中国科学仪器市场在全球市场的占比从2019年的6%增长到2015年的10.4%。近年来,市场需求最多的是生命科学仪器,其次是色谱仪器。中国是全球实验室分析仪器需求和市场增长最快的地区。随着中国对科学仪器的大力支持和发展,中国市场在全球科学仪器行业中变得越来越重要。

3. 国产替代进口科学仪器时期

随着信息技术的不断发展,越来越多的科学仪器设备开始接入互联网,受整合资源等多方面原因推动,大型仪器设备共享平台和实验室信息管理系统应运而生。2003年,中国科学院生物物理研究所的饶子和院士将原来分散的生命科学仪器设备资源集中整合起来,筹建了中国科学院蛋白质科学研究平台,迈出了我国科学仪器共享的第一步。从2021年开始,我国出台优先采购国产仪器的政策,国产仪器得到进一步发展。2021年6月,中国农业科学院成立中国科学仪器自主创新应用示范基地,推广国产科学仪器。国产科学仪器的主要使用单位,主要是食品、医药、石化、材料行业的第三方实验室、中小型企业以及科研院所的小型实验室。国产科学仪器具有以下特点：用于科研的国产分析仪器数量少，主要原因是基础科研不足、进入国际市场的少，在国际上不被认可。用于前处理的生命科学领域的小设备发展较快。该领域不要求准确地测量，只是辅助应用，技术含量较低，国外大型公司不太重视，我国公司仅与国外小型企业竞争，实现局部领先较容易。国家在环保领域投入力度加大，国产仪器制造厂商在国家政策支持下大力发展，支撑了环保领域国产仪器的发展与进步。

三、科学仪器设备配置研究进展

（一）资源配置效率评价模型

科学仪器设备的配置研究是高校科技资源管理的重点。资源配置效率与教育评价是一个受多种因素影响的模糊领域，一般基于投入产出的相对效率进行评价。主要采用的测评方法和模型有主成分分析法、因子分析法、前沿分析模型、随机前沿分析法和数据包络分析模型，最广泛运用的模型是数据包络分析。1957年，英国研究者法雷尔(Farrell)提出前沿分析模型——生产决策单元(Decision making units, DMU)资源配置效率的评价方法。1977年，艾格纳(Aigner)提出随机前沿分析法，该方法需要设定投入与产出间的相关关系。1978年，沙恩(Charnes)等人提出数据包络分析(Data envelopment analysis, DEA)方法，该方法基于多指标投入和产出比较DMU之间的相对效率。由于科技资源投入涵盖财力、人力、物力、信息资源等多方面的投入，且科技产出涉及学术论文(篇数)、专利(项数)、研究成果奖励(国家级、世界级、诺贝尔奖等项目数)、科技成果转化率(金额)等多方面指标，因此科技资源配置效率多采用DEA-Tobit链式网络模型法，先基于投入与产出指标，通过软件与DEA模型计算资源配置效率，再使用Tobit模型分析资源配置效率的影响因素。选取投入与产出指标的原则是参考以往研究文献，尽可能覆盖所涉及的投入产出指标，同时考虑指标数据的可得性。

（二）科学仪器设备配置评价

凯森(Kaysen)(1965)提出美国应关注投资大型科学仪器设备带来的

日益增高的运行与维修成本。为科学合理地解决科学仪器设备成本问题，2006年美国国家科学院提出应创造更多集中化管理的仪器设备资源中心（Centralized instrumentation resources），并指出学术机构（Academic setting）研发新型科学仪器设备数量下降将影响到科学仪器设备的整体发展。芦丽君等(2006)提出重组高校教学资源、拓展人力资源、优化教育资源、加强实验室投入与管理配置举措，强化基础实验室建设。夏永林(2008)研究了高校实验室人才资源、仪器资源、实验室资源和谐配置的方法。洪彬等(2008)针对目前一些高校仪器设备经费不足、资源配置不合理、运行效益低等急需解决的问题，提出了一般高校仪器设备管理在改善管理体制、资源配置、经费投入改革三方面的对策，为进一步强化仪器设备资源的配置提供思路。刘浩等(2009)针对高校设备资源配置提出，优化配置以合理配置、及时添置、充分利用为原则。杜玉杰等(2010)通过地方高校实验资源优化配置的实践，提出了转变思想、完善顶层设计、整合资源、理顺运行机制、实行青年教师轮岗制度、建立实验室资源配置科学决策机制、完善实验室资源配置效益评价机制、加大文科实验室建设力度、建立实验室资源共享信息平台、重视实验室开放十条实验室资源优化配置原则。刘长宏等(2016)从数量、质量、品类、更新率四个方面构建了优化原则与配置标准。黄凯等(2018)测算了教学仪器设备配置的数量与标准。2021年，教育部提出深化新时代教育评价改革，对信息技术在教育评价中的赋能提出新要求。总结起来，研究者针对高校科学仪器设备配置的原则、标准展开实证和理论研究，但是有关配置效率、配置规律的方法的研究极少。

目前，通过组建各类大型科学仪器中心，实现科学仪器集约化管理是常用的配置方式。对大型科学仪器设备进行系统化配置和集中管理，以提升仪器设备利用效率，支撑保障科技创新活动。利用模糊综合评价理论，可以描述科学仪器设备配置中的模糊现象，这些现象有旧问题(高校仪器设备是否发挥了重要作用、科学仪器研制现状、大型仪器设备何时能全部开放共享、上级部门未界定清楚的问题)，也有新现象(随着高校信息化系统增多，数据资产、预算管理一体化中的参数和变量如何描述)。各种因素相互交错，组成了高等教育科学仪器复杂系统。

随着对科技投入与产出指标复杂性增加，DEA-Tobit链式网络模型法局限性逐渐显现出来，由于缺乏标准，指标选择、分配权重各不同，得出的配置效率与影响因素各不相同。根据近几年研究，目前科学仪器设备的产出指标一般依据教育部2000年制定的《高等学校贵重仪器设备年度绩效评价表》,考核指标主要有机时利用、人才培养、科研成果、服务收入、功能利用与开发5项,并建议分值权重分别为30%、20%、25%、20%、5%。

第四节　科学仪器设备配置目标

我国大部分高校是资源依赖型非营利性组织机构,科学仪器设备的规模主要取决于政府的财政拨款和社会提供的经费等外部资源,配置资金来源决定了配置目标往往与高校的功能定位是分不开的。科学仪器设备配置目标是使高校人才产出最大化,助力国家重大发展战略、满足经济社会需求、引领科技发展前沿、增强国际影响力,配置目标实现的本质是产出知识成果,具体目标是各类功能的仪器设备品质精良、组合优化、数量充足,满足高质量实验教学要求;使用效益高,在培养一流顶尖人才的创新精神和实践能力方面发挥较好作用;要保证实验室仪器设备品质精良,并保证仪器设备的完好率达到100%。

一、高等教育维度:科学仪器设备配置与建设世界一流大学高地

高校是科技创新的重要战略性力量,是基础研究和服务社会的主力军,承担了全国60%以上的基础研究与重大科研任务。在1901—2001年的100年里,近3/4的诺贝尔奖得主(物理、化学、生理学或医学、经济学领域)来自世界一流大学,排名前10位的大学的获奖数占获奖总数的30%(教育部中外大学校长论坛领导小组,2006)。全世界400余名大学教师获得诺贝尔奖,基本都来自世界一流大学(潘军,2021)。北京具有国内最丰富的科教资源、科学仪器设备资源、人力智力资源,科技融合与文理渗透,为学科交叉以及发展新的交叉学科提供了有利条件,因此具备建设世界一流大学高地的禀赋。根据第一轮、第二轮"双一流"大学建设统计,北京有8所世界一流大学建设高校,占总数的19.0%,有26所世界一流学科建设高校,占总数的27.4%。第二轮"双一流"建设高校中,除清华大学和北京大学自主确定学科后公布,其他高校学科变化不大。

（一）建设世界一流大学高地途径

1. 北京"双一流"建设高校资源配置

建设世界一流大学高地，应以一流学科建设为龙头，带动学科生态集聚。不仅要从国家层面加强顶层设计，形成专门的拔尖创新人才培养政策体系，加强对科研经费和人才培养经费投入的持续性，更要通过具体的抓手，建设多个世界一流学科高地，提高高校人才解决社会发展关键问题以及科研创新的能力。高校科学仪器设备、技术队伍、实验用房等科技资源以及交叉学科，作为重要的建设世界一流大学高地的抓手，对世界一流大学高地建设具有重要的支撑作用。因此，北京"双一流"建设高校应加大对科研经费、人才培养经费的投入，提升科学仪器设备配置水平，促进自然学科交叉，建设世界一流学科高地。

科学仪器设备往往是科技创新的工具、大学治理的载体，通过科学仪器设备带动科技创新、自然学科交叉建设是高校建设世界一流大学高地的主要途径。欧美世界一流大学高度重视科学仪器设备配置，麻省理工学院（MIT）围绕国家战略需要发展调整学科布局，建立林肯实验室，开放雷达技术，逐步成为研究型大学，并跃居世界顶尖大学之列。悉尼大学通过启动"科研卓越计划"（Research excellence initiative），加强对卓越科研活动的支持力度，《十年重大科研基础设施规划》中确立了未来十年在自然和物理科学、生命科学、创意艺术、人文社科等学科领域核心科研基础设施的重大资助项目，为研究人员提供追求世界一流科研的卓越的基础设施、前沿实验设备及工具、技术支持等（武学超 等，2018）。

2. 大校区资源配置

北京"双一流"建设高校，应统筹在雄安新区、粤港澳大湾区、长三角校区的仪器设备资源，充分利用区域优势，不断提升世界一流学科的建设水平。科学仪器设备资源呈现多样性、异质性、稀缺性特点。同时丰富的学科资源与丰富的仪器设备资源成正比，同质性的学科建设、课题组科研方向趋向一致，采用的科学仪器设备大同小异，导致部分科学仪器设备配置同质性加剧，以北京高校第一轮"双一流"建设学科最多的"材料科学与工程"学科为例，"一流学科"建设的高校有6所（表1-12），使用科学仪器设备程度较高，学科的仪器设备资源配置呈现出同质性现象。因此该学科向雄安新区扩散会推动区域的学科建设以及区域经济发展。

表1-12 北京"双一流"建设高校学科聚集程度较高的地区（2021年）

序号	北京地区	"双一流"建设高校	校舍产权面积	世界一流大学建设高校（第一轮）	一流学科门类	数量材料科学与工程学科数量	化学、化学工程与技术学科数量
1	中关村科学城	7所	1 077.77	5	67类	3	3
2	学院路沿线	11所	1 015.13	3	41类	2	0
3	未来科技城	6所	606.06	2	26类	1	0
4	房山高教园	3所	299.39	1	8类	1	0
5	怀柔科学城	1所	60.94	0	2类	1	1
6	雄安新区	4所（在建）	—	0	9类	1	0

注：校舍产权面积单位万平方米，统计数据时间为2021年，雄安新区的北京高校正在建设中，高校数量和校舍面积有待统计，以实际公开的数据为准。

以支撑我国20%以上GDP的化学、化工学科为例，重要化学基础研究在高校完成（表1-13）。该学科科研活动汇集了诸多高端要素，科学仪器设备精密且贵重，推动基础研究不断发展、演变。通过科学仪器设备产出基础研究创新性发现，通过化学工业的技术和创新推动经济发展，进而不断提高我国的科技竞争力。目前，部分北京高校已经启动雄安新区大学园区规划建设，承载着各高校国际大科学计划的高端精密仪器设备装置的运行与研究，目前已经进入制度制定、规划设计阶段，成本核算更加具有现实意义。要加大对安全设备、高精尖技术设备及低碳绿色、信息化程度高的设备的成本核算，充分利用科技资源，推动创新，围绕科研规律，优化科学仪器设备的采购，实现全生命周期成本核算。因此，雄安新校区资源配置应采用以同质性资源疏解和异质性资源引进相结合的模式。

（二）科学仪器设备配置与世界一流大学高地相互作用途径

科学仪器设备配置（以化学化工类为例）对世界一流大学高地建设和区域经济的影响（图1-6，表1-13）分析如下。

图1-6 化学研究中科学仪器设备、资金投入与经济的关系

资料来源：*The Importance of Chemical Research to the U.S. Economy*, 2022。

表1-13 世界一流大学高地建设与科学仪器设备配置的相互作用（以化学学科为例）

规律	科学仪器设备配置措施	对世界一流大学高地建设的作用
教育规律	培育人才，高校对化学化工的科学研究、教育研究投入资金	用不断创新的教学方式，塑造创新的学习知识环境，使人才掌握化学研究中不断出现的新的学术概念，学会使用化学研究中的新型工具、仪器设备、技术、跨学科知识以及重要的合作技能
科研规律	由于化学研究持续不断的发展演变，通过科学仪器设备实现基础研究创新性发现，提升创新能力	不断增长的实验室空间、信息资源、资金投入，提高了我国的竞争力
社会规律	通过科学仪器设备揭示更多的社会规律，解决社会关键问题	提升高校服务社会水平，促进文理学科融合，提升世界一流学科建设水平
经济规律	政府投入资金支持化学学科的发展	学科基础研究不断产出原始创新，科技成果转化成为新兴产业。随着化学仪器设备体积不断变小、可携带，逐渐产生新型仪器

自然学科的科学研究对科学仪器设备需求强烈。诺贝尔化学奖获奖者中有27人、物理奖获奖者中有23人直接因为仪器设备的研发与其技术方法的改进而做出了巨大科技创新。诺贝尔奖自然科学获奖项目中，因发明科学仪器而直接获奖的项目占11%。而且72%的物理学奖、81%的化学奖、95%

的生理学或医学奖都是借助尖端科学仪器来完成的(人民日报,《大力提升科研仪器自主创新能力》,2022年5月30日第19版)。从科研工作规律来看,科学研究竞争表现在对于前沿性、先进性、超前性、原创性技术的竞争。大型科学仪器对科学研究的直接贡献是提供前沿竞争的技术基础,满足科研人员观测、测量、分析等科研需求,满足特定领域的科学研究(或试验)目的,完成科学研究实验、产生实验数据、发表科研成果等。传统的化学实验探究活动是劳动密集型的教育活动,所有的实验操作、重复与对比要消耗科研人员大量的体力与精力。为了保证科研成果的优先性和顺利发表,科研工作者需完成选择实验方案、选型以及确定科学仪器设备操作步骤、呈现实验数据和图片、投稿到学术期刊发表成果几个步骤。科学仪器设备需达到实验技术指标要求,实验中用科学仪器拍摄的实验图片必须符合高水平期刊的要求,测试数据得到审稿专家与学术领域同行评议人员的认可,这是开展科研工作不可缺少的保障条件。

二、科技强国维度:科学仪器设备与科技强国

(一)从工具视角来解答"钱学森之问"和"诺贝尔奖之问"

关于我国顶尖人才的培养,一直存在着一个著名的"钱学森之问",即"为什么我们的学校总是培养不出杰出人才"。钱学森认为,"现在中国没有完全发展起来,一个重要原因是没有一所大学能够按照培养科学技术发明创造人才的模式去办学,没有自己独特的创新的东西,老是'冒'不出杰出人才"。更进一步,从20世纪80年代,我国科研工作者、科技哲学研究者开始提出"诺贝尔奖之问",即我国何时能取得诺贝尔奖级别的成果,何时能荣获自然科学领域的诺贝尔奖。东北林业大学校长李坚与美国斯坦福大学校长约翰·亨尼斯探讨关于中国与诺贝尔奖的问题:中国学者的智商不比外国学者低,但中国大陆的学者很少成为世界顶峰人物,原因在于批判性思维等主要的可控因子,在阻碍中国顶尖人才的培养(教育部中外大学校长论坛领导小组,2006)。对科学创新活动的界面分析,需要有力的研究工具,本研究选择用科学仪器设备来分析这些问题,有助于揭示原始性创新的规律。根据一项针对俄罗斯、印度、美国和我国工科学生学业表现的大规模超级测试揭示,计算机科学和电子工程专业的学生在经过大学学习后,高阶思维能力(High-order thinking skills，HOTS)、批判性思维能力(Critical thinking)和学术技能(Academic skills)水平均出现了下降(Loyalka P et al.，2021)。荣获诺贝尔奖意味着原始创新学术的积累，在高校中，需要学生进行批判性思考，对学术权威质疑。北京"双一流"建设高校意识到此类问题，并且通过举办高水平论坛等形式进行改革，2022年深圳大学提出到21世纪中叶，学校要研究出3项诺贝尔奖级别的成果。

（二）科技强国与科学仪器设备强国

科技强国的"强"是多个维度的综合考量，包括规模、基础、质量、效益等方面。强国建设的基础支撑与衡量指标应包括合理的科研经费比例、先进的科学仪器设备、丰富的智力资源、前沿的科技信息以及形成科学创新的环境。人才资源建设是高校实验室发展的动力，科学仪器设备资源及硬件设施建设是实验室发展的重要基础，实验室的和谐管理是实验室有序化、高效率运行的关键(夏永林，2008)，信息资源是实现实验室资源配置进而产生科学智能决策的动力，财力投入是保障各项资源在实验室内发挥创造力的先决条件，通过人力、物力、财力和信息资源等形成立体式强国资源体系。因此，优化科技和创新资源配置方式，构建支撑科技强国建设的基础支撑体系显得尤为重要。

科学仪器设备作为高校技术要素，支撑科技进步，引领前沿科技创新。科学仪器设备和大科学装置，越来越被证明是孕育前沿科技创新和产出重大原创新成果的沃土。科学仪器设备作为自然科学研究非常重要的技术要素，在高校中主要作用于专利发明、技术研发、计算机应用软件设计、研究报告、规划设计、产品开发、案例分析等知识生产技术。技术要素是指构成技术的基本组成部分，包括四个基本要素：能源是动力；材料是对象，是生产的物质基础；工艺是手段和方法，是生产的技术条件；信息是控制手段。

（三）大科学装置作为集聚优秀智力资源与凝聚创新主体的载体

人才是创新的根本。科学仪器设备和大科学装置是集聚智力资源的重要平台(图1-7)。通过利用高校内的科学仪器设备，搭建公共实验平台和设计开展尖端前沿的科学研究专用装置，会吸引教师和学生，形成智力资源，进一步，凝聚创新主体和各种创新资源，集聚形成专业的科学研究团队，科学仪器设备的操作则是聘请专业技术操作人员。目前,大科学装置主要分布在国家科研机构中,国家科研机构通过同行评议方式,择优选择各研究方向的优秀人才使用尖端科学仪器设备,人才智力资源源源不断地流向国家科研机构,组建形成跨专业团队,实现集聚效应;同时人才合作,提升了科学仪器设备使用的科学效益,形成良性循环。

图1-7 大科学装置集聚优秀人才的机理图

三、社会维度:科学仪器设备是智能时代的核心支撑

中国科学院褚君浩院士在《智能时代背景下的仪器设备技术》中指出,科学仪器设备是智能时代的核心支撑。智能时代的产业形态是科学仪器设备,半导体的芯片和零部件需要依赖科学仪器设备来制造。2018年7月13日召开的第二次中央财经委员会会议上强调"关键核心技术是国之重器,要培育一批尖端科学仪器制造企业"。2021年10月18日,北京市人民政府印发了《关于支持发展高端仪器装备和传感器产业的若干政策措施》的通知,大力扶植高精尖产业发展。技术研发带动市场增长,随着全球科技竞争愈演愈烈,科技创新已经成为各国提高综合国力的关键支撑,科学仪器作为一个国家科技进步的基石,已经被美国、日本、韩国、中国及欧盟各国等提到战略发展的高度。以全球科学仪器市场区域分布为例,目前主要在北美洲、欧洲、中国以及日本。三星公布的数据也证实,北美洲、欧洲、中国以及日本是全球科学仪器市场的主要消费地区。

四、经济维度:科学仪器产业服务社会

1.由科学仪器设备引发的科学革命为工业革命破除发展瓶颈

科学革命对工业革命的贡献在于:首先,使实验成为一个通用的试错方

法,即新技术的获得不再依靠经验的试错,而是主要依靠在实验室里的试错;其次,在实验室里靠试错来推动技术创新出现瓶颈时,基础科研的突破可以打破技术创新的瓶颈,从而使技术创新在工业革命以后不断加速。科学革命主要是方法论的革命。通过实验对自然现象进行解释,控制实验使得科学的发现是否为现象产生的原因可以很快得到验证,以去伪存真。这种方法论的改变使得科学从原始范式向现代范式转变,也加速了科学的发现。

2. 仪器设备产业带动区域经济

大科学装置是带动区域经济发展的辐射源和促进协同创新网络建设的推动力。重要的国家实验室与科研机构拥有多个大科学装置,与周围大学、企业、社团、政府机构进行合作。一方面,大科学装置内在需求通过购买产品服务、仪器设备硬件、软件推动了第三方机构的快速崛起,并且通过科学活动带动经济活动,提供了数万工作岗位;另一方面,通过科技成果转化,向企业进行技术转让来刺激商业活动,给高科技企业注入世界一流的科研能力,带动区域经济发展,并为区域城市群发展贡献科技与仪器设备硬实力。

第二章
科学仪器设备一体化资源配置

第一节 科学仪器设备资源配置实践

一、科学仪器设备配置程序

为充分发挥科学仪器设备的使用效益,教育部《高等学校仪器设备管理办法》规定科学仪器设备的配置实行优化配置的原则,程序主要有采购申请、审批、购置、验收、使用、保养、维修。狭义的科学仪器设备配置是指科学仪器设备使用单位,为完成职能,进行购置需求编制、购置计划论证并实施管理的流程。广义的科学仪器设备配置,基于配置界面之间的关系,秉持一体化的理念,应覆盖科学仪器设备的全生命周期,包括研制、编制采购需求、购置论证、预算立项、招标采购、验收建账、核算与决算、管理、处置九个环节。

(一)界面形成网络

界面具有典型的中性、客观性、可渗透性、动态性、系统性、复杂性。界面根据相对面,可以分为界面外、界面处、界面内。根据界面层次,分为高校间界面、高校与部门界面以及高校部门内部界面(游达明,2014)。根据界面对系统产生的效应是否维持系统高效运转,界面分为正界面、中性界面、负界面。一般项目界面分为职责变更界面、行动结果界面、管理界面、客户界面、信息界面和材料界面六种类型(Russell,2004)。根据供应链视角(朱启超 等,2005),高校间直观的界面主要有人力界面(通过人员流动体现)、物质界面(通过物流体现)、资金界面(通过资金流来体现)、信息界面(通过信息资源流动体现)。界面流动形成网络,基于贝叶斯决策模型,将科学仪器设备配置决策各个界面的流动流程视为一个定向网络(图2-1,I是各个环节的界面,每个界面对应选择的期望为E),每条线连接上、下游两个界面,并从上一个界面定向指向下一个界面,两个界面产生的流动是定向流动。将决定定义为一组备选中的某一选择,每个选项都有一组相关结果,每个选择有两个重要特征:结果的效用价值与发生的概率,这两个特征用于衡量和计算选择的期望值,从而方便配置主体作出期望值较高的选择。每个界面都有很多组备选方案,作为有限理性的配置主体要从备选方案中确定某一个选择,确保作出期望值较高的配置决策。对于界面管理的研究,学者侧重于从组织管理的角度对组织中参与管理的人的管理界面进行研究,着眼如何减少项目过程中的冲突或者填补管理活动中的缺失部分,并明确项目管理中的界面、界面事件、关键界面等概念以及开展界面管理的简明步骤。

环节	研制	编制采购需求	购置论证	预算立项	招标采购	验收建账	核算与决算	管理	处置
界面	I_1	I_2	I_3	I_4	I_5	I_6	I_7	I_8	I_9
界面属性	关键界面	关键界面						关键界面	
决策期望值	E_1	E_2	E_3	E_4	E_5	E_6	E_7	E_8	E_9
对应主体	创新主体	采购人	设备管理部门	财政部门	采购部门	协同多部门	财政部门	资产管理、学院	报废部门
管理机制	创新主体自由探索,进行科研活动,产出科学发现与原始创新成果	采购人编制采购需求报告,提交配置计划,提出采购申请	归口配置计划,收集建设需求,规范论证程序,制订实施计划,开展绩效考核	负责经费配置预算管理,审批绩效考核目标与结果	实施采购过程	采购验收、资产管理	对科学仪器设备支出规范性进行把关,规避资金使用风险	各申请单位对仪器管理、使用效益负责	对科学仪器设备的报废程序负责

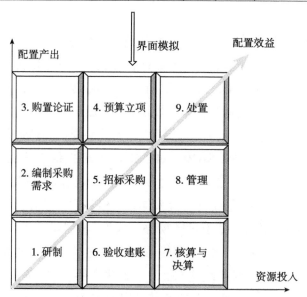

图2-1 科学仪器设备配置界面图(上)、网络图(下)

（二）与科技创新直接相关的界面

在图2-1中，科学仪器设备的研制、编制采购需求、管理界面与科技创新密切相关，对配置流程的目标起着重要影响，是配置过程中的关键界面。其他界面为一般事件界面。采用比较教育学的方法，构建起科学仪器设备配置的网络图(Mark et al., 2007)。

二、配置原则

科学仪器设备配置需符合国家规定的配置标准，国家没有规定配置标准的，应当加强论证，从严控制，合理配置。高校科学仪器设备配置从立项开始，结合学校学科建设、科技创新等导向进行综合平衡预算，与其他类资产的配置相比，既具有共同性，也具有特殊性。

1. 共同性

实行优化配置的原则，根据学校的实际，制定仪器设备申请、审批、购置、验收、使用、维护、维修等管理制度。坚持以学校履行职能、教学与科研的基本需求为出发点，坚持科学仪器设备配置与预算管理一体化相结合的原则。为实现知识生产与科技创新的可持续发展，要兼顾即期重点学科建设情况和长期学校总体规划、战略发展，综合考虑教学发展规划、学科发展规划、师资配备规划等情况。从提高财务资源的投入产出效率目标出发，各级资产配置主体对于资产的关注点不同，财政部、教育部对高校仪器设备资源分配政策主要以结果为导向，与结果指标挂钩，而高校层面应解读上级政策，主要关注财务资源实际使用的效率，应加强过程控制。

2. 特殊性

科学仪器设备的经费资源配置与其他经费不同。由于单台(套)大型精密仪器设备稀缺、贵重、技术含量高、使用需求旺盛等因素，对大型精密仪器设备的购置要充分论证，按照工作上适用、技术上先进、经济上合算的要求，结合学校的学科建设，依据以下原则进行配置，从而完善高校科学仪器设备统筹规划与合理布局，提升科学仪器设备使用效益，使购置的科学仪器设备物有所值、物有所用。

(1) 保证重点、合理配置原则

合理配置主要表现在配置结构方面,应是保证重点,实现新旧仪器设备资源、分散资源与集成化资源、存量与增量资源、教学仪器与科研仪器、通用型仪器资源与顶尖型仪器资源、效率与公平的和谐配置。在"双一流"建设背景下,科学仪器设备配置要关注质量和特色,不能是规模和数量上的比对。以科研和学科建设需求为导向,兼顾存量,保障增量。从经济学角度,优化科学仪器设备的配置要处理好效率与公平。不同科学仪器设备资源的配置模式,效率与公平的平衡侧重点不同。以科学仪器设备人员费用支出为例,对于科学仪器设备操作工作人员,发放固定工资主要是解决公平分配问题,而仪器设备的激励效益分配主要是强调效率,鼓励科技创新和科技成果转化,适当兼顾公平。

(2) 效益优先、从实际出发的原则

把握即期与长期发展、结果与进程的关系,力求有一定的前瞻性。选购大型精密仪器设备既要防止片面追求大而全,导致国家资金浪费,又要适当考虑科技发展,防止片面强调节约,影响科学研究水平的提高。各申请单位制定合理的绩效目标,设备管理和财务部门对绩效目标进行审批,提升仪器设备采购、开放共享效益。

(3) 调剂、租赁、购置、共享相结合的原则

充分利用校内科学仪器设备资源,进行内部共享,避免重复建设;鼓励使用周边学校、科研院所、第三方机构的仪器设备完成教学、科研任务。

(4) 综合选型,严格把关原则

要综合考虑大型精密仪器设备的先进性、教学科研的适用性、技术人员的匹配性、高技术含量与自动化程度、第三方机构信誉与仪器质量可靠性、维修服务及时性、价格合理性。坚持人、物、岗、信息技术运用能力相适原则,随着信息技术的高速发展,并不断在管理工作中应用,要求管理人员具备一定的信息技术能力。有些专业人才非常适合科学仪器设备的配置与管理工作,而有些专业人才虽然专业能力强,却不能结合大数据进行分析平衡,不适合的人才应及时进行岗位调整,保证人、物、岗、信息技术运用能力相适应。

(5) 提升国际竞争力原则

对自然科学的科研活动、学科建设与科学仪器设备的配置密切相关,应充分考虑国际竞争、仪器设备的先进性与适用性,配置与世界一流学科匹配的科学仪器设备。

三、配置需求与标准

(一) 配置需求

1. 新增内设科学研究机构或建设实验室

因新增或设立科学研究机构或变更需要建设实验室、配置科学仪器设备的，由设立或者变更部门根据职能设置、人员编制和原有部门科学仪器设备存量状况，以调拨、调剂、购置为主要方式提出资产配置方案，按照规定标准和程序办理。以雄安新区的实验室建设为例，为推动新区的科技创新，首批疏解到新区的4所高校，都在建设实验室的规划方案里，增设大量高端科学仪器设备。

2. 完成科研工作任务

为完成科技创新任务，需要配置大型仪器等价值较高的资产的，应先通过内部调剂、共享共用方式解决，无法解决的按照保障需要、科学合理的原则进行配置。

3. 集中管理，提高配置效益

因开展科技创新工作，现有科学仪器无法满足学校履行职能的需要、难与其他单位共享共用、难以通过市场购买服务方式代替资产配置，或者采取市场购买服务方式成本过高的，科学仪器设备管理部门统计共性需求，应该建立分析仪器测试中心，将分散化的科学仪器设备纳入平台集中管理，统一进行调配和使用，便于校内共享与使用高端科学仪器资源。

科学仪器设备微观配置管理的核心在于提高科学仪器设备的科技创新效益，实现最大增值；宏观配置管理的核心在于改善科学仪器设备的配置结构，实现资源配置达到最佳比例。

(二) 配置标准

科学仪器设备配置的数量，要以完成规定的教学、科研任务为标准进行合理配备，且仪器设备的完好率应为100%。

1. 教学用科学仪器设备的配置

教学用科学仪器设备的配置应根据教学计划规定的独立设置或非独立设置实验课程中在实验室完成的实验项目、学时及参加实验的人数、每次实验分组数来确定,并应全力支持学校教学改革的学科和专业。

$$教学仪器设施配置台数 = \frac{教学计划实验人时数}{每台仪器设施实验人数 \times 可用实验课时数}$$

2.科学研究用科学仪器设备配置

科学研究用的科学仪器设备采用的技术往往具有前沿性,一般作为专用设备和特殊设备进行配置。配备标准主要是以各高校科研项目高精尖的实际需求为指导,全面考察各高校国有资产使用效益,对重点扶持学科和专业,以及资产使用效益较高的资产使用部门,加大配置比例,提高配置水平。有特殊需求的配置申请,视具体情况而定。

四、高校科学仪器设备配置现状

自2017年启动"双一流"建设以来,北京有34所"双一流"建设高校,其中8所世界一流大学建设高校,26所世界一流学科建设高校。

(一)统计数据

科学仪器设备资源配置投入指标主要包括近几年各高校财力投入、教学科研仪器资产值,总体呈增长趋势(表2-1)。科学知识产出指标主要有贵重精密仪器开放共享结果、科研成果(国家级奖励)、人才培养(在第三章详细论述)、开放共享收入等,知识产出高的高校一般预算总收入较高。目前高校科学仪器设备开放共享路径依赖现象严重,与科研院所相比,高校开放共享考核结果优秀率和良好率较低。

(二)走访调研

通过到科学仪器使用较广泛的学院走访调研、专家访谈与文献调研,普遍反映办学空间不足,资金投入缺乏,部分陈旧仪器设备得不到及时更新、升级、补充。具体表现在科学仪器设备老化,教学常规科学仪器设备数量不足、种类不多,大型贵重精密仪器设备缺乏,科学仪器设备配置现状无法满足教学、科研实验、科技创新的需求。通过记录反馈者的建议,尽可能原汁原味地呈现学院使用的概念和关键词,由此得到科学仪器设备配置词汇分析表(表2-2)。

表2-1 北京高校教学科学仪器设备资源配置指标体系

高校编号	投入指标									产出指标							
	2021年		2020年		2019年		2018年		2017年		大型仪器设备共享评价考核成绩					科技知识产出(国家级奖励数)			
	$x_{i,2021}$	$w_{i,2021}$	$x_{i,2020}$	$w_{i,2020}$	$x_{i,2019}$	$w_{i,2019}$	$x_{i,2018}$	$w_{i,2018}$	$x_{i,2017}$	$w_{i,2017}$	2022年	2021年	2020年	2019年	2018年	2020年	2019年	2018年	2017年
1	317.28	94.83	310.72	85.64	297.21	78.51	269.45	72.05	233.35	61.48	优秀	优秀	良好	优秀	优秀	14	13	14	13
2	221.34	83.2	191.08	75.34	190.07	66.27	125.54	60.64	193.45	54.43	良好	良好	良好	良好	良好	7	4	2	6
3	113.44	39.65	—	38.71	—	35.38	—	33.17	—	30.54	良好	良好	优秀			3	6	3	4
4	101.59	32.95	—	29.27	—	26.5	—	25.23	—	27.32	优秀				良好	1	1	3	3
5	87.85	20.48	86.35	19.11	81.85	16.31	66.12	14.5	62.19	12.92								2	2
6	78.06	7.66	74.42	7.11	63.92	79.84	57.79	8.06	52.03	7.44							1	1	
7	75.26	0.82	—	0.81	—	1.34	—	1.55	—	1.37		良好							
8	60.05	20.16	53.96	19.93	56.20	17.54	55.45	16.42	49.66	1.57	良好	良好	良好			7	5	3	3
9	55.93	12.92	58.65	12.15	58.52	12.99	49.33	11.83	46.38	10.74	良好					1	1	1	3
10	54.53	17.53	49.14	17.13	47.44	15.47	47.01	15.32	41.48	11.17	优秀			良好		2	1	4	4
11	—	13.49	—	0	—	4.38	—	—	—	—									
12	39.17	9.60	29.16	9.14	27.55	8.72	25.75	8.14	23.24	7.33		优秀				1	3	2	1
13	43.07	12.85	42.30	11.51	42.75	10.17	42.13	8.83	36.32	8.36	良好					6	2	2	3
14	—	10.44	23.72	9.6	23.19	9.58	—	8.41	19.11	7.61						2	1	1	1
15	18.81	4.96	—	4.66	—	4.3	—	3.9	—	3.24									
16	28.35	6.9	26.02	6.45	28.80	5.49	24.57	—	18.3	—						1			
17	29.34	13.74	26.61	10.25	30.54	10.27	37.86	9,28	10.4	8.96				良好	良好	3			
18	29.07	33.6	—	33.03	—	32.9	—	30.5	—	25.81						1	1	1	1
19	24.97	9.19	24.08	8.64	25.22	7.8	24.15	7.22	23.93	6.2				良好	良好		1	1	
20	25.35	7.98	23.34	7.58	17.51	7.13	14.13	7.27	12.4	7.04					良好			2	
21	22.29	7.04	22.47	6.8	21.41	0	14.7	—	14.88	—		良好						1	

(续表)

高校编号	投入指标 2021年 $x_{i,2021}$	$w_{i,2021}$	2020年 $x_{i,2020}$	$w_{i,2020}$	2019年 $x_{i,2019}$	$w_{i,2019}$	2018年 $x_{i,2018}$	$w_{i,2018}$	2017年 $x_{i,2017}$	$w_{i,2017}$	产出指标 大型仪器设备共享评价考核成绩 2022年	2021年	2020年	2019年	2018年	科技知识产出 国家级奖励数 2020年	2019年	2018年	2017年
22	23.02	6.2	19.30	5.11	18.30	4.64	15.92	4.12	14.21	3.66						3	3	2	1
23	20.51	2.06	18.86	1.96	15.99	1.88	14.13	1.89	14.65	1.03									
24	22.44	16.51	—	15.33	—	12.84	—	12.84	—	9.57									
25	17.55	1.86	16.58	1.87	17.18	1.69	17.28	1.72	16.23	1.42									
26	13.99	1.74	14.93	1.8	14.78	1.57	13.88	1.51	12.16	1.6									
27	18.78	2.53	17.06	2.41	16.93	2.27	13.5	2.15	11.21	1.86									
28	—	0.46	—	—	—	0.36	—	0.36	—	0.35			良好						
29	11.78	4.36	—	3.58	—	3.31	—	3.85	—	3.21									
30	7.51	4.61	6.53	4.54	—	4.38	—	2.87	—	2.81									
31	8.99	2.28	9.14	2.26	9.02	2.18	7.99	2.2	7.61	1.91									
32	6.70	2.5	—	2.36	—	2.17	6.2	2.11	4.56	1.85									
33	8.45	2.14	—	2.14	—	2.28	—	2	—	1.89									
34	3.93	1.65	4.23	2.51	4.86	2.27	—	2.17	3.98	2.17									
	1 589.4	508.89	1 148.65	458.73	1 109.24	492.37	942.88	372.83	921.73	326.86									

注：$x_{i,t}$ 为投入指标预算总收入来自各高校信息公开网站，$w_{i,t}$ 为投入指标教学科研仪器资产值（单位：亿元）。

资料来源：预算总收入来自各高校信息公开网站。教学科研仪器资产值来自《北京市教育年鉴》。大型仪器设备开放共享考核结果来自科技部网站。科技知识产出的指标是科研成果获奖成果，主要统计国家科学技术奖（包括国家最高科学技术奖、国家自然科学奖、国家技术发明奖、国家科学技术进步奖，数据来自国际科技创新中心网站（ncsti.gov.cn），统计以获奖项目中主要完成单位为基数，如同一个获奖项目中完成人员所在单位为1，1，1，2，3，则三个高校统计成果分别为1，1，1。

表2-2 科学仪器设备配置词汇分析

资源分类	配置词汇分类	改革归类
人力资源	行政事务多,疲于应付,待遇差,地位低,项目周期短,人才流失,容错机制缺失	配置模式与人力资本
财力资源	仪器报销手续烦琐,没钱买仪器,仪器设备配置少,资金投入缺乏	配置改革
物力资源	重物不重人,管得太多,设备老化、陈旧,科技创新难,购置论证滥用专家身份	学术环境
学科资源	配置仪器忽视学科差异,一流学科建设边缘学院	"双一流"建设改革

五、问题与挑战

经过第一轮"双一流"建设,北京"双一流"建设高校实验室基础条件已经取得了跨越式发展,很多实验室的设备基础实验条件已经达到了可以和先进国家相比较的水平。通过了解院系的科研条件、科研活动和科研成就,发现高校在科学仪器设备配置方面存在的主要问题集中在配置模式与科技迅猛发展速度不匹配、科学仪器设备闲置、超标超预算配置、重复购置同质性资源、尖端前沿异质性资源少、使用效益不高以及报销手续繁杂等方面。目前,高校管理采取的是本体管理,即贯彻上级直接部门规定要求层次的管理,完成规定动作,对于"科学仪器设备与重要设施"的管理仅仅停留在"设备"的管理上,即采购验收、维护修理、管理、报废环节,而自主性、创新性管理不多。把对"仪器"的管理等同于"设备"管理,发挥仪器配置效益只是做到开放共享,与管理"科学"的职能部门协同少之又少。"科学仪器设备"本是一体化的集成界面管理,有利于发挥最大的效益,但是高校科学仪器设备配置被分割为若干个界面:科技部门、使用仪器学院、管理设备部门、国有资产部门,导致高校在仪器设备、专业技术方面更多的是"拿来主义",而不是自主研发。此种管理模式我们称之为本体管理,产生的效益称之为"本体效益",对应的管理者大部分为同质性人力资本。传统的本体管理方式,往往只注重科学仪器设备本身的管理,忽略了技术人员、科学研究者的行为、心理在研发、设计、使用、管理科学仪器设备过程中的作用。主要问题体现在以下方面:

1. 配置体制机制不顺畅

目前,部分高校建设了大型科学仪器集中管理机构(分析测试中心),实现大型科学仪器设备的集中化管理。高校的创新能力受科学仪器先进性、人力资源能力、服务项目层次、开放共享环境四个因素(袁伟 等，2018)的影响。但是高校科学仪器设备管理部门在统筹物、人、项目、开放共享管理方面机制不顺畅。由于路径依赖，配置主体仍以传统的管理方式替代配置与治理，配置意识、专业水平有待提升，只对科学仪器设备本身管理，对人、财、信息资源的管理存在短板，导致科学仪器设备绩效考核被动。管理决策体系缺少数据、信息技术支撑，填报数据仍沿用纸质表格，未借助信息化系统进行智能管理。

2. 科学仪器设备资源"化学反应"效应不明显

科学仪器设备与高校事业发展未深度融合，形成化学反应，科学仪器设备+科技创新、科学仪器设备+学科、科学仪器设备+服务融合不够。资源配置对传统的配置路径依赖严重。科学仪器设备配置的集中程度低，大量优质资源以独立要素存在，由于黏滞信息(不同职能部门与学院之间交互作用不流畅的因素)导致未形成一体化要素。配置规模分散，使用环境单一，在管理上各自为政，不能为交叉复合型学科、专业提供全方位共享，使用效益低下。

3. 配置结构失衡，闲置与短缺矛盾并存

配置结构失衡表现在：①高需求的科学仪器设备供不应求，仪器超负荷运转，而低需求仪器，开放共享达不到基本的开机机时，持续以未饱和状态运行，闲置浪费现象严重。②一方面"双一流""高原"学科支撑的实验室科学仪器设备量多、效益低；另一方面"平原"学科所在实验室的科学仪器设备配置不到位，部分学院使用过时的、陈旧的仪器设备，导致实验手段远远跟不上现代科学技术发展的需要。结构失衡直接影响着高校教学科研水平的发挥与提高，并决定着科学仪器设备存量和增量的利用程度。

4. 仪器先进性不足，与科技发展步伐脱节

随着科技迅猛发展，"双一流"学科建设深化，多个高校出于学科建设、科学研究需要，重点关注国际上发表前沿学术研究成果多的科学仪器设备(图2-2)，纷纷购置前沿性强的科学仪器设备，如3D打印机、共聚焦显微镜等。但如果同质性强，会造成稀缺购置资金分散。出于安装仪器设备的特殊安全要求，高校的管理部门有时为了安全管理，未能购置一批高精尖且满足科研创新水平的贵重仪器设备。这使得教学科研水平提升有限，陷入低层次运行

的循环之中。某高校4个学院分别购置了功能大同小异的3D打印机、共聚焦显微镜,导致学校在这个领域处于低水平重复建设,对学校科研创新、争创国际一流水平的贡献低。

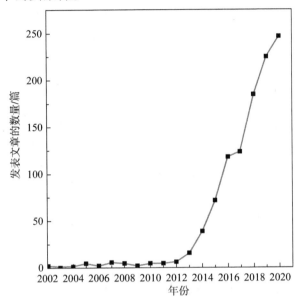

图2-2 2002—2020年间发表3D打印和微流控芯片技术的文章数量统计

资料来源:*The Importance of Chemical Research to the U.S. Economy*。

5.科学仪器设备利用率不高、开放共享程度低

科学仪器设备资源校内使用者主要是科研人员、教学人员与学生。一方面,从高校内部来看,除服务教学任务外,大型精密仪器设备主要服务于科学研究。由于目前我国科学研究基本围绕着课题项目开展,因此各课题项目是科学仪器设备主要的服务对象与产出成果的源泉。课题项目的研究类型与研究能力直接影响着科学仪器设备的利用率。另一方面,科学"重器"常年养在高校、科研院所等"深闺"中,有使用与创新需求的中小微企业等主体则是无力购置,申请使用效果不明显。随着运行费、维护成本、人员费与日俱增,仪器设备的收益与支出失衡。高校科学仪器设备是典型的公共产品,具有强共享属性和外部性,是稀缺资源,但科学仪器设备闲置、资源配置效率低的现象却一直存在。

6.高度行政化导致配置效率低下

我国高校行政程度远高于美国高校(朱德米 等,2019),行政组织部门数量、管理人员与领导数量超过了学校资源界面承载限度，众多行政部门的运行效率低，并未带来"教育家"红利，行政管理人员未用"教育家"的理念来配置资源。对于大型贵重精密仪器设备，多由教授根据科研项目研究需要通过科研经费购买，购买成功要经过九个行政界面，程序烦琐导致熟悉科学仪器设备需求的教授买不到称心如意且能产出科研成果的理想科学仪器，导致科研与仪器脱节严重，两者联系不紧密(王芳 等，2018)。

7.使用信息技术赋能低

从科研规律视角来看，科研工作包含定量研究和定性研究两个部分。自然科学研究领域存在大量需要同质化技能的工作，本质上是有序信息交互。这部分工作若由人工智能工具来完成可节省科研人员更多时间，提高工作效率，将更多的时间用于定性和理论推理工作。从行政管理视角来看，高校对信息技术辅助工作的投入不足，导致科学仪器设备界面与流程复杂，配置效率不高。

六、高校科学仪器设备配置问题的原因分析

将图2-1中科学仪器设备的配置视作由九个界面组成的动态链条，导致仪器设备未能高效配置并流动(出现黏滞不动现象)的主要因素有配置目标不清晰、配置体制存在弊端、设备管理部门工作不到位、路径依赖现象严重等。

（一）科学仪器设备配置目标不清晰

近年来科技创新政策频频出台，指导文件较多，如促进大型贵重仪器设备共享、推动科研经费"放管服"、推动科技人才教育协调发展。由于文件、政策理论多头的指导，管理者疲于应付日常工作，缺乏科技创新政策体系指导，缺乏合理配置科学仪器设备的主动性，以及如何促进资产合理配置的资产分配政策体系建设的系统深入的研究和调研。从资产配置的静态结构来看，应该从高校长期科技发展目标来考虑，确定高校的办学类型、发展模式、结构规模，以及科学仪器设备集中度应该多大才能充分发挥使用效益，及所依据的原则、科学仪器设备配置优化的途径、实现配置优化应采取的配套措施等。

（二）科学仪器设备配置体制存在弊端

管理体制制约了资源的合理配置,使得不断进行的宏观调控效力较弱。高校科学仪器设备的主体(具体使用者)总是首先从局部利益出发,由于重复购买、超量配置、分散使用,造成科学仪器设备类资产专用,大量优质资源以独立要素存在,难以形成一个集中配置的平台或管理结构。对于其他高校先进的分析测试、科学仪器设备开放共享平台调研不够,使各高校缺乏自我发展能力,优质的科学仪器设备资源无法在不同主体、实验室内流动,无法发挥资源要素一体化的优势,优势专业无法完全发挥其潜力和优势。

（三）科学仪器设备管理部门的工作不到位

设备管理部门是代表学校对科学仪器设备进行占有、监督、分配的机构,其核心任务是通过建立灵活有效的资产、经济资源管理机制,使科学仪器设备的运转有利于学校资产配置结构的优化,提高科学仪器设备对科技创新的催化效益,这需要资产管理部门从全局的角度出发,将管理转变为配置与治理,提高管理的科学属性,根据学校长远的发展规划对科学仪器设备的增量和存量进行有秩序的调整。但是科学仪器设备管理部门的职责还没有完全为人们所认知,仍然是多头管理、产权模糊、职责不明。要提高对科学仪器设备管理部门职责和作用的认识,需要通过政策调整和规章制度制定,赋予管理部门应有的权限,明确其职责,这样才能使科学仪器设备管理部门担负起优化配置结构,提高使用效益的任务。

（四）路径依赖导致仪器利用率低

路径依赖,即制度惯性,是融合了行为经济学、物理学、化学等学科观念的一种管理理论。其内涵是制度创新的路向对现存制度安排存在一定的依赖关系,管理者选择了某个体制,该体制中的资源将会沿着既定方向不断强化,一旦采用特定路径,将具有"惯性"。造成路径依赖主要由于此种"惯性"往往具有不可逆性、不可分割性,参与其中的管理主体往往行为结构化,若产生细微或偶然的变化,将会突破路径依赖,资源配置结果将会大相径庭。科学仪器设备利用率低最根本的原因是用户需求不足。而为满足相对不足的需求而购置设备,其原因主要有两类:一类是使用者对自身需求估计出现偏差,而后期审核过程没有发现。其中最常见的现象是谋求未来发展,而未来发展未达到预期。另一类则是因经费使用压力而谋求一种没有错误的花钱途径。前一种情况避免较难,但可以加强事先研判。而后一种情况则应当尽可能减少。针对专项资金拨付的不确定性和执行周期时间短的特点,如果高校和科研机构事先做好规划和设计,可以减少后期购置的设备配置与实际需求脱钩的现象,在规章制度健全且执行有力的情况下也可以减少不同院系购置相同设备而出现重复建设和资金使用率低的问题。同时,应增强设备使用效益与购置设备权限之间的关联性,压实使用者购置设备的绩效责任。对于昂贵的大型精密仪器设备的采购,高校采购方式普遍采用的是公开招投标,在保证质量的前提下,综合成本低的产品往往更容易中标。

七、优化资源配置原则

1. 坚持资源禀赋效应原则

科学仪器设备资源应与高校世界一流学科建设耦合,通过利用教育、科研、社会、经济运行的规律,还原教育、科技的"活动"属性和人才的"事物"属性,形成独具高校禀赋的资源,不断推动学科建设。抓学科建设就是抓知识生产,抓知识生产就是抓发展,抓发展就要抓创新,高校要充分发挥资源禀赋的效应。

2. 处理好教育、科技、人才的辩证关系

把握教育、科技、人才与高质量发展之间相互影响的规律。对三者关系的科学认识,既要正确把握三者独特的本质内涵,又要切实与具体的高校立德树人实践相结合。科技在三者中属于动力源,其来源于教育生产和人才创造,又可对两者形成反向影响和促动,离开了科技助推,教育和人才便成了无源之水。故以科技为切入的三者关系处理,核心在于强化科技自立自强,于科技创新体系框架内,更好地发挥科学研究的新型举国体制作用,以国家战略需求为导向,积聚力量进行原创性、引领性科技攻关,坚决打赢关键核心技术攻坚战;强化国家战略科技力量,积极通过教育力量和人才力量的更好注入,在各类"卡脖子"技术上开展有组织科研,加快实施一批具有战略性、全局性、前瞻性的国家重大科技项目,提升国家创新体系整体效能。与此同时,还应从更好把握创新在我国现代化建设全局核心地位的认识出发,推进科技体制

改革,形成全面创新的制度基础。构建开放创新生态,参与全球科学治理,切实在民族发展、人类发展的科技创新创造上把握主动权,增强话语权。

通过科学仪器设备资源"均衡分配",保障弱势高校发展质量,实现高等教育质量整体水平提升,如国家和地方层面的"双一流"高校建设;学科(研究生)教育和专业(本科)教育均衡分配,保障学科、专业一体化发展,实现高校办学水平全面提升;高校均衡发展和梯次发展的重点投入,保障高校的有序竞争和良性发展。

第二节　配置程序:编制规划与采购需求、购置论证、预算立项

按照购置资助资金性质,科学仪器设备的购置项目规划与采购需求分为两类:利用中央财政资金购置科学仪器设备和利用科研经费购置科学仪器设备。

一、利用中央财政资金购置科学仪器设备

根据财政部和教育部等上级部门的规定,由财政经费(非科学仪器设备专项科研项目经费,以改善办学条件和国家专项等常年安排的财政经费为主)资助购置的高校仪器设备,应根据学校教育事业发展和学科、专业建设及科研工作的需要,参照一定的额度每三年递交一次设备采购预算规划。概括地讲,即从项目立项论证、立项评估到经费申请程序等进行规范化和标准化管理,通过项目评估、项目综合排序和分类排序的方法,建立项目库,实行项目的滚动管理。然后,根据国家财力状况和高校事业发展的需要择优安排项目,并将项目支出预算编制到每个学校年初预算中(图2-3)。从目前来看项目库机制是实现科学仪器设备资源配置的最优机制,但是也存在着信息分散和不对称问题。

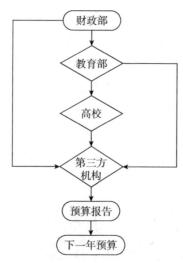

图2-3　高校科学仪器设备购置资金流程

立项报告要对项目的必要性、可行性及预期效益等情况进行阐述。编制采购规划时应提前做好采购需求编制和预算编制。之后每年7—8月根据采购规划递交第二年的设备采购申请,随后由财政部或主管部门对200万元以上的设备审核查重,看是否有重复购置及购置必要,包括预算是否合理、项目购置是否必须、立项内容是否真实等,对申请情况给予指导建议,当年通过中介评审的可购置项目进入项目库。在每年的12月底正式公布划拨经费额度与立项项目清单,再由各单位执行。

按照预算管理一体化要求,在项目入库阶段,强化源头管控,提高财政资源配置效率和使用效益。将绩效目标作为项目入库的前置条件,购置规划应由学校相关领导小组或学术委员会讨论通过后,依据申报类别分别报归口管理单位审批。购置规划统一汇总后,经审批批准后纳入项目库。未按要求设定绩效目标或目标审核未通过的,不得纳入项目库管理。

1. 原则

(1) 把握查重与共享之间的关系

在提交科学仪器设备购置项目之前,各申购单位要开展自查,对于本单位已有同类设备且机时不饱满的,原则上不建议申购。如2019年某中心申请购置遗传分析仪,专家查重时发现该单位已有3台同类仪器设备且机时不饱满,建议通过共享来解决。如果该单位或该地区有相同和类似的仪器设备,必须准确描述所申购仪器和存量仪器的区别与联系,否则,专家会建议通过共享来解决。例如，2017年某单位申购原子力显微镜，经查重该地区有65台同类仪器，但是申购单位没有准确描述所申购仪器和存量仪器之间的关系，没有给出拟购原子力显微镜与已有设备的区别和申购仪器的不可替代性，专家建议通过共享解决。

(2) 不得刻意拆分、刻意打包仪器

该分开申报的要分开申报，该需要整体申报的就要统一进行申报。例如，2011年某大学的国家重点实验室购置大型仪器与技术服务中心平台基础支撑系统，显然这就是一个多台仪器的打包项目，因此专家不建议购置。对于申报的仪器设备为"某某系统"或者"某某平台"的，必须写明"系统"或"平台"包含的仪器设备的名称、数量、型号等，并且说明这些仪器设备不能分开申报的详细理由。若只是笼统地描述设备名称为"某某系统"或者"某某平台"，专家将有可能判断为刻意打包。例如，2021年某研究院申购岩土体微观组构、裂隙X线扫描及三维图像分析系统，没有准确描述该系统包含的仪器设备的名称、数量和型号等，也没有说明X线扫描和三维图像分析设备不能分开申报的理由，专家判定为刻意打包，不建议购置。

(3) 保证科学仪器设备的规范性

使用规范的科学仪器设备名称、设备型号、规格以及详细的用途，不能在采购仪器设备规范性上加以模糊性描述，否则将影响专家的判断。例如，2019年某单位申请购置颗粒物连续成像及分类系统，有意规避规范的仪器设备名称，该名称看不出是哪一类具体的仪器，因此专家给出的意见是"对申购仪器设备刻意不使用规范名称，不建议购置"。

填写规范的仪器设备型号和规格，尽可能写得详细；并且申购多台仪器设备的，要写明申购多台的理由。例如，2015年某研究中心申请购置超高效液相色谱仪时，没有给出具体的规格型号，但给出108万元的预算。规格和型号不同，往往价格差别很大，因此108万元的预算是没有依据的，专家不建议购置。

申购的仪器设备的用途一定要写得详细，以便专家能够做出准确的判断。例如，2019年某大学的国家重点实验室购置高压原位X线衍射仪，用途一栏写"高压新材料"，看不出具体用途，专家不建议购置。

(4) 保证科学仪器设备需求与调研的充分性

仪器报价一定不能虚高，建议进行充分调研后再进行报价。例如，2021年某研究所申购X线能量分辨成像探测器，报价260万元，但经查询，该类设备的成交价为220万元左右,专家建议核减40万元后购买。这说明该单位的报价偏高,偏离了正常市场价值,因此要进行充分调研后再进行报价,否则专家会建议核减经费购置或者不建议购置。

案例2-1　科学仪器设备论证主要问题

校内组织采购项目的评标专家选用不规范,某高校对校内组织的采购项目,学校变相指定评标专家。对采购内容、技术相对简单的项目,由计划财经管理部门、审计管理部门等学校政府采购领导小组成员单位选派人员会同项目单位技术负责人组成评审小组;对采购内容、技术相对复杂的项目,由项目单位邀请兄弟院校相关领域专家组成评审小组。上述事项不符合《中华人民共和国招标投标法实施条例》(国务院令第613号)第四十六条"……任何单位和个人不得以明示、暗示等任何方式指定或者变相指定参加评标委员会的专家成员"的规定。建议学校完善采购项目评审专家选用机制。个别设备申购论证不合规,某高校于2018年12月和2019年12月举办2次购置设备论证,其中论证专家均为校内人员,涉及金额分别为42.70万元和26.58万元。2019年6月,购置显微镜支出19.50万元,无论证专家签字。此外,学校实验室与设备管理处未统筹管理设备申购论证档案。根据高校《仪器设备立项论证管理办法》,实验室与设备管理处是设备立项论证工作的管理部门,其主要职责是管理设备申购论证档案资料并建立设备申购数据库。单价为10万～40万元设备学校委托各单位组织论证,论证专家须由5名具有副高级以上职称人员组成,其中校外专家不得少于2人;单价大于40万元(含)设备由学校组织论证,论证专家由5人及以上的单数组成,均须具有副高级以上职称,其中校外专家不得少于2人。建议学校实验室与设备管理处履行统筹管理设备申购论证档案资料的职责,并严格按照学校制度规定选择论证专家。

(资料来源:《经济责任审计情况通报》)

2. 完善年度购置计划

由于科学仪器设备购置项目单位基本是使用学院,因此申请的学院应根据项目库购置规划,结合当年度实际教学、科研、技术开发等工作,本着科学合理的原则,完善当年度购置计划,填写《预算项目申报书》。经归口管理单位审核通过后,形成当年度购置计划。在预算编制阶段,预算部门要结合科学仪器设备购置项目绩效目标和总投入,根据科学仪器设备对于教学、科研影响的轻重缓急,将成熟度高、前期准备工作充分的项目列入当年预算,细化编制项目年度绩效目标和部门整体支出绩效目标。预算部门要严格绩效目标审核,确保绩效目标规范、合理、可执行。

3.编制科学仪器设备配置预算数

经审核通过的绩效目标,方可纳入预算编制流程,并随预算同步编制、同步批复。要在预算年度资产配置限额以内提出该项科学仪器设备应当配置的最高限额,高校需要在每年12月提交"一上预算",向上级主管部门进行项目申报。上级主管部门及同级财务部门根据学校科学仪器设备存量状况和有关科学仪器设备配置标准,给予回复,称为"一下预算",相应有"二上预算""二下预算"。财政部审核学校科学仪器设备购置计划后,给予各事业单位的正式批复,即"二下预算"。设备采购预算的正式回复基本在每个采购年度的3—4月。学校根据批复的年度科学仪器设备购置预算,安排当年度科学仪器设备的购置。一般"一上预算"时即要求提交"新增资产配置表",超过50万元的科学仪器通用设备、超过100万元的科学仪器专用设备必须填报采购预算;如未在"一上预算"填报的,"二上预算"不能增加。当然这些设备正式采购时,应符合政府采购管理要求。

高校应严格按照批复的资产配置预算组织实施,不得随意调整预算,如确需调整的,须按原报批程序报经批准。财务部门科学仪器设备资源的同时,应规避资金风险,如超范围使用中央高校改善基本办学条件专项经费。根据《中央高校改善基本办学条件专项资金管理办法》(财科教〔2017〕3号)第七条规定"中央高校应当严格论证、精心安排,提高项目预算编制质量,并按照规定编制政府采购预算和新增资产配置预算。增强预算严肃性,预算一经批复,应当严格执行,一般不予调剂",学校应加强改善基本办学条件专项经费使用管理,确保专款专用。未纳入科学仪器设备购置预算管理范围的科学仪器,如临时科研经费资助购置相关科学仪器设备,原则上由高校根据需要自行购置。相关程序根据各高校实际情况执行。

二、利用科研经费购置科学仪器设备

科研经费泛指各种用于发展科学技术事业而支出的费用。科研经费通常由政府、企业、民间组织、基金会等通过委托方式,或对申请报告的筛选来分配,用于解决特定的科学和技术问题。纵向经费实行预算管理,执行国家相关经费管理办法;横向经费实行合同管理,必须按照项目合同书中约定的经费用途、范围和开支标准执行国家和学校相关办法,合理、规范使用科研经费。大部分高校、科研院所主要的科研经费来源是纵向科研经费(90%以上)。纵向科研经费包括部委拨付的运行科研经费、项目拨付的科研经费,项目拨付的经费管理要求必须按项目预算执行。科研项目的全过程管理包括:项目申请、项目立项、签订任务书、项目执行、项目验收等过程。不同科研项目的经费管理办法不同。科研项目立项后,科研经费是否包含设备费的预算,预算为多少由项目负责人根据相关经费管理办法与实际项目需求填写,在经费拨付后执行。

1. 中央财政科技计划(专项、基金等)对设备费的管理制度要求

中央财政科技计划(专项、基金等)主要包括国家自然科学基金、国家科技重大专项、国家重点研发计划、技术创新引导专项基金和其他基地人才专项。根据《国家自然科学基金资助项目资金管理办法》,青年项目、面上项目、重大项目对于设备费在项目验收时参照国家相关规定,不做特殊要求。国家自然科学基金项目资金可用于设备费支出,设备费是指在项目研究过程中购置或试制专用仪器设备,仪器设备进行升级改造,以及租赁外单位仪器设备而发生的费用。设备费不予调增,如需调减的,由项目负责人提出申请,报依托单位审批。项目依托单位(高校)还应严格执行国家有关政府采购、招投标、资产管理等规定。行政事业单位使用项目资金形成的固定资产属于国有资产,一般由依托单位进行使用和管理,委托单位有权进行调配。

2. 其他类科研项目对设备费的管理制度要求

根据科研项目关于科学仪器设备验收管理办法,验收分项目验收与档案验收,具体验收档案严谨细致,详见本章第五节。

第三节 配置程序:研制

科学仪器设备的自主研制是指科研人员根据学科优势,开发相关测试技术和方法,制定相关标准、规范,研制关键零部件与整机研发的过程。从科

研规律视角来看,涉及科学方法学发展,即新的实验工具、实验理论的出现或对旧的实验室工具或理论的实质性改进,对科学发展起到了深远影响。从经济规律视角来看,自主研制科学仪器设备是高校创造内生供应链的一种方式。戴维斯(Davis,1993)以价值链视角将与交易产品有关的一切能产生价值的活动都归结为供应链。一般来说,价值链是从原料供应商到制造商、分销商、零售商再到需求购买方的一套网络系统。自主研制科学仪器设备创造了新的内生界面,高校从内部完成研制方与需方的全链条创新过程,无须从第三方机构采购仪器设备,从而节省采购成本。

案例2-2 放大镜、显微镜、微生物科技史案例

从最开始发现透明水晶磨片具有放大效应,到人们将其做成放大镜和眼镜,逐渐发展到将两个以上的玻璃透镜组装成显微镜。借助显微镜,在玻璃制造厂工作的理查德·席格蒙迪发明出狭缝超显微镜。德国物理学家恩斯特·鲁斯卡是电子显微镜技术的开拓者之一,曾设立电子显微镜实验室,并于1939年研发出第一台量产化的"西门子-超显微镜",1986年被授予诺贝尔物理学奖,同时格尔德·宾宁和海因里希·罗雷尔因共同发明扫描隧道显微镜获奖。1953年,荷兰科学家泽尔尼克发明相衬显微镜,进一步拓宽了显微镜的应用领域。2014年,由于在超分辨率荧光显微技术领域取得的成就,美国科学家白兹格、莫尔纳尔以及德国科学家赫尔共同获得诺贝尔化学奖。2017年,瑞士科学家杜波切特、德国科学家弗兰克、英国科学家亨德森,凭借开发冷冻电子显微镜用于溶液中生物分子高分辨率结构的测定,荣获诺贝尔化学奖。正是借助显微镜,人们前所未有地清晰地观察到崭新的微观世界,并开辟了一系列崭新的科学领域——微生物学、生物化学等,这个实例充分说明了方法学发展在科学发现中的重要性。纵观百年诺贝尔奖史,我们发现欧美国家一流大学高度重视科学仪器设备的设计、建设、资助、使用与维护。

(资料来源:《诺贝尔奖讲演全集》,福建人民出版社,2004年)

一、科学仪器设备研制的严峻性与重要性

科学仪器设备自主研发是理论应用于实践的过程,是创造和创新的过

程,是伴随着科学研究需求不断发生的,主要是通过提升人力资源的原创性成果提升知识生产的成果,是激发内部潜力,实现内部资源配置优化的重要途径之一。自制科学仪器设备在资源配置方面,先天具有灵活性、超前性和及时性、经济性、自主性等优点(表2-3)。影响科学仪器研制创新的因素主要有原有仪器设备的先进性基础、智力资源的能力、科研项目需求与层次、创新环境。但我国自主研制科学仪器设备仍面临着严峻的形势,我国科研人员常用的核磁共振仪、高分辨质谱仪等大型分析仪器,以及大部分生命科学仪器如磁共振成像仪、超分辨荧光成像仪、冷冻透射电镜等目前仍大量依靠进口。2016年,我国进口仪器仪表额为449.6亿美元,仅次于石油和电子器件,是第三大类进口产品。2017年,专业、科学及控制用仪器和装置总金额在中国进口商品额中排第五。根据海关统计数据,2013—2017年,六大类进口仪器每年在700亿~900亿元人民币之间。除核磁类外,电镜类、液相色谱-质谱联用仪器等也存在高度依赖进口的问题。高端核磁共振波谱仪基本上被布鲁克一家垄断,电镜类和液相色谱-质谱联用仪器还存在不同品牌间的竞争。国内液质联用仪器每年采购约2 200台,全部为进口,来自爱博才思、沃特世、安捷伦、赛默飞等公司。而以扫描电镜、扫描隧道显微镜和投射电镜为主的电镜类则采购自意大利激光设备公司、日本电子株式会社、蔡司公司等。在2019年全国政协十三届二次会议期间,全国政协委员蓝闽波指出,高端科学仪器一旦形成垄断,将对中国科研产生较大影响。

表2-3 自制科学仪器设备对知识生产的影响

优点	对科研人员的影响	对经费投入影响	对知识生产周期的影响
具有较大的灵活性	可以根据教学大纲规定的实验项目或根据研究课题的任务目标,制作更合理、更实用的装置	经费绩效更高	提升高校的科技创新竞争力
具有超前性和及时性	由于学科热点问题、前沿问题具有一定的前瞻性,市场上往往没有出现成熟的、配套的实验仪器设备,智力资源能够根据教学、科研需要及时开发,提升高校的前沿领军优势	完成从0到1的原始创新,推动科技成果转化,提升科研人员的收入	前沿研究的前瞻性催促高校进行自主研制科学仪器,有利于缩短知识生产周期
具有经济性	经费配置更有效	从财政视角来看,自主研发有利于降低采购成本,中间环节少,所需费用低,节约资金	使有限的财力、物力发挥更大的作用,缩短知识生产周期

(续表)

优点	对科研人员的影响	对经费投入影响	对知识生产周期的影响
熟悉度高,自主性强,使用维修方便	对于自主研制的仪器设备,由于经历了研发过程,教师及实验技术人员更加了解仪器设备的结构、性能和特点,便于仪器设备的使用和维修。节省科研人员等智力资源的精力与时间	经费绩效更高	由于垄断性的第三方机构或供应商会由于其垄断的零部件,漫天要价,导致维修周期变长。导致知识生产周期延长

以2022年西安交通大学第一附属医院自主研发成功的国内首款体外膜肺氧合设备为例,国产设备替代进口仪器成本至少降低20%。对于自然学科,产生一流的科研成果必须要有先进的科学仪器设备(或实验装备)作为支撑条件。自制仪器设备是一流成果产生的条件保障,更有利于产出一流成果。"双一流"建设的核心是一流学科建设,一流学科的标志是有一流的队伍,有优势突出的学科方向,培养一流的人才,产生一流的科研成果。现有科学仪器设备来源主要有外购、捐赠、自制三种途径(图2-4)。高校资源按照物力、人力、财力对高校产生效用的类型进行划分,资源的获取方式可以分为政治的、行政的、社会的。通过政治方式获取的资源种类有权力资源、法律资源、政策资源、物质资源、人力资源、心理和舆论资源;行政方式主要是高校通过内部权力、命令和奖惩等手段获取资源;社会方式主要以社会捐助或捐赠为主。

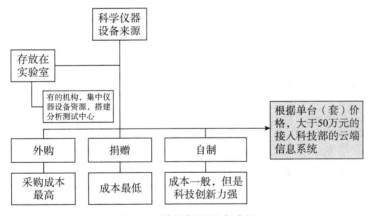

图2-4 科学仪器设备来源

从科技创新的角度来看,外购仪器设备多为通用型号,适用范围广,但存在前瞻性不足、针对性不强、功能缺失、价格昂贵等问题。通用仪器设备成果转化具有滞后性,导致科技原始创新步伐与最新技术前沿脱节,最新技术成果要经过一定周期的运作、推广,才有可能进入实验室,周期从几年到几十年不等,这种长时间跨度阻碍了学科发展与学生培养。外购设备的科学研究针对性不强。为了增加经济效益，第三方机构扩大市场占有率，经常出现博而不精、杂而不专的情况，这造成仪器设备的适用性不强、功能单一，无法满足用户要求。

自制仪器设备研发的主要力量主要包括专业教师、实验技术人员及在校学生，其中高校高级职称专业人才拥有丰富的理论知识和过硬的技术，在直接购买仪器设备的基础上，应聚焦国家重大战略需求和学校重点学科发展方向，根据自身教学、科研需要，研制开发更加符合自身需求、特色鲜明、创新高效的科学仪器设备，这不仅能增强学校自主装备水平，还为团队聚合、申请大科学装置、产出大成果提供坚实的条件保障。由于是依托长期技术积累开发的，具有独立的知识产权，自制仪器设备区别于外购仪器设备，能够更好地利用财务资源，充分发挥学校自主研发优势，解决需求、功能、价格之间的矛盾。

二、科学仪器设备研发研制界面存在的问题

改革开放后，随着相关部门对科学仪器设备的重视，高校大力推进仪器设备的自研自制工作，自研自制仪器设备的数量和种类不断增加，但自主研发和创新能力总体水平还不高。现有实验仪器设备无论是数量、质量、管理水平还是研发水平，都与世界一流大学诺贝尔奖级的研发水平相比还有一定差距，主要有：

（一）制度体系不完善

高校顶层设计和引导培育较少。高校建立了面向教学型的自研自制仪器设备管理体系，而面向科研型自研自制仪器设备的管理制度却少见，导致高校自制设备教学型较多，科研型较少。大型科研自制设备的引导方式、培育模式、管理程序、考评和激励形式等内容还需进一步明确和完善。虽然在专业技术人员参加职称评审时会对自制仪器设备给予考量，但目前大部分北京高校尚未设置仪器自主研发的专项激励政策。

（二）评价机制有待完善

目前，研发设备部分已经用于教学和科研工作，但其中绝大多数距离产

业化还有较大距离。基于高校自研自制仪器设备成果分类评价机制还不健全，破"三唯"力度和完善教育评价力度不够，人才对于研制仪器设备的谋划不够，导致研制的部分仪器价值不高，不同研制类型的仪器设备成果得不到科学评价、有效激励和深度推广应用，使创新成果难以发挥其应有的价值。

（三）人才引育仍需加强

高端先进仪器设备研制离不开高水平的创新型拔尖人才，大部分高校现有专业人才队伍不足，不论从仪器研发人员还是管理人员，专业技术水平有限，有些跨学科管理人才缺乏专业技术锻炼，缺乏研发意识和创新的劲头，管理工作仅限于完成上级规定动作，高层次人才后备力量有限，领衔人才和高水平团队仍然比较缺乏。仪器设备研发无法真正受到重视，从事仪器设备研制的科研人员难以发表出高水平的论文，这严重制约了我国自主研制科学仪器的水平。

（四）协同联动不足

教育部提出建设"新工科""新医科"的要求，高校要推动学科交叉融合，自主研发特色仪器设备，打造特色实验教学和科研创新体系，但是部分高校现行自主研发设备的管理模式是一盘散沙，缺少主管部门间有效的协同联动机制及学院间学科的交叉融合机制。各学院仍单打独斗，导致学科彼此独立、融合困难，难以产生高水平创新性成果。

（五）共享管理困难

自主研发仪器设备多为基础性研究和部分科研专项研究开发研制的仪器设备，项目研发、制造，在项目结题后因缺少有效的共享平台，导致针对性强的仪器设备由于无用武之地而被闲置，造成科研经费配置效益低，经费资源隐性流失。

（六）风险管控有待加强

大部分高校对自研自制仪器设备的政策支持多停留在源头项目申请阶段，缺乏全生命周期过程管控、跟踪评价及成果激励，使主管部门无法准确掌握自研仪器设备实施情况。另有部分通过材料和配件合成的仪器设备未列入固定资产，游离在账外，且部分应作为资本化支出纳入固定资产的费用被当作费用化支出报销，造成国有资产流失。

三、界面管理视角下改革

$$科学仪器研发指数 = \frac{实验室自制科学仪器市场估值}{实验室购入科学仪器原值 + 实验室自制科学仪器市场估值}$$

（一）人力资源流动

在体制机制上深化改革，提高智力资源的评价方式，真正将科研人员的待遇提高到国际竞争力的水平上来。根据范内瓦·布什的《科学：无尽的前沿》中对美国科研政策的建议，在人才培养与配置上，特别注意能做科学研究的人才极少且培养科学家的时间非常长，找到这部分极少的人才需要一个很大的基础群，因此政府要通过提供激励形式将优秀人才吸引到科研中。而对于研发科学仪器的人才则更少。首先，选出真人才。鼓励优秀科研人员从事先进科学仪器研制工作，通过赛马机制，选出真正有能力进行技术应用、科学仪器开发的技术人员，将科研人员的待遇提高到发达国家水平，打造一批高水平的科学仪器设备研制队伍。其次，提高真水平。学校应该给予智力资源大力支持和激励，提高智力资源的专业水平和科研水平，提高广大师生参与的积极性和主动性。对教师而言，是专业水平和科研能力提升的过程；对学生而言，是创造性的学习过程。这对于提高科研水平，培养高素质人才具有十分积极的作用。最后，落实奖惩。对于积极参与自制仪器设备研制的师生，应给予课题、经费、学分等方面的奖励，建立合理、公平、健全的奖惩机制，激发广大师生的参与热情与创造力；对于经费利用率不高的群体，通过收缩财权，真正将资源投入对学校事业发展增效的群体上。

(二)财力资源流动

明确自制仪器设备长期规划,设置专门经费用于自制仪器设备的研制立项,建立信息化的项目审批流程,提高自制仪器设备的长期战略性。高校应根据自身的办学特色、发展定位、学科优势及专业特色,规划各学科发展及教学科研设备配套,并突出有特色、高原高峰式的科学仪器设备,这不仅能在短期内更好地应用于高校专业实验,解决和完善教学、科研的实际需要,而且通过建立长效经费投入与绩效评价机制,从规划、引导、立项、实施、验收、更新、推广等几个方面强化自制仪器设备的长效动态管理机制,真正将科学仪器设备经费达到最优配置。对于有推广价值的自制仪器设备,高校应提供平台,鼓励研发团队进一步开发。完善从实验室研发到市场批量生产的转化链条,成功将仪器产品推向市场。这不但提高了高校的经济效益,降低了自制仪器设备的经费问题,而且同时提高了研发工作者原创知识生产率,扩大学校学术影响力,带来社会效益。

(三)创新环境资源流动

自制仪器设备的研发离不开学校的财经政策引导,通过财政经费资源投入与配置,建立与国际诺贝尔奖水平匹配的创新研发环境。学校应从更高的层次认识到自制仪器设备对于人才培养、教学条件改善、科研能力锻炼、学科地位提升、学校知名度提高、学生就业促进等方面的作用。

(四)效益评价

高校科技活动管理部门应面向科研人员进行走访,面对面交流研制仪器中存在的困难,或开展问卷调查,通过信息化手段对存在的问题和不足进行汇总,为具有创新能力的研发团队提供帮助,对自制仪器设备的效益评价做改进与更新。当下,高校自制仪器设备不温不火,相关职能部门对自制仪器设备应建立起定期效益(机时利用、人才培养、科研成果、功能开发等)评价制度。

第四节　配置程序：采购与升级替代

一、采购论证

目前高校的大型仪器设备购置论证缺乏科学性、专业性，选择论证专家采用的是邀请制，而不是数据库内匹配，带来的影响是部分论证专家的意见往往带有主观性、倾向性。若评分专家在区域内形成圈子文化，给出的评审意见往往侧重戴"帽子"的大团队。同时，上级政策缺乏明晰的评审倾向，导致青年团队或者对学校创新发展特别有用的项目，由于处于始发阶段，优势不明显，往往排序靠后，降低了青年科研人员的科研热情。而高校过去科学仪器设备管理信息化程度不高，未利用大数据形成有效的科学评估机制，导致每年的仪器设备专家评审结果未能充分服务教学、科研，产出成果质量不高。根据评审经验，原则上应对学校或区域内少且不能满足学校功能需求的，学科发展和教学、科研任务需求迫切的，具有先进性、适用性、合理性高的相关技术指标的，开放共享绩效高的，管理与内控制度先进的项目进行支持，并且应协同科技部门对青年科研人员群体画像，充分平衡学校科研发展各方团队力量与项目，给予青年科研人员一定的倾斜。不建议购置的仪器情况主要有：学科发展和教学、科研任务需求的必要性不足；学校及本市现存同类仪器设备较多且功能满足，可以通过共享支撑当前工作（判断原则：单价在40万元（含）至200万元的，年平均机时不足800小时；单价在200万元（含）以上的，年平均机时不足1 200小时）；申购仪器设备功能及相关技术指标的先进性、适用性、合理性不足；申购仪器设备工作量预测不足，开放共享方案不够翔实；本单位仪器设备开放效果差、使用效率低（判断原则：年平均机时不足800小时）；购后仪器设备附件、零配件、软件配套经费和运维费（按照报废最低年限，每年不低于购置费的6%）未落实；管理和内控水平不高的，如缺乏相应实验技术人员、未落实安置地点、水电环境、治安措施等，投入产出严重失衡、风险防控措施不当等。

二、采购与自主研发

采购与自主研发本质是互相约束的。一个高校如果重视自主研发,则研购比重必然小。研采比高的实验室,即一个实验室全部都是自主研发的科学仪器,往往科技创新水平高,使用自制的仪器设备更容易产出创新度高的科技成果。例如,2013年杜江峰院士团队,自主开发了多波段脉冲单自旋磁共振谱仪。其实验室有近40台仪器装备,除了2009年购买一台进口仪器外,没有买过成套的,有需要就自主研发。这种精神值得我们学习。薛其坤院士发现量子反常霍尔效应,并自行设计超高真空低温扫描隧道显微镜。

$$科学仪器研采比 = \frac{实验室研制科学仪器市场估价}{实验室所有科学仪器购入的原值}$$

根据调研可以看到,很多国家重点实验室、省部级实验室的研采比为零,究其原因,是因为自制科学仪器少之又少。多年以来由于持续的低研采比,导致企业、高校、科研院所、医院研发中心的科学仪器,大部分是"美械师""德械师""日械师",唯独不见"国械师",我国科学仪器装备的现状有点类似百年前"万国造"的尴尬局面。根据2018年国家科技基础条件资源调查工作显示,单台(套)价格超过50万元的大型科学仪器设备中,国产品占有率仅为13.4%。因此在未来的管理中,财务对仪器的采购要实行"减量增质提效",多鼓励专业技术人员自主研发,提高自主研发比例,采购国产仪器替代进口仪器。

三、采购进口仪器设备的不良影响

在国内仪器设备不能达到技术要求时,出于开展科学研究、保证数据准确等需求,科研人员会倾向于采购进口科学仪器设备。比如对于核磁共振仪、电镜、液相色谱-质谱联用仪器等多种高端科学仪器的需求比较大,但这些高端科学仪器的市场被国外厂商长时间垄断,导致产生的不良影响主要有:受知识产权限制或者技术垄断限制,代理专业水平、售后服务水平较低,难以对科研工作提供有效支持,采购方在议价能力、售后支持上会处于弱势地位。如根据课题研究任务,制定了采购需求,采购了某进口仪器设备,由于技术冷门,国内仅有一家公司独家代理,但是这类仪器不是其主要业务,所以对于该类设备的售后支持力量薄弱,管理松散。本应由代理公司提供售后安装变成了由高校科研人员自行安装,设备在使用一年后出现故障,多次联系维修基本无回复,后又经历一个季度才将设备寄回美国维修。

四、科学仪器的升级与替代

随着科技的迅猛发展,人工智能已由决策式AI发展到生成式AI阶段,智能仪器设备、智能软件可以节省科研工作者大量的体力劳动,提高了科研人员的知识生产与科技创新,高校科研对于智能化科学仪器设备的需求逐年增加。2021年,谷歌DeepMind团队发布了由AlphaFold预测的蛋白结构数据库(开源代码:https://github.com/deepmind/alphafold,访问时间:2023年6月3日),免费提供给全球科研人员开发使用,节省了科研工作者预测蛋白质结构的重复性时间(John et al., 2021; Minkyong et al., 2021)。英矽智能将云科技运用到药物研发,成本节约达99%。一台大型仪器设备的寿命分为先进、常规、落后三个阶段。对于处在先进阶段的仪器应把运行效率提高至最高;对于将要进入常规与落后阶段的仪器,应不断进行技术升级与改造,使之价值提高,一直维持在先进阶段。当一台仪器设备老旧得无法再进行升级改造时,就要进入报废处置,即替代阶段。

高校科学仪器设备替代过程中存在着基本的数量关系。定量高校仪器设备资源替代动力学模型可参照手机替代、汽车销售替代、APP下载替代、科学家对科学领域的替代的定量模型。在替代动力学模型中,通过绘制不同被替代对象的增长曲线可以发现,每类替代对象呈现幂律分布而不是指数增长,并且在最初增长阶段并不是循序渐进的,而是一种突发式的快速增长(Jin et al., 2019)。作为科学研究的重要工具,科学仪器设备也遵循这种替代方程:

$$N_i(t_i) = h_i t^{\eta_i} e^{-t/\tau_i}$$

上式为不同复杂替代现象的动力学方程式,其中N_i表示使用当前款手机i的人数,$\dfrac{\mathrm{d}N(t)}{\mathrm{d}t}$表示替代当前款手机的速率,其中$t$表示时间,$h_i$表示喜欢当前款手机$i$且第一天购入该手机的数量,$\eta_i$表示从其他款手机换到当前款手机$i$的偏好程度,$\tau_i$表示当前款手机的寿命。

第五节　配置程序：验收、建账、支付款项

一、验收

科学仪器设备与设施要及时验收，严格纳入学校资产管理。固定资产购建后，资产管理部门应组织使用单位、审计部门和其他相关部门、相关专家及时按照国家有关专业标准、合同条款进行现场勘验、清点、测试。对于未能通过验收的仪器设备，由购置单位退货或通知供货方更换（或检修）后再次验收。验收不合格，不得办理结算手续，不得交付使用，并按合同条款及时向供货单位提出退货或索赔。验收完毕后办理资产入账手续。

对于大部分高校，单价在10万元（含）以上的仪器设备，购置单位应当进行验收，报资产管理部门审批。其中单价在40万元（含）以上的，应当组织专家组验收，填写验收报告。验收合格后，各购置单位应当及时登录学校资产管理平台办理新增固定资产建账登记。验收主要内容包括核对仪器设备数量、技术质量和技术资料等（表2-4）。

表2-4　科学仪器设备验收内容

序号	验收分项	验收内容	RPA
1	核对仪器设备数量	对仪器设备开箱清点，检查数量是否齐全、外观是否完整以及品种、规格、型号等是否与验收依据一致	无须人工辅助
2	技术质量	技术质量验收应对仪器设备各项技术性能指标进行实测，核验是否达到规定（或设计）要求	需人工辅助
3	技术资料	技术资料验收应核验仪器设备随机资料（或制备记录）是否相符、齐全，安全操作规程（手册）是否完备	无须人工辅助

二、验收中的问题

从科研经费（纵向科研经费、横向科研经费）管理角度来看，项目管理办法与经费管理办法都依据不同的战略发展方向目标来建立。经费管理制度经常出现执行主体选择性执行现象。经费执行主体偏重主观意愿，忽略整体

政策,有选择地执行部分政策规定。制度选择执行会导致政策与所代表的利益不能有效实施,得不到政策执行的有效效果反馈,使原有政策失效。

(一) 个别项目执行与验收不够顺畅

高校使用科研经费编报采购预算、执行项目过程中,执行效果未达到原有期望或原有规划。纵向科研经费是开展科研工作的必要支撑,若项目未能顺利通过验收,对于高校长期项目申请及经费支持有负面影响,不利于高校科研工作的开展。

案例2-3 选择性执行配置政策

某高校某年修购项目计划采购实验室小型设备(50万元以下)项目经费1 000万元,其中90%都是20万元以下的设备,涉及设备总量350台(套)。该项目在执行后验收结果并不理想,未达到科技创新的要求。验收过程中,专家验收组提出项目的主要问题是执行单位剩余经费200万元用于预算外采购,剩余经费比例太高;部分采购文件存在瑕疵;设备采购过程中,监管力度不够。分析原因是选择性执行政策。不论是经费执行管理监督部门,还是项目执行学院,经过各方努力虽然尽快组建了课题组实验室,却没有达到该类项目管理制度制定时的部分政策目的。由于修购项目主要是用于支持大型仪器设备购置的项目基金,该项目属于特例,支持了小型仪器设备的购置,在执行过程与验收过程中,小型仪器设备与大型仪器设备所采用的方式方法、遵循的规章制度存在差异,导致各方政策执行不到位,在政策执行过程因各种原因不得不选择执行,最终未达到理想验收结果。

(资料来源:《经济责任审计情况通报》)

(二) 预算填报不严谨

科研工作对前沿、先进技术具有前瞻性,但是传统的预算管理制度落后于科研工作的要求,于是财政部从2022年开始推行预算管理一体化。例如,需采购50万元以上的某科学仪器设备,在第i年度未做"一上预算",未按要求填写"新增资产购置表",那么第$i+1$年度不能采购。按正常程序,能采购该仪器设备的最早时间是第$i+2$年度4月份。世界科学技术一直在不断开拓创新,高校个别学科专业为了发展,满足必要的配置与技术标准,需采购与国际实验室接轨的高端仪器设备。采购大型贵重精密仪器设备必须列入政府采购和财政预算,但仍存在未做预算但需采购设备的情况。为保证基本的科研工作开展,无预算的设备若违规采购会带来审计风险,考虑到课题组急用且为实验必需的配置,只能为规避违规选择性执行政策,课题组降低设备技术参数与配置,选择了最低端配置的仪器(低于50万元),暂时满足其80%的实验工作,如涉及更精细与高端要求的实验,只能想办法借用其他实验室的仪器设备。

(三) 经费管理制度替代性执行

制度执行主体(购置仪器设备的学院)在接受政策时,采用有利于自身的政策内容替换上级政策,使原有政策不能执行或者歪曲执行的行为,导致原政策的内容、目标、性质发生改变。项目经费在做预算时,课题组根据项目经费管理要求,会有选择地增加或减少项目经费中设备费的比例。在课题组需求不变的情况下,如果某项目在设备费方面管理较为严格,可能课题组会尽量少做预算,以避免后期执行与验收的繁重复杂。如果该项目经费对于设备采购与验收相关管理要求不高,那么课题组会将较多的设备费预算放置其中。个别课题组通过政策选择性执行规避了项目执行过程中的繁杂手续。在个别项目经费中,科研人员认为项目设备费的验收太复杂,从熵增角度来看,增加了科研工作者科研活动的熵。为了避免为审计准备太多的资料消耗时间与精力,科研工作者往往在预算中不做设备费,所有支出集中放在材料费、人员费中。对于实验室工作人员,通过支出需求简单的经费,即可完成设备采购任务。最终造成该类项目的经费中设备费预算为零或者极少,设备采购经费由其他项目或其他来源的经费支出所取代,造成仪器设备的采购和自主研发的动力被扼杀在摇篮里。

(四) 解决方案

项目经费管理与项目验收执行过程中,涉及众多文件(表2-5),对于科研工作者,办理此类文件既费时又费力,为降低熵值,使设备费支出更有序,科学仪器设备管理部门应将对设备费的支出要求、档案整理文件要求转变为一键式设备费支出系统与有序的数字化流程，将纸质文件数字化，增加数字文件上传端口，让数据多跑路，省去科研工作者为办理手续而浪费的时间。

表2-5 设备费支出档案文件

序号	阶段	文件	预算管理一体化系统中信息化流程
1	计划申请阶段	购买设备的请示批复文件或合同审批单	财务部门预算批复文件端口，省去设备管理部门传批复手续、招采部门传递合同，并且省去财务核算要求提供合同作为会计凭证
2	采购阶段	采购报价单、谈判记录、供应商资质证明文件、采购合同及附件、技术协议、软件、硬件授权书；招投标采购全过程文件（进口设备还需提供原产地证明、进口委托代理协议、外贸合同、付款通知书、进口货物报关单、进口许可证、免税证明等）	招采部门端口，一键推送至财务部门，省去中间科研工作者反复提供纸质文件
3	开箱验收阶段	开箱验收单、装箱单；产品合格证、出厂检测报告、操作指南、使用说明书、图样和随机备件图册、保修证书等随机文件	使用学院端口，上传开箱文件至云端，方便利用手机及时查找
4	安装调试阶段	安装调试方案、记录、安装图	使用学院端口，上传文件至云端
5	试运行阶段	试运行记录、试运行环境条件记录、试运行总结报告、存在的问题与处理意见	使用学院端口，上传文件至云端
6	验收阶段	检定、测试报告、验收大纲、验收报告	由使用学院上传至财务部门端口
7	使用和维修阶段	维修、更新、定期检查记录等	使用学院端口，上传文件至云端

三、建账

建账管理经常出现的风险点是固定资产管理不规范，未按要求和实际情况办理固定资产验收、入账，科学仪器设备未到货即办理验收。资产入账数量、金额有误，仪器设备资产的入账价值与实际情况不一致，仪器数量与验收数量不一致。

案例2-4　科学仪器设备建账管理存在的风险点

根据《高等学校财务制度》的规定,科学仪器设备资产应建账,保证账、卡、物相符。凡使用期限超过一年,通用设备单价在1 000元(含)以上并在使用过程中能够基本保持原有物质形态的仪器设备,都应建立固定资产账。按照《教育部直属高校经济活动内部控制指南(试行)》(教财厅〔2016〕2号)第3号资产管理第十六条"高校应当建立健全固定资产账簿登记制度和资产卡片管理制度,完善资产信息管理系统,做好资产的统计、报告、分析工作,确保资产账账、账实、账卡相符,并实现对资产的动态管理。财务部门、资产管理和使用部门应当定期核对相关账簿、记录、文件和实物,发现问题应及时报告和处理"的规定。某高校截至2021年4月,扫描隧道显微镜和分子束外延联合系统等15台仪器设备未按照预期进度办理验收,未纳入学校资产管理,其中人民币计价的仪器设备6台,涉及金额2 159.29万元;美元计价的仪器设备9台,涉及金额195.07万美元。某高校采购科学仪器设备,于2019年7月完成固定资产验收及登记(并提前支付全款),入账金额29.85万元,早于科学仪器发货时间2019年12月。截至2021年10月,上述仪器设备仍未到货。审计指出后,学院已与供货方解除合同,且已收到对方退款。

(资料来源:《经济责任审计情况通报》)

四、强化预算、核算、决算全过程与绩效考核

预算管理一体化着力强化绩效监控管理,确保绩效目标如期实现。在科学仪器设备项目预算执行阶段,预算部门督促申请学院、相关采购人员按照早于时间节点的原则,对绩效目标实现程度和预算执行情况实施双监控,协同学校采购部门根据科学仪器设备在市场上的采购节点,预计采购完成度,尽快完成建设与验收。预算部门应督促科学仪器设备的使用者、管理者做产出和效益进度评估,判断未来趋势。对于执行过程中的问题与好的做法,分析原因,总结经验,形成报告,报送上级财政部门。在决算阶段,预算部门督促申请学院随决算同步开展绩效自评,落实支出责任和主体责任,实现部门整体、项目支出绩效自评全覆盖。

五、利用技术赋能实现自动化验收、建账与付款

传统的仪器类固定资产盘点方式,仍然以人工方式进行验收、建账和付款(财务核算)。当下信息化技术高度发达,采用射频识别技术(Radio frequency identification, RFID)、二维码技术、自动化定位技术、自动化盘点机器人,每个科学仪器设备实物配有唯一的资产标签,利用自动化技术取代劳动力,实现自动验收、建账和付款。机器人流程自动化(Robotic process automation, RPA)是基于人工智能或软件机器人的业务过程自动化技术。RPA基于计算机脚本语言对流程(例如科学仪器设备配置九个流程)中有明确的、可被数据结构化的触发指令和输入,通过设置好的规则对包含大量手工操作的重复性任务(例如仪器设备盘点)进行自动化处理。

第六节 配置程序:开放共享

科学仪器设备的开放共享主要涉及服务收费与收入分配。有偿共享的科技创新实验室存在两个维度的收费:学校向实验室收费和实验室向被服务方收费。其中实验室向被服务方收费在《国务院关于国家重大科研基础设施和大型科学仪器向社会开放的意见》(国发〔2014〕70号)中有明确规定"可以按照成本补偿和非营利性原则,收取材料消耗费和水、电等运行费,还可以根据人力成本收取服务费",以设备维护成本、人力成本为主,房屋占用费和仪器设备折旧可以纳入成本,但应按共享比例纳入而非全部纳入。学校向实验室的收费可考虑实验室面积、水电消耗、设备维修维护成本、人力成本和比例折旧几个方面,科学仪器设备的价值、对学科建设贡献度应纳入学校收费方面的折减项考虑,该折减项还可以具体细分。有偿共享实验室也是实验室的一种,学校的收费政策本应与其他实验室保持一致,出于鼓励共享的角度应考虑对共享实验室给予一定比例的折减。价值分享是共享的驱动力量,对于掌握大型仪器设备的高校而言,在共享过程中会追求共享收益最大化。

一、高校大型仪器设备的开放共享

（一）共享

共享即共有、同享、分担、参与等。从经济学角度来看,科技资源共享是指在一定制度约束条件下,不同创新主体间运用先进的技术手段,通过政策调控和法规体系以及有效的管理体制和运行机制,共同享有科技资源的使用权,分担创新成本、风险,分享创新收益的一种科技资源配置方式。共享能最大限度地利用有限资源,提高资源的使用效率,实现贡献和收益的平衡。高校大型仪器设备是典型的科技资源,大型仪器设备的拥有院校通过"开放"的方式,为其他院校、企事业单位提供直接或间接服务。关于共享,主要有以下指导文件(表2-6)。

表2-6 科学仪器设备开放共享指导文件

文件	文号与时间	指导意义	关键指标
《高等学校贵重仪器设备效益年度评价表》	教高司条函〔2000〕10号	效益评价	定额机时：03类仪器仪表……专用设备：800小时/年……
《教育部办公厅关于加强高等学校科研基础设施和科学仪器开放共享的指导意见》	教技厅〔2015〕4号	建设信息服务平台	高等学校应建立科研设施与仪器管理和开放共享的网络信息和服务平台,实现科研设施与仪器配置、管理、服务、监督、评价的有机衔接,高校应提高学校大型仪器设备开放共享网络平台的使用效率,发挥其应有作用
《国家重大科研基础设施和大型科学仪器开放共享管理办法》	国科发基〔2017〕289号	应及时将大型仪器设备纳入国家网络管理平台	第十一条 管理单位应当自科研设施与仪器完成安装使用验收之日起30个工作日内,将符合开放条件的科研设施与仪器的有关信息按照统一标准及要求报送至国家网络管理平台
《教育部直属高等学校国有资产管理暂行办法》	教财〔2012〕6号	高校应加强大型仪器设备购买的前期调研,提高大型仪器设备使用效益	高校对校内长期闲置、低效运转的资产,应进行调剂,提高资产使用效益
《国家重大科研基础设施和大型科研仪器开放共享评价考核实施细则》	国科办基〔2022〕93号	评价考核具体规定	确定了评价考核的一级指标与二级指标

（二）对外提供开放共享服务收费原则

按照成本补偿和非营利性原则收取运行、服务费用，应该按照公开、透明原则制定开放服务收费制度，按照规定的标准、流程收取服务费用，并做好成本核算和收支管理。高校和科研院所应建立开放服务收费制度，尤其是明确收费标准和收支管理。收费标准制定的程序应包括专家委员会评议、管理层审定通过、正式发文公布、通过网络平台对外公布等必要环节，收费标准的确认以单位正式发文为准。收费应纳入单位预算，由单位统一管理。单位可在扣除管理费后再返给仪器中心、实验室和机组，用于支付房屋、水电、材料、人员、维修保养等各项成本。

案例2-5　科学仪器设备有偿服务收费原则

某综合性大学仪器设备开放共享管理办法规定，科学仪器测试服务收费遵循"成本核算、非营利"的原则，学校建立明确的仪器测试服务成本核算机制，组建仪器设备开放服务收费标准审核工作委员会，制定开放服务收入的分配细则和比例。某理工类大学仪器设备开放服务管理办法规定了审查、审批备案和公示的收费标准制定流程，贵重精密仪器设备开放主体制定仪器设备开放服务收费标准，由三位副高级职称以上的专家进行审查，审查合格后的标准由开放主体报仪器设备管理部门审批备案，并通过校园网公示。公示期结束且无异议的情况下，仪器设备开放主体按照该标准开展仪器设备开放测试服务。

（资料来源：《国家重大科研基础设施和大型科研仪器开放共享政策制度和典型案例》）

大型仪器设备的使用效率通过共享利用率来衡量。共享利用率定义如下：

$$共享利用率 = \frac{实际机时}{理论机时}$$

二、大型贵重精密仪器设备开放共享受益主体与路径分析

高校大型仪器设备共享应同时具备以下四个条件：(1)在管理主体允许、鼓励的范围内；(2)在服务主体积极参与、配合下；(3)供给主体自愿和需求主体主动接受；(4)共享活动不损害彼此利益关系。根据高校大型仪器设备的共享产生科技资源的溢出效应与影响范围，开放共享活动的二级界面流程，

共享主体一般由供给主体、需求主体、服务主体和管理主体四个部分组成（图2-5，表2-7）。

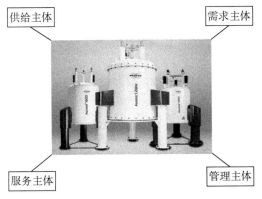

图2-5 大型仪器设备共享的四个主体

（一）供给主体

供给主体是大部分高校和科研院所，从科技部官网发布的《2022年中央级高校和科研院所等单位重大科研基础设施和大型科学仪器开放共享评价考核结果》来看，2022年共有24个部门345家供给主体参加了评价考核，涉及原值50万元以上的科学仪器共计4.7万台(套)，重大科研基础设施85个。作为大型仪器设备供给主体(同时也是保存者的特定高校)，享受着科技资源使用的优先权，在层层交易使用权中产生了共享收益。对于经费投入(w)配置的成果，科学仪器设备从立项后就具有了公共性，因此会影响高校所有的科研人员(y)，只有加大开放共享，才能使wy达到最理想的配置效果，但是若把公共产权的大型仪器设备视作私有产权，不主动、不愿意进行使用权的交易，从高校收入的视角来看，降低这种使用权的交易不仅会给共享供给主体带来收益降低，而且从智力资源的配置视角来看，w与y耦合作用效应差。更进一步，作为公共资源代理方的院校，甚至可以进行大型仪器设备的产权交易，并享受由此带来的收益，并推动共享参与者积累社会资本。

（二）需求主体

需要借助仪器设备的企业、科技机构、高校等组织或单位在层层产权私有化转化中产生了共享收益。尽管高校大型仪器设备的最终产权属于全社

表2-7 贵重精密仪器设备开放共享二级界面分析

主体	定义	作用	对知识生产影响	成本分类		具体损耗
供给主体	大部分高校和科研院所	出让科学仪器设备使用权	促进仪器设备的利用与科研人员需求的结合	供给成本	投资支出	大型仪器设备建设中主体院校购买科学仪器设备的支出成本
					机会成本	由于共享而产生的机会成本,即资源供给院校无法同时使用资源而带来的机会损失
					产权交易成本	大型仪器设备共享过程中因产权调整而发生的交易成本
					风险成本	资源供给方在共享过程中面临泄漏本院校科技创新方面的秘密的风险成本
需求主体	企业、科技机构、高校等组织或单位	对仪器设备的需求,代表了参与竞争的能力	提高高校收入,增加需求主体科技创新能力	需求成本	产权调整成本	需求方用于大型仪器设备共享资源产权调整的成本,这些成本包括供给方起初的建设投资性支出、商务谈判支出、中介服务支出等方面
					需方机会成本	需求方也面临因采用共享大型仪器设备而产生的机会成本,通常需求方为防止自己的科研机密泄露也会付出一些成本
服务主体	科技中介机构、专业科技创新平台、集群代理机构、行业协会等组织	在提高仪器设备配置效率中发挥着催化剂的作用	提高高校仪器设备与服务效率与配置能力,提高科研人员知识生产时间		服务成本	作为高校科技资源体系的共享服务体系,其共享同样离不开专业化的构建,维护与运行,都会产生相应的成本。随着高校之间科技竞争的加剧,科技资源稀缺的程度也会凸显出来,更需要共享服务主体的专业化分工
管理主体	共享政策的制定者和共享管理系统的组织者	统筹仪器设备资本的配置	宏观指导	管理成本	基础研究投资成本	政府针对冷门但具有研究价值的基础研究领域进行投入
					关键领域投资成本	政府不是创新主体,是科技创新推动者,对高新技术产业、战略性新兴产业等促进"转型升级"的关键领域进行投入
					秩序成本	对大型仪器设备共享服务进行管理,提高共享竞争秩序,提高共享效率与效益
					培训成本	在营造资源共享的环境时,进行相应的培训,推广和宣传工作,以形成有效的科技资源共享
					激励成本	监督和管理大型仪器设备的共享,需要健全相关的法规体系,建立相应的科约束机制

会,应该在公共领域实现全社会的共享。但在高校日常管理过程中,按照路径依赖,只能将其产权由公共领域转入私人领域,即由特定院校的资产管理员或技术管理员履行拥有和使用资源的权利与义务。因此,高校大型仪器设备的公共产权的私有化实质是不同层次之间的委托代理关系:产权所有者(高校经费负责人)和保存者(固定资产入库后的管理者)之间的委托代理关系,保存者与资源共享的需求者(本课题组的产权所有者、参加科研活动的科研工作者)之间的委托代理关系。正是由于科学仪器的产权转移,造成了管理界面的层层阻隔。高校大型仪器设备的产权所有者往往是另一所高校科学仪器设备资源共享的需求者,他们与其他院校之间处于不公平的竞争状态,即"排他性"。这种情况下,要靠加强科学仪器设备共享的信息流动来实现共享。高校大型仪器设备的共享价值主要取决于其主观共享意愿和客观共享能力。

(三)服务主体

科技资源服务体系能够提供专业化的资源共享服务,有利于减少供给与需求之间信息不对称,有利于提高共享的效率和质量。在高校,目前很多测试平台、共享平台的服务人员都是高校的实验员,鲜有引入科技中介机构、专业科技创新平台、集群代理机构、行业协会等组织。在此服务水平的限制下,高校的开放共享水平逼近阈值。总体看来,与2021年相比,参评单位对开放共享更加重视,管理和共享应用水平进一步提升。参评的科学仪器年平均有效工作机时为1 351小时,比前几年有所下降,纳入国家网络管理平台统一管理的仪器入网比例为100%。参评的85个重大科研基础设施运行和开放共享情况较好,在支撑国家重大科研任务、推动产业技术创新、服务国家重大战略需求和国民经济持续发展等方面取得了显著成效。

破除路径依赖的决策之一是改革创新机制体制,利用第三方机构建立大型仪器设备商业服务平台或大型仪器设备综合服务中心,引入市场机制,建立大型仪器设备共享专业化服务平台,强化其承担共享服务与开放的功能,实现专事专人负责,充分开展对外有偿服务,推进服务中心的商业化与市场化。这也是实现大型仪器设备共享的根本途径。在国有资本基础上引进民间资本,逐步实现大型仪器设备综合商业服务中心的企业化运作。高校加强资源整合能力,依托科研基地建立共享服务平台,如可以直接依托高校的实验室、工程技术研究中心建立大型仪器设备服务平台,在服务本院校科研的基础上发挥其辐射作用,满足所处区域服务。政府加强引导和监管,在仪器设备采购、日常监管、奖励基金、税费减免等方面制定相关政策,扶持服务平台的商业化运行。

在管理(I_7)界面,北京科技大学将公司运作机制引入科学仪器设备开放共享工作中,成立第三方专业服务机构,同时为公共平台配置专业技术人员。指导实验技术教师开展分析检测业务,提高科学仪器设备管理、配置的质量与效率,节省科研人员时间,使科研人员有更多时间和精力从事科学研究,间接提升人力资源配置效益与知识生产效率。

(四)管理主体

通常指政府部门中的各级科技管理机构和部门。社会是高校大型仪器设备的最终所有者,履行科技资源分配和管理的职责。2022年中央级高校和科研院所等单位科研设施与仪器开放共享评价考核工作是由科技部、财政部会同有关部门,委托国家科技基础条件平台中心组织开展的。管理主体、供给主体和需求主体等共享参与者在科学仪器设备的开放共享过程中积累了社会资本。在高校大型仪器设备的共享使用中,由于科学仪器设备的强渗透力属性,推动社会资本的积累,并不断提升高校的竞争能力及优势,不断拓宽创新机制的影响力。参与主体随之不同程度地积累了社会资本,提升了社会影响力。

三、科研大型仪器收入分配方案

(1)分配时间

每年4月初(分配1—3月);7月初(分配4—6月);10月初(分配7—9月);12月底(分配10—12月)。

(2)分配流程

财务部门计划管理科按季度提供大型仪器服务收入明细;实验室与设备管理处将收入明细与各学院核对无误后,填写《分配申请书》并加盖公章;由财务部门计划管理科进行收入分配账务处理。

(3)年终结转

各学院大型仪器收入项目,在每年12月底完成当年分配,此项目余额年底清零。实验室与设备管理处的"仪器设备共享基金",各学院的"大型仪器发展基金""大型仪器奖酬基金"项目余额会结转至下一年度继续使用。

四、开放共享中的问题

尽管认识到实现大型仪器设备的全面开放共享有助于提高学校资源使用效益和效率,促进使用专业化和社会化分工,从而增进学术交流,推进学科交叉研究,更深层次地推进科学方法与技术的创新。但在开放共享实践中面临以下问题:路径依赖严重、管理体制陈旧、缺乏开放共享创新机制、科学仪器技术人员队伍整体素质不高、日益突出的仪器设备供给能力与需求量的矛盾、资金投入比例降低、与共享科学仪器设备相关的知识产权归属。以科技部官网发布的《2022年中央级高校和科研院所等单位重大科研基础设施和大型科学仪器开放共享评价考核结果》来看,2022年有大部分高校和科研院所的开放共享评价考核结果是合格状态,大部分学校大型仪器设备开放共享成效不明显,甚至存在大量大型仪器设备未按规定纳入国家开放共享网络管理平台的现象。例如,某高校的审计报告中指出,截至2021年9月末,东部某高校共有50万元以上大型仪器设备251台,其中98台未按规定纳入国家网络管理平台共享。

第七节　配置程序:维修维护、升级改造、盘点

采购是一种经济活动,会涉及产品(科学仪器设备)质量和售后服务问题,一般贵重仪器设备在使用几年之后,由于零件老化需要维修。维修价格、维修响应时间及维修技术水平,直接影响了科研工作进度与科研经费的使用效率。特别对于开放共享使用中的大型仪器设备,若长期停用,将影响高校共享绩效或导致科研工作停滞。

当仪器设备发生损坏、遗失事故时,高校使用仪器部门要组织鉴定、判定责任并形成报告。属责任事故的依法依规追究相关责任;属非责任事故的应当研究事故成因,改进工作,防止再次发生。根据调研,先进仪器从发生故障到维修完好,时间从一周到一年不等。对于先进仪器的维修时间,需建立一个科学仪器韧性计算,即在使用中的科学仪器,从发生故障无法运行,

到技术人员维修好，应将这些故障原因与维修好的路径记录并加以统计，建立数据库和科学仪器的韧性模型，根据这个模型，逐渐在仪器中加入自我恢复与愈合的功能。

以中关村科学城某大学NMR维修为例。2019年3月14日《中国科学报》登载了高端仪器被垄断，科学家如何应对维权的报道，被认为是我国拥有此类仪器数量最多、规模最大的实验室联合全国几十家NMR用户发起了针对仪器制造商布鲁克公司的维权行动。报道发现国内来自103所大学的逾190名NMR用户中超过95%对布鲁克公司售后部门的服务感到不满意。原因是2018年12月5日深夜，NMR发生了"失超"严重故障。（注：这类仪器的工作原理基于物理学——用合金导线绕成螺线管线圈，在满足超导条件下，通过电流产生稳定的"静磁场"。而要实现超导，则必须保证螺线管处在接近绝对零度的温度下，并用液氦、液氮逐层保护。静磁场是仪器正常工作的基本条件。如果发生故障导致线圈温度上升，会造成超导现象消失，线圈中的电流随热损耗降低，磁场强度下降乃至消失，NMR无法正常工作，这类故障就叫作"失超"。）出现故障后，该实验室随即联系仪器制造商布鲁克公司，要求其在调查清楚仪器失超的原因后，尽快提供解决方案。但是，布鲁克公司中国区售后人员的答复却是"先付20万元的维保费再升场"，闭口不谈造成失超的原因。垄断的局面使该公司的售后服务变成了对利润的追逐。此外布鲁克公司还出现过其设备的维修费用是其他公司的十几倍，或者配件费用比网上同款贵10倍的情况。事实上这种情况不仅发生在核磁用户领域。在高端设备领域，一旦高校采购了具备一定垄断性的供应商的设备，在后期售后服务及维修方面就存在供应商履行合同不积极的风险。即便使用法律来解决问题，但还是耽误了科研工作的进展。

在现有体制下，应建立合理的风险防控机制来避免此类问题。首先，应提高自主研发科学仪器设备，降低采购进口科学仪器的比例。其次，加强对第三方和代理机构的成本约束，售后服务应包括资深维修工程师在线远程指导快速排查故障，在北京建立高水平(First-level)零部件维修中心、线路板检查维修中心等机构，加强工程师培训，制定"以旧换新"政策，不干扰第三方机构提供维修服务。

根据《教育部直属高等学校国有资产管理暂行办法》（教财〔2012〕6号）规定，高校应对科学仪器设备实物资产进行定期清查，做到账账、账卡、账实相符。经常出现的管理风险点是资产清点由各系部自行完成，资产处对各项资产使用盈亏情况未能完整掌握。经审计抽盘发现,固定资产存在无卡片、有卡片无实物、卡片信息不精确或与实物不一致、不同资产未单独登记、个别资产未计入固定资产账且未建立固定资产卡片等现象。高校应督促资产处严格履行国有资产的监管职责,定期对资产进行清查盘点,做到账账、账卡、账实相符。

案例2-6 科学仪器设备清查盘点中的问题

某高校未对实物资产进行定期清查盘点,存在账账、账卡不符。2016年至2019年,学校未对资产进行定期清查盘点,2020年末仅对土地和房屋资产进行了清查盘点。截至2020年末,学校决算报表中固定资产原值与国有资产监督管理信息系统中的固定资产原值不符,报表数大于系统数3 155.05万元。

(资料来源:《经济责任审计情况通报》)

第八节 配置程序:处置

根据《行政事业单位国有资产处置管理规范》,科学仪器设备的处置方式主要有调拨、置换、转让、报损、报废、捐赠、资产损失核销以及按照法规规定的其他资产处置方式。但是高校处置科学仪器设备存在路径依赖现象,一般采用报废处置方式。高校对资产报废处置回收企业库需进行公开招标,并且应明确规定入围企业回收服务有效期(3年),超过服务有效期之后应进行重新招标。《教育部直属高等学校国有资产管理暂行办法》(教财〔2012〕6号)第三十三条规定"高校处置国有资产,应按以下权限履行审批手续:核销货币性资产损失50万元以下的,……货币性资产以外的其他资产处置事项,一次性处置单位价值或批量价值在500万元以下的,由高校审批后10个工作日内将审批文件及相关资料报教育部备案,教育部审核汇总后报财政部备案;一次性处置单位价值或批量价值在800万元以上(含800万元)的,由高校审核后报教育部审核,教育部审核后报财政部审批"。第三十五条规定"高校国有资产处置应当遵循公开、公正、公平和竞争、择优的原则。高校出售、出让、转让资产数量较多或者价值较高的,应通过招标、拍卖等市场竞价方式公开处置。未达到使用年限的固定资产报废、报损,高校应从严控制"。

《教育部直属高等学校、直属单位国有资产管理工作规程(暂行)》(教财函〔2013〕55号)中规定"报废、报损:单位按规定权限审核后报教育部(财务司)审批(审核)的事项,除提供上述1-3项材料外,还应提供如下材料:(4)能够证明盘亏、毁损以及非正常损失资产价值的有效凭证。……(6)非正常损失责任事故的鉴定文件及对责任者的处理文件"。

高校科学仪器设备的报废处置,应按规定履行资产管理报批报备手续。其中存在的管理风险点:资产报废处置方式不当。从内控角度,要建立报废资产原值的台账、处置收入的台账。处理风险点的做法,学校应严格遵循资产处置原则,采取合规方式公开处置资产。

案例2-7 科学仪器设备处置中的问题

某高校处置盘亏国有资产和核销货币性资产,未按规定履行报批报备手续。涉及2018年盘亏固定资产982台,资产原值495.14万元,2019年盘亏设备家具类国有资产902件,资产原值1 044.69万元,2020年核销货币性资产19万元。学校应严格执行资产管理制度,尽快履行固定资产处置和货币性资产损失清理报批报备程序。

(资料来源:《经济责任审计情况通报》)

第三章
科学仪器设备界面定量实证

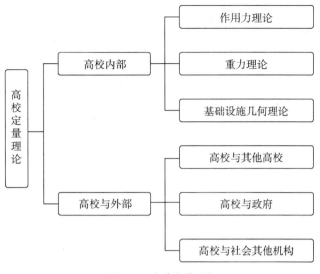

图 3-1 本章框架图

第一节 科学仪器设备配置模式

为开展界面定量分析,有必要先对图 2-1 中各环节的财务要素进行深入分析,形成整个流动链条的界面定量分析。为深入讨论各个环节中资源配置发挥的影响,引入价值链分析法(Value chain analysis),该分析法是由美国哈佛商学院教授迈克尔·波特提出来的,是一种寻求确定企业竞争优势的工具,其核心观点认为价值链是作业链的价值表现。2007 年,莫滕·汉森(Morten Hansen)和朱利安·伯金肖(Julian Birkinshaw)提出创新价值链理论,认为创新价值链具有链式结构。若将基于科学仪器设备的高校科技创新视为研究与开发、成果转化两个阶段,则科学仪器设备配置过程可被分为创新价值链,即一系列的科技创新活力输入、转换与输出的作业活动序列的集合,还可以继续拆解为基本单元与链接单元。随着技术的流动与交换,每个生产活动都有可能相对于最终知识产生增值行为,从而增强高校科技创新的竞争地位。

一、高校科学仪器设备配置效益模式

高校科学仪器设备配置的效益,一般是指办学成果,在本研究中用知识总量来衡量。从宏观方向来看,高校科学仪器设备配置效益主要有本体效益和主动效益;从微观方向来看,又有各种业务产生的效益,比如大型精密仪器设备开放共享所产生的效益、培养技术人才带来的人力效益等。通过对照世界一流大学培养出的优秀人才,目前高校科学仪器设备配置效益与培养出诺贝尔奖级人才效益之间的差距主要体现在主动管理效益方面。

(一)主动管理效益

受到现代社会多重特性(信息技术革命、知识经济等)的影响,高等教育知识生产模式逐渐从传统学术范式向新兴应用范式转型(全守杰等,2021)。对应资源配置模式和管理模式也从本体同质管理向主动异质性管理转型(表3-1),典型特征是知时性、权变性(Contingency)。通过权变性(管理过程中考虑有关环境变化同管理观念和技术之间的关系)、知时性管理(强调场域动态性,管理的动态发展要与时俱进),在校内打通人才选拔、稀缺资源配置的路径,形成独具特色禀赋的竞争优势。

(二)异质性人力资本

异质性人力资本采用的是主动管理模式,管理科学主要是研究人类社会组织管理活动的客观规律及其应用的综合性交叉科学。若要提高异质性人力资本的管理效益,应该在统一教育、科技、人才的基础上,多部门高质量协同发展,不断突破路径依赖效应,基于价值导向和效益导向,采取主动管理,实现更多的主动效益,这些效益合称为突破路径依赖效益。从科技创新角度来看,主动向荣获诺贝尔奖的科学家所在高校或研究所学习,对仪器设备的设计、制造、安装、使用、维修、报废环节统筹管理;从财务管理角度来看,要对仪器设备从财政拨款、采购需求、选择评价、采购验收、维护修理、更新改造到报废处理全生命周期管理。从技术人员的心理、行为、经济学视角来看,聚焦科研人员的行为、心理在研发、设计、使用、管理科学仪器设备过程中的作用,提升其整体协作的效益。整个过程若从技术研发上和财务层次上管理,则既能提高效率,又能使成本最优。

表3-1 科学仪器设备配置模式对比

序号	知识生产函数变量	配置因素	配置模式	
			主动管理	本体管理
1	w	科学仪器设备结构、特征、质量	具有稀缺特征	不具有稀缺特征或管理人员未挖掘出潜在的稀缺性
2	y	人力资本(创造性与创新性)	异质型	同质型
3	y	科研人员创新模式	巩固型创新	开拓式创新
4	x	资金投入路径依赖现象	少	严重
5	z	信息资源	稀缺	不具有稀缺特征或管理人员未挖掘出潜在的稀缺性
6	$w+z$	配置主体利用信息技术配置科学仪器设备;形成智能决策	高度智能,信息技术赋能利用率高	未实现信息化管理,或智能管理水平低
7	Ω	边际报酬形态	递增	递减
8	U	科研成果产出CD指数	高	低
9	间接影响 x	服务区域经济能力	极强	一般
10	间接影响 x,y,w	场域空间影响力、竞争力	极强	一般
11	直接影响 x,y,w,z	领导力、知时性、权变性	敏感	一般
12	直接影响 x,y,w,z	资源配置目标	为学术知识探索服务	多元知识价值主张,面对国家战略,实现知识生产与应用
13	间接影响 x,y,w,z	学科发展模式	以增进单一学科知识生产为主的重点学科发展	基于多学科交叉互补的学科发展模式
14	直接影响 x,y,w,z	资源配置评价	基于同行专家评价	基于多维度社会标准的利益相关者问责评价

亚瑟(Arthur,1994)认为,采用新技术往往具有报酬递增和自我强化机制,凭借着先占或先发优势,规模报酬递增、学习成本下降、人们确信度提高,从而实现自我增强的良性循环,在竞争中战胜竞争者。对于高校科学仪器设备配置的政策同样适用,政策制定时难免有一定局限,或者在政策执行后因为客观因素或外部因素的变化,使政策有效性降低,管理者应及时对政策进行修改或者补充。科学研究以及科学仪器设备资源配置方案,根据以往的演

化也是这种路径依赖,所以管理上可以根据路径依赖进行决策调整,而科技创新则不能遵循路径依赖,这是本研究最根本的发现,科学仪器设备资源配置的本质是要调和管理的路径依赖性与科技创新的非路径依赖性。在科技创新过程中,科研人员在刚开始做研究的时候,通常都是与导师的研究方向一致。这就很容易形成一种路径依赖,而难以拓展新的方向。如果导师的方向陷入了势能面的某个局部最优点,那依赖这条路径的后来者将很难走出这个区域,到达真正的全局最优点。一旦进入"锁定"状态,要想逃离就变得十分困难。要制定具有时效性的制度,做好财务资源配置管理工作,设计方案时,没有历史经验可以借鉴,全靠管理者自己探索,这时,把握住原则就很重要,在细节方面可能出现偏差,但只要大方向没有偏离就可以,因为机制创新探索过程允许容错、纠错,财务资源配置机制设计同样如此。

二、效益来源与财务管理

办学收入 $x_{i,t}$ 是高等教育事业发展的核心与基石,也是学校资源占有率和办学能力的一项重要指标。教学科研、服务社会、文化传承等各项事业的开展,都有赖于经费的支持。提高财政预算总收入应突破财政拨款依存程度,积极拓宽资金筹措渠道,例如加大承担国家重点项目力度,争取国家"双一流"、国家重点实验室等各类专项资金支持,提高资金自筹率。这些举措往往对科技创新活力的影响是整体性的。

本研究使用每年经费预算涨幅和占比来衡量突破财政拨款路径依赖的能力。

突破路径依赖系数 γ =(本年度预算总收入-上一年度预算总收入)÷上一年度预算总收入,用公式表达为

$$\gamma = \frac{x_t - x_{t-1}}{x_t} \qquad (公式1)$$

根据公式1,统计了2017—2022年北京"双一流"建设各高校的突破路径依赖系数(表3-2)。数据来源于各高校公开信息,根据教育部《关于部属高校公开部门预算的通知》,各高校在一定期间内公布经费预算。

预算总收入是财政拨款、事业收入、其他收入的总和。一般财政拨款按照生均成本核定标准,对于特定招生规模的高校与科研机构来说是相对稳定的。因此各高校收入规模的差异是由不同的招生规模造成的。但是研究各

高校近四年每年的规模变化则具有重要价值。要突破路径依赖,对于扩大招生规模、增加事业收入和其他收入非常必要。根据近四年预算总收入的变化,高校大致分为三类,持续增长型,即突破路径依赖系数为正值的;路径依赖稳定型,即系数几乎为零的;路径依赖严重型,即系数为负值。本研究重点探讨持续增长型高校实现总收入持续增长的路径,以及提高突破路径依赖的典型做法。

表3-2 北京高校突破路径依赖系数($x_{i,t}$)

高校编号	2022年 γ	2021年 γ	2020年 γ	2019年 γ	2018年 γ
1	0.141	0.021	0.045	0.103	0.155
2	−0.009	0.158	0.005	0.514	−0.351
3	0.259	—	—	—	—
4	0.141	—	—	—	—
5	0.127	0.017	0.055	0.238	0.063
6	0.025	0.049	0.164	0.106	0.111
7	—	—	—	—	—
8	0.057	0.113	−0.040	0.014	0.117
9	0.033	−0.046	0.002	0.186	0.064
10	0.005	0.110	0.036	0.009	0.133
11	—	—	—	—	—
12	0.152	0.343	0.058	0.070	0.108
13	0.041	0.018	−0.011	0.015	0.160
14	—	—	0.023	—	—
15	1.028	—	—	—	—
16	0.150	0.090	−0.097	0.172	0.343
17	0.101	0.103	−0.129	−0.193	2.640
18	0.083	—	—	—	—
19	0.107	0.037	−0.045	0.044	0.009
20	0.054	0.086	0.333	0.239	0.140
21	0.106	−0.008	0.050	0.456	−0.012
22	−0.014	0.193	0.055	0.149	0.120
23	0.072	0.087	0.179	0.132	−0.035
24	−0.094	—	—	—	—
25	0.087	0.059	−0.035	−0.006	0.065
26	0.006	−0.063	0.010	0.065	0.141
27	—	0.101	0.008	0.254	0.204

(续表)

高校序号	2022年 γ	2021年 γ	2020年 γ	2019年 γ	2018年 γ
28	—	—	—	—	—
29	−0.147	—	—	—	—
30	0.543	0.150	—	—	—
31	0.270	−0.016	0.013	0.129	0.050
32	0.190	—	—	—	0.360
33	−0.271	—	—	—	—
34	0.025	−0.071	−0.130	—	—

三、资源整合

（一）资源整合的内涵

资源配置的方式除了定向配置外，常用的方式是按照资源一体化进行资源整合。整合是调整、融合，通过配置方法和手段，使不同部分的资源在保持各自性质特点的前提下，共同构成一个有机的、完整的整体的过程，是资源的二次配置。高校科学仪器设备资源整合是指配置主体对不同来源、结构、层次、性质的仪器设备相关资源进行选择、吸收、分配、激活、融合，形成教育合力的过程。资源整合强调对原有资源进行重构，摒弃无价值资源，形成新的核心资源体系，使之具有条理性、系统性、创新性和价值性。这要求资源配置主体具有资源整合的能力，善于根据教育规律、经济规律、科研规律对资源进行选择、分配与融合。

（二）资源整合的必要性

1. 内部界面

资源整合带来竞争力、增长力、协调力的增加，同时规避了风险，是经济增长的源泉之一。对于高校知识生产，表现在强化学科竞争优势，将学科资源、人力资源、知识创新环境、制度等要素整合，形成高校创新价值链，各个部门交互作用决定了高校竞争优势的强度和持续性。长期以来，我国高校资源配置主体以政府为主，配置原则以"均衡分配"和"重点投入"相结合为主。"均衡分配"是高校科学仪器设备资源"扶贫扶弱"的政策保障，"重点投入"

是高校科学仪器设备资源"扶优扶强"和"造高峰"的政策选择。"扶贫扶弱",其中核心要素是政策导向的一致性,基于此,"均衡发展"需要统筹兼顾"一般发展"与"重点发展"的关系。

2.外部界面

在科学仪器设备体系中,大部分科学仪器设备由高校采购自企业,来自高校自主研发设计的大科学仪器设备装置则少之又少。科学研究"空芯化"现象严重,依赖进口仪器设备现象严重,关系国民经济命脉和国家安全等一些重点领域科学研究所需重要仪器设备受制于人现象已经凸显,严重制约着我国自主创新战略的实施。从全球仪器共同体建设、全球共享视角来看,我国仪器市场资源配置明显出现被欧美国家"卡脖子"的现象。党的二十大报告指出,教育、科技、人才是全面建设社会主义现代化国家的基础性、战略性支撑。必须坚持科技是第一生产力、人才是第一资源、创新是第一动力,深入实施科教兴国战略、人才强国战略、创新驱动发展战略,开辟发展新领域新赛道,不断塑造发展新动能新优势。从资源配置角度来看,在教育、科技、人才三者的互动发展体系中(图3-2),教育是基础资源,科技是动力资源,人才是最重要的智力资源,科学仪器设备作为重要的物力资源,是教育、科技、人才资源配置的"眼睛与尺子"。

高校配置科学仪器设备资源应以科教兴国战略、人才强国战略和创新驱动发展战略为指导。进一步落实教育、科技、人才"三位一体"的高等教育资源配置模式(图3-2),发挥高校资源基础性、战略性作用。在资源配置过程中,三者是以有机的、整体的形式构成高等教育强国的基础性、战略性支撑的,重在三者的有机联动和共同作用发挥,而非单一的教育、单一的科技或单一的人才就可以支撑起建设高等教育强国的任务。

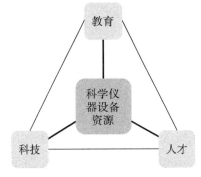

图3-2 科学仪器设备资源体系中教育、科技、人才的关系

(三)资源整合的方法

根据饶扬德资源整合模型图,资源整合主要是资源的识别与选择、资源汲取与配置、资源激活与融合。整合的理论依据是系统论,遵循系统原理,从整

体性、综合性、整体效应上进行整合。

1. 整合纵向资源与横向资源，建立资源的立体架构

纵向资源即科学仪器设备资源领域具有广度和深度的资源，比如更加高精尖的科学仪器设备；横向资源是与科学仪器设备关联程度较大的资源，如智力资源、储存场所资源、知识创新资源、投入经费资源等。

2. 整合传统资源与新型资源，推动资源效益螺旋升上

以信息技术为代表的人工智能、机器人自动流程化等新型资源能提高传统科学仪器设备资源使用效率和效益，提高智力资源的效能；同时，传统资源的合理利用会激活更多新型资源，促进隐形技术知识等新型资源不断涌现，形成良性循环。

3. 整合个体资源与组织资源，提高组织效能

零散的个体资源通过科学的组织方式进行集聚优化，不断融入组织资源中，使组织资源系统不断发展壮大；同时，组织资源也能被个体的智力资源吸纳，激发个体资源更多潜能，提高个体资源的价值。

4. 整合内部资源与外部资源

识别、选择、汲取与高校内部科学仪器设备相适应的外部稀缺资源(如第三方机构专业、优质的仪器维修技术，社会捐赠精密仪器设备)，可以提高高校科学仪器设备的运行效率。同时，实现高校内部资源与外部资源的衔接融合，会激活高校周围的区域经济，充分发挥高校内外资源的效能。

5. 整合国内与国际资源

对于自然科学学科，要充分结合国际资源，与国外高校建立仪器联合研发机制，邀请诺贝尔奖获得者分享科技创新经验，及时关注发表在 Science、Nature、Cell 等期刊上的成果动态，不断提高国际竞争力。

高校科学仪器设备资源属于公共资源，资源均衡配置是符合大众愿望的，也是社会公平的主基调。但对于高校发展来说，迫切需要优先发展一批科学仪器设备项目，推动高水平大学建设世界一流科技创新大学，因此很难实现真正意义上的均衡配置。"十四五"时期恰逢我国步入高质量发展的重要战略机遇期，需要将推进科学仪器设备发展的任务协同其他问题，作为一个复杂系统行为来研究。就科学仪器设备配置而言，应当围绕科学仪器设备

构建一体化的资源体系。

第二节 科学仪器设备配置效率评价指标体系构建

一、效率评价指标体系设计

效率评价指标体系的构建,主要体现在科学地、符合高校实际地量化投入与产出,这影响效率评价结果的准确性。对于北京"双一流"建设高校,选择指标对于体现高水平的科研能力与成果应该比普通高校更加严格。由于距教育部制定《高等学校贵重仪器设备年度绩效评价表》已经二十多年,在选择科学仪器设备配置效率指标时,需结合教育部绩效考核指标、现有研究中效率评价指标以及针对性强的指标,系统性地筛选多维度、多层级的评价指标,不仅要代表高校人才培养和科研成果产出,而且要注重科学仪器设备的研制与科研成果的开拓性,并要考虑数据选取的可行性。从统计年鉴、教育部官网、各高校官网等正规渠道选择数据,并对明显异常的数值进行合规处理,用"*"表示。

基于经费转化为科技知识的分析,本研究提出假设:自然科学科技创新的知识生产密度往往与高校世界一流学科(自然学科)密集程度相关。

为验证此假设,实现高校知识积累的可计算性需要满足两个条件,即算法必须包括有限且相对简单的一组函数,且函数必须能在有限实践中执行。

哈努谢克(Eric Hanushek)提出教育生产函数基本模型:

$$A_t = f(F_t, S_t, I_t)$$

其中,A_t是学生在时间t内的教育产出,右边是各类教育投入要素,分别是家庭投入(F_t)、学校投入(S_t)、学生个体投入(I_t)。

李平等(2013)根据科技基础设施,将技术创新机制归纳为资源配置效应、知识平台效应、人力资本效应和协同创新效应,并将科技基础设施细分为科技物力基础设施和科技知识基础设施。借鉴知识生产函数,实证考察科技基础设施对我国技术创新的影响,为研究知识流动特性及其对区域创新的影响提供了有效途径,结论是各影响因素对于科技物力基础设施的技术创新贡献度具有显著的门槛效应。基本模型如下:

$$Inno=F(K, L)=e^{\alpha_0}K^{\alpha_1}L^{\alpha_2}A^{\alpha_3}e^{\varepsilon}$$

其中，$Inno$ 为创新产出，K 为科技活动经费投入，L 为科技人力资源投入，A 为研发活动的技术知识水平，即知识存量，一般以专利申请数、科技论文数代表新知识来测量知识存量；α_0 为技术参数，是一个固定常数，α_1，α_2，α_3 分别表示研发经费投入、研发人员投入和知识存量的产出弹性系数，ε 为误差项。

王荣斌等(2004)用科技活动经费量化科技财力资源投入，将固定资产购建费从科技活动经费内部支出中分离出来，作为衡量科技物力基础设施的指标，余下经费作为衡量科技财力资源。

同时，随着信息技术不断与知识生产相融合，高校计算力也构成了知识生产必不可少的一部分。《2020全球计算力指数评估报告》发现，计算力指数与GDP和数字经济的走势呈现显著的正相关关系，认为计算力指数与经济指标之间关系可以用函数 $f(x)=a+b(x)$ 来表示，在高等教育领域，计算力往往更多体现在信息资源方面，因此我们认为信息资源(信息管理系统内的数据量)与仪器设备、知识生产也是正比关系。

本研究设计了两种计算科技知识的模型：规模定量方法(Ω法)、知识生产链条方法(U法)。以高校和科研院所科技知识为表征的创新驱动(推与拉的混合型已经成为高质量发展的重要引擎，突出表现在科学仪器设备的研发与应用上。任何创新都是基于知识的创新，没有知识的高效产出，就没有创新涌现的可能，这已成为全世界的共识。

二、初始投入指标

教育投入要素，分别是科学仪器设备资产投入(w)、财政经费投入(x)、人力资源投入(y)、信息资源投入(z)，对于财力、人力、物力、信息资源等多方面投入指标复杂性分析如下。

（一）x 指标选取

由于各高校预算总收入数据来源由各高校公布，而各高校信息公开的层面有限，因此预算总收入的数据零散，无法进一步统计、归纳得出规律。故后期为分析数据以及建立可靠的模型，x 采用了教育经费投入。

（二）y 指标选取

职务是指高校内具有相当数量和重要性梯次的一系列职位的集合，职称最初源于职务名称，理论上职称是指高校专业技术人员的专业技术水平、能力以及成就的等级称号。高校专任教师中获得高级职务的，一般是高级职称人才，而高级职称人才不一定都有高级职务。高校公开信息统计的大部分是公开高级职称人才（高级职称或教授、副教授）人数，因此 y 约为高级职称人才数。对于 y 的统计，可遵循人口方程，即某高校人口过程对人口变化的影响，用数学表达式 $y_2=y_1+P_{1-2}-R_{1-2}+IM_{1-2}-OM_{1-2}$ 来表达，其中 y_2 为时间 2 的高级职称人员数，y_1 为统计日的高级职称人员数，P_{1-2} 为时间 1 与 2 之间高级职称晋升人员数，R_{1-2} 是该时段退休的高级职称人员数，IM_{1-2} 是时间 1 至 2 之间引进入职的高级职称人员数，OM_{1-2} 是同期离职的高级职称人员数。

（三）z 指标选取

选取的是北京 34 所"双一流"建设高校的信息系统内的数据。

（四）w 指标选取

高校统计的科研仪器设备资产值（w）是多年积累的资产，资产价值与寿命（τ_i）成正比。

三、产出指标

由高级职称的科研人员（y）生产的知识被看作智力资源与科学仪器设备相互作用的结果，将此作为产出指标。以往大部分研究采用简单地统计论文和专利数量作为产出指标。近几十年来创新和科学研究呈现爆炸式增长，但论文的开拓性（即从 0 到 1 原始创新）却未带来重大进展（Michael et al., 2023）。因此客观真实评价论文开拓性和原始创新程度的方法主要是 CD 指数法（Consolidation-destabilization index，根据论文引用情况衡量巩固性与突破性指数）与论文中词汇多样性法。

$$CD_{i,t} = \left(\frac{1}{n}\right) \sum_{k=1}^{n} \binom{n}{k} CD_k$$

CD指数的取值范围是[-1,1]，对应论文的巩固性到开拓性的量化评价，根据迈克尔·帕克(Michael Park)的研究，论文和专利开拓性越高。则CD指数值越高，当CD=1时，说明开拓性非常高。

对于34所高校发表的论文进行CD指数计算是一项庞大的数据工程，需要建立34所高校近五年发表科技论文的数据库并进行统计分析，以目前的研究条件暂时无法满足。根据迈克尔·帕克的研究，在自然学科发表的诺贝尔奖论文CD指数从1不断地下降到0.1附近，因此本研究中取CD=0.1。

四、一体化资源要素分析

围绕着使用科学仪器设备进行人才培养的高等教育活动，主要整合以下资源：(1)作为活动地点的土地资源，作为活动内容和活动属性的物质资源；(2)人力资源涉及招收学生、延聘老师；(3)物力资源涉及教学设施、教学用地；(4)学科资源涉及高等学校建什么样的学科，教什么样的内容，专业资源涉及开设专业。从服务社会角度看，高校要服务社会，就意味着它一方面要为社会培养人才，通过劳动者素质的提升和劳动者人力资源的开发促进生产力的发展和生产水平的提升；另一方面还需要高等学校不断产出科研成果，将科研成果转化为现实的社会生产力。这就涉及高校与劳动力市场的、资本市场的、企业的、社会生产部门的对接，对接需要人、信息、金钱、物质工具，故涉及物质资源、信息资源、人力资源、财力资源等。

（一）科学仪器设备一体化资源体系的构建

传统的科学仪器设备资源利用，只是将科学仪器进行开放共享。随着科学技术日新月异，科技强国、仪器设备强国、人才强国战略使高等学校对科学仪器设备进行深刻全面的改革，主要路径是围绕着科学仪器设备构建一体化的资源体系，优化智力资源、技术资源、财力资源、场所资源、创新资源配置路径。主要是理顺高校和科研院所资源的供需关系，"供"主要指外部所能提供给高校的资源，"需"指高校内部运转所需要的一切资源。尽管学界对高校资源的定义还没有达成共识，但人、财、物等依然被认为是高校科学仪器设备一体化资源的核心内容。

（二）科学仪器设备一体化资源配置定量

对于科学仪器设备配置的定量管理来源于仪器设备的九个界面。例如，用定量的理论来衡量成本核算，需计入采购、维修等成本。定量方法一般根据数据探索出资源配置的一般规律。定量的方法主要有传统分析法、大数据法、计算机仿真法。对于优化配置效率，比较常使用的模型是基于1966年科尔曼(James Coleman)提出的投入-产出的生产函数，但是该函数有局限性，基本假设包含很多复杂因素。我们将定量理论用于科学仪器设备的配置管理中，通过界面定量这个全新的视角来看待高等教育资源配置过程中出现的经济现象，并通过该理论破解这些过程中看似不相关现象背后的数学规律。

1. 财力与科学知识转化关系

从科学知识产生的角度来看，开展科学研究的过程就是发现知识、创新知识的过程，涉及谁来研究？研究什么？用什么工具进行研究？谁为研究提供资金？等等。这意味着高校科研活动要有科研人员参与，需要提供必要的研究场所和研究条件，需要采购仪器设备和各种资料，从而牵涉财力资源、人力资源、物力资源、信息资源等。

从供需关系出发，科学仪器设备资源配置呈现出结构性、发展性和调节性的特点。从定性描述的角度来看，科学仪器设备资源的结构与科学知识密切相关。要定量描述出这种关系，需要从科技史的视角深入研究科学仪器的研制。高校不直接生产商品，由科学仪器设备产生的科学知识不能简单地用投入x单位的资本，对应产生比例规模x'单位的商品来理解。

2. 提出假设

假设，在自然科学学科(范围见表1-7、表1-11)，知识生产是高校财力资源配置的结果，财力资源转化为人力资源(y)以及开展科研活动需要的科研条件，人力资源通过利用物力资源(w)作为科研工具，创造性开展智力活动，并生产出知识。首先进行人力资源与物力资源相关性论证。

3. 分析线性相关关系

通过搜集北京34所"双一流"建设高校相关数据，整理成表3-3，再对其中w,y两个变量进行相关性检验，结果如表3-4所示。

表3-3 北京34所"双一流"建设高校2019—2021年科学仪器设备、高级职称人员规模

高校编号	2021年						2020年						2019年					
	w	y	x	固定资产值	w/y	w/固定资产	w/5x	w	y	x	固定资产值	w/y	w/固定资产	w/5x	w	y	x	固定资产值	w/y	w/固定资产	w/5x

高校编号	w	y	x	固定资产值	w/y	w/固定资产	w/5x	w	y	x	固定资产值	w/y	w/固定资产	w/5x	w	y	x	固定资产值	w/y	w/固定资产	w/5x
1	94.83	3 102	172.630	221.360*	305.706	0.428*	0.110	85.64	3 026	180.590	231.780	283.014	0.369	0.095	78.51	2 988	165.230	210.940	262.751	0.372	0.095
2	83.20	3 034	126.620	175.410	274.225	0.474	0.131	75.34	3 017	122.950	167.440	249.718	0.450	0.123	66.27	2 937	119.280	150.030	225.638	0.442	0.111
3	39.65	2 037	34.320	134.240	194.649	0.295	0.231	38.71	1 708	39.670	120.535*	226.639	0.321	0.195	35.38	1 891	45.520	106.830	187.097	0.331	0.155
4	32.95	1 584	60.360	69.870	208.018	0.472	0.109	29.27	1 531	63.820	64.470	191.182	0.454	0.092	26.50	1 557	56.450	65.610	170.199	0.404	0.094
5	20.48	1 768	42.640	65.970	115.837	0.310	0.096	19.11	1 718	47.220	53.130	111.234	0.360	0.081	16.31	1 635	44.510	48.090	99.755	0.339	0.073
6	7.66	1 509	44.250	57.600	50.762	0.133	0.035	7.11	1 479	53.230	51.130	48.073	0.139	0.027	79.84	845	51.800	41.540	157.988	0.321	0.052
7	15.50*	1 013*	7.000	6.360	2.780	0.129	0.023	14.32*	958*	6.020	6.360	3.082	0.127	0.027	1.34	2 729	5.170	6.190	4.910	0.216	0.516
8	20.16	1 590	38.220	50.590	126.792	0.398	0.105	19.93	1 590	39.320	48.930	125.346	0.407	0.101	17.54	1 450	37.790	51.560	120.966	0.340	0.093
9	12.92	1 437	31.230	46.840	89.910	0.276	0.083	12.15	1 378	35.940	45.930	88.171	0.265	0.068	12.99	1 331	28.730	46.420	97.596	0.280	0.090
10	17.53	1 498	30.710	40.030	117.023	0.438	0.114	17.13	1 354	32.920	39.300	126.514	0.436	0.104	15.47	1 317	27.790	37.610	117.464	0.411	0.111
11	13.49	1 013*	29.210	43.270	133.169	0.312	0.092	8.94*	958*	28.030	39.720	93.267	0.225	0.064	4.38	6 637	32.930	36.430	146.382	0.366	0.081
12	9.60	1 009	13.550	36.600	95.144	0.262	0.142	9.14	1 009	15.860	28.700	90.585	0.318	0.115	8.72	914*	15.230	26.180	95.405	0.333	0.115
13	12.85	708	12.510	31.790	181.497	0.404	0.205	11.51	657	23.050	28.810	175.190	0.400	0.100	10.17	629	21.400	27.310	161.685	0.372	0.095
14	10.44	1 153	20.040	42.270	90.546	0.247	0.104	9.60	1 188	21.670	40.730	80.808	0.236	0.089	9.58	1 103	20.480	36.700	86.854	0.261	0.094
15	4.96	707	13.640	19.540	70.156	0.254	0.073	4.66	695	15.280	18.770	67.050	0.248	0.061	4.30	644	15.380	18.330	66.770	0.235	0.056
16	6.90	482	13.940	24.310	143.154	0.284	0.099	6.45	451	18.400	14.500	143.016	0.445	0.070	5.49	456	15.000	13.020	120.395	0.422	0.073
17	13.74	770	20.750	42.920	178.442	0.320	0.132	10.25	769	23.140	40.020	133.290	0.256	0.089	10.27	741	23.700	23.710	138.596	0.433	0.087
18	33.60	1 163	24.840	71.900	288.908	0.467	0.271	33.03	1 111	25.620	75.980	297.300	0.435	0.258	32.90	1 092	22.190	71.930	301.282	0.457	0.297
19	9.19	659	9.830	26.880	139.454	0.342	0.187	8.64	587	16.770	26.120	147.189	0.331	0.103	7.80	552	14.680	25.130	141.304	0.310	0.106
20	7.98	782	14.660	30.900	102.046	0.258	0.109	7.58	757	13.780	30.190	100.132	0.251	0.110	7.13	714	11.060	0.545*	99.860	0.233*	0.129
21	7.04	936	14.280	20.850	75.214	0.338	0.099	6.80	908	10.940	20.170	74.890	0.337	0.124	6.80*	843	10.940	20.51*	80.664	0.332	0.124

(续表)

高校编号	2021年						2020年						2019年					
	w	y	x	固定资产值	w/y	w/固定资产	w/5x	w	y	x	固定资产值	w/y	w/固定资产	w/5x	w	y	x	固定资产值	w/y	w/固定资产	w/5x

高校编号	w	y	x	固定资产值	w/y	w/固定资产	w/5x	w	y	x	固定资产值	w/y	w/固定资产	w/5x	w	y	x	固定资产值	w/y	w/固定资产	w/5x
22	6.20	488	5.740	21.510	127.049	0.288	0.216	5.11	423	12.510	20.880	120.804	0.245	0.082	4.64	427	10.300	19.710	108.665	0.235	0.090
23	2.06	828	13.020	31.190	24.879	0.066	0.032	1.96	809	14.940	24.160	24.227	0.081	0.026	1.88	763	14.200	21.450	24.640	0.088	0.026
24	16.51	960	23.580	36.090	171.979	0.457	0.140	15.33	1049	26.580	34.460	146.139	0.445	0.115	12.84	911	26.580	30.840	140.944	0.416	0.097
25	1.86	782	14.370	21.330	23.785	0.087	0.026	1.87	660	19.180	21.280	28.333	0.088	0.019	1.69	643	16.610	20.900	26.283	0.081	0.020
26	1.74	966	13.100	23.510	18.012	0.074	0.027	1.80	403	16.210	19.390	44.665	0.093	0.022	1.57	386	14.110	18.940	40.674	0.083	0.022
27	2.53	756	12.290	16.880	33.466	0.150	0.041	2.41	769	15.360	16.500	31.339	0.146	0.031	2.27	749	14.260	16.110	30.307	0.141	0.032
28	0.46	127	21.680	4.120	36.220	0.112	0.004	0.45	127	3.000	2.750	35.433	0.164	0.030	0.36	128	2.440	2.600	28.125	0.138	0.030
29	4.36	347	13.860	26.780	125.648	0.163	0.063	3.58	340	15.560	25.390	105.294	0.141	0.046	3.31	355	8.980	24.870	93.239	0.133	0.074
30	4.61	170	6.090	9.830	271.176	0.469	0.151	4.54	144	7.270	9.860	315.278	0.460	0.125	4.38	141	6.230	9.570	310.638	0.458	0.141
31	2.28	286	6.630	16.930	79.720	0.135	0.069	2.26	247	7.230	14.730	91.498	0.153	0.063	2.18	268	7.350	14.420	81.343	0.151	0.059
32	2.50	248	5.670	12.160	100.806	0.206	0.088	2.36	237	6.840	11.820	99.578	0.200	0.069	2.17	245	6.220	11.340	88.571	0.191	0.070
33	2.14	346	7.220	24.330	61.850	0.088	0.059	2.14	357	9.000	24.290	59.944	0.088	0.048	2.28	327	8.790	22.480	69.725	0.101	0.052
34	1.65	169	3.970	12.060	97.633	0.137	0.083	2.51	149	4.730	12.940	168.456	0.194	0.106	2.27	146	4.220	9.040	155.479	0.251	0.108
合计	508.43	42 013	922.450	1 317.230				458.73	39 934	992.630	1 322.070				492.37	37 452	925.550	1 268.380			

注：1. 投入教学科研仪器设备资产值 w(单位：亿元)，高校高级职称人数 y(单位：人)，全校教育经费投入值 x(单位：亿元)。
2. 数据来源《北京教育年鉴》、各高校官方信息公开网站。
3. 带*数据表示数据异常，按照往年比例进行处理计算得到的数据。

第三章　科学仪器设备界面定量实证

根据表3-4、图3-3～3-5显示数据基本符合线性相关关系。由表3-4可知，2019年至2021年北京34所"双一流"建设高校w与y的皮尔逊相关系数均大于0.5，符合强相关的关系。

表3-4 描述统计与相关性

	年份	个案数	平均值	标准偏差	皮尔逊相关系数	Sig.(双尾)
w	2021	34	14.967 4	21.205 19	0.881**	0.000
y	2021	34	1 012.558 8	713.204 34	0.881**	0.000
w	2020	34	14.165 4	19.196 42	0.894**	0.000
y	2020	34	957.735 3	701.210 78	0.894**	0.000
w	2019	34	13.353 5	17.302 40	0.922*	0.000
y	2019	34	910.352 9	685.643 86	0.922*	0.000

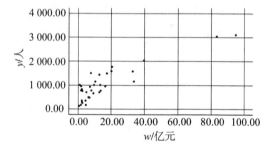

图3-3 2021年w-y散点图

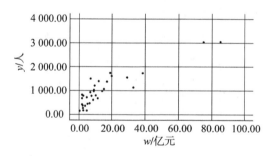

图3-4 2020年w-y散点图

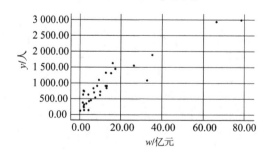

图3-5 2019年w-y散点图

五、人力资源与物力资源定量关系分析

为研究科研人员与教学科研仪器设备规模之间的关系,基于《普通高等学校基本办学条件指标(试行)》,提出假设2:科研人员人数与教学科研仪器设备资产规模存在正相关关系。

(一)高级职称教师平均教学科研仪器设备资产值

1. 理论计算

根据2021年《普通高等学校基本办学条件指标(试行)》规定(表3-5、表3-6):

$$高级职务教师占专任教师的比例 = \frac{具有高级职务的专任教师数}{专任教师数}$$

根据监测办学条件指标(综合类高校),高级职务教师占专任教师的比例不低于0.3。假设i高校高级职务教师为y_i,则专任教师总数为$10y_i/3$。

$$生师比 = 折合在校生数 \div 教师总数$$
$$教师总数 = 专任教师数 + 聘请校外教师数 \times 0.5$$

对于综合类高校,不考虑聘请校外教师,生师比为18,则折合在校生数为

$$18 \times 10y_i/3 = 60y_i$$

由于生均教学科研仪器设备值=教学科研仪器设备资产总值÷折合在校生数。生均教学科研仪器设备值为0.5万元/生(综合类高校),则高校每年教学科研仪器设备资产值为$0.5 \times 60y = 30y_i$。

高校统计的科研仪器设备资产值(w)是多年积累的资产,资产价值与寿命(τ_i)成正比:

$$w_i = 30 y_i \tau_i \qquad (公式2)$$

按照仪器设备至少使用五年折旧计算(即$\tau_i \geq 5$年),即1名高级职称教师对于教学科研仪器设备使用平均值至少要大于150万元。

同理根据基本办学条件指标,医学类、财经政法类、体育艺术类高级职称教师平均教学科研仪器设备资产值理论计算分别为$26.67 y_i \tau_i$,$18 y_i \tau_i$,$14.67 y_i \tau_i$。

表3-5 基本办学条件指标：合格

学校类别	本科				
	生师比	具有研究生学位教师占专任教师的比例/%	生均教学行政用房/(平方米/生)	生均教学科研仪器设备值/(元/生)	生均图书/(册/生)
综合、师范、民族类院校	18	30	14	5 000	100
工科、农学、林学类院校	18	30	16	5 000	80
医学类院校	16	30	16	5 000	80
语言、财经、政法类院校	18	30	9	3 000	100
体育类院校	11	30	22	4 000	70
艺术类院校	11	30	18	4 000	80

表3-6 监测办学条件指标：合格要求

学校类别	本科						
	具有高级职务教师占专任教师的比例/%	生均占地面积/(平方米/生)	生均宿舍面积/(平方米/生)	百名学生配教学用计算机台数/台	百名学生配多媒体教室和语音实验室座位数/个	新增教学科研仪器设备所占比例/%	生均年进书量/(册)
综合、师范、民族类院校	30	54	6.5	10	7	10	4
工科、农学、林学、医学类院校	30	59	6.5	10	7	10	3
语言、财经、政法类院校	30	54	6.5	10	7	10	4
体育类院校	30	88	6.5	10	7	10	3
艺术类院校	30	88	6.5	10	7	10	4

注：数据来源于教育部关于印发《普通高等学校基本办学条件指标(试行)》的通知，2021年。

2.根据统计数据分析

《普通高等学校基本办学条件指标(试行)》在高校的科学仪器设备资源配置中具有引导作用。一所高校生均教学仪器设备资产值越高，说明高校教学仪器设备资源越充足，充足的教学科研仪器设备有助于提高教师的教学、科研效率。

根据表3-3中w/y值统计数据，北京34所"双一流"建设高校中大部分超过了教育部的办学条件指标，但仍有部分高校高级职称教师平均教学科研仪器设备资产值与由教育部给定的数值有差距。

表3-7中显示北京高校Ⅰ、高校Ⅱ近十年w/y值一直在稳定增加，其中高

校Ⅰ2021年是2011年的近3倍,是2014年的2倍,理论值与实际统计数据之间产生差距的原因,一方面,与高级职称 y 人数增加有关,应控制高级职称人员的规模,由以增加数量为主要特征的发展模式转变为以提高质量为主要特征的发展模式;另一方面,经费 w 投入不足,仍需继续投入经费用于提高教学科研仪器设备水平。根据表3-7数据,可以预测,高校在近十年内 w/y 值会继续稳定增加,并且数量会实现翻倍。

表3-7 北京高校Ⅰ与高校Ⅱ十年内高级职称教师平均教学科研仪器设备资产值

年份	高校Ⅰ			高校Ⅱ		
	y/人	w/亿元	(w/y)/万元	y/人	w/亿元	(w/y)/万元
2021	3 102	94.83	305.71	3 034	83.20	274.23
2020	3 026	85.64	283.01	3 017	75.34	249.72
2019	2 988	78.51	262.75	2 937	66.27	225.64
2018	3 879	72.05	185.74	4 448	60.64	136.33
2017	2 886	61.48	213.03	4 340	54.43	125.41
2016	2 853	51.31	179.85	4 423	49.51	111.94
2015	2 794	45.86	164.14	4 391	44.21	100.68
2014	2 694	40.82	151.52	4 325	37.53	86.77
2013	2 590	36.15	139.58	4 292	33.27	77.52
2012	2 516	30.88	122.73	5 111	27.07	52.96
2011	2 511	27.19	108.28	3 886	30.79	79.23
2021/2011	1.24	3.49	2.82	0.78	2.7	3.46

(二)教学科研仪器设备资产规模

表3-3中显示教学科研仪器设备值占固定资产比例从0.066到0.474不等,占教育经费投入的比例从0.004到0.231不等。由于教学科研仪器设备资产值具有累积性,高校公布的资产值是多年资产积累之和,取折旧报废年限为最低的5年时间,因此占教育经费投入的比例为 $w/5x$。

(三)分析经费投入转化成知识的路径

通过相关性验证,可以得出结论,w 与 y 具有强相关性。知识经过了三次转化(图3-6)。

第一次转化是财力资源(x)转变为人力资源(y),即科研人员,同时根据科研人员开展科研活动的需求,财力资源(x)对物力资源进行合理配置,财力资源转变为物力资源,即科学仪器设备(w)。一般通过招采程序进行市场竞争后购买或采用捐赠等其他途径,中间的主体是采购部门、设备管理部门、财务管理部门、使用学院的管理人员。目前仍以人工操作为主,从这个角度来看,仍属于劳动密集型。

随着信息技术不断发展,在不远的将来,自动化操作会逐步替代人工操作。目前信息技术已经逐渐与高等教育管理、科学仪器设备配置融合,因此同时进行的转化是财力转化为信息资源、实验室等条件保障,形成适宜知识创造的环境。

第二次转化是科研人员在知识创新环境内(一般科学仪器设备存放在实验室场所,通过信息系统进行管理),主观性加工和生产知识,产生$x_{i,t}^{a}$单位的知识。

第三次转化是知识的交换与流动,形成知识链,通过知识链的影响,最终产出各项成果,比如人才、科学研究、服务社会、文化传承与创新等成果。

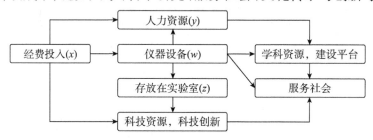

图 3-6　财力资源形成科技资源、学科资源

第三节　科学仪器设备配置效率评价实证研究

一、实证分析

(一) 规模定量方法（Ω 法）

基于人际交往理论(Fabiano et al., 2021),定量理论认为城市指标与城市人口规模存在缩放关系,其形式为$Y=Y_0 N^{\beta}$,其中Y_0是常数,β是标度因子。经验数据表明,与基础设施相关变量的标度因子β约为0.85。同理,可知高校通过科学仪器设备生产的知识量($\Omega_{i,t}$)与高校的高级职称人数($y_{i,t}$)以及购

置科学仪器设备投入经费($w_{i,t}$)呈现非线性变化。在开放共享理想条件下，对于一定范围内的科研人员均可以使用这些科学仪器设备的公共价值。并且服从规模定量非线性变化：

$$\Omega_{i,t}=\Omega_0(w_{i,t,instr}^{\alpha} y_{i,t})^{\beta_{i,t}} \qquad (公式3)$$

假设操作仪器设备的人员和环境均相同，现在只讨论科学仪器设备经费投入量$w_{i,t}$对科技创新活动的影响，高校i通过投入资本$w_{i,t}$购买某种科学仪器设备，产生知识$w_{i,t,instr}^{\alpha}$。高校产出的科技创新知识是否有高的科技创新度，取决于其采用的技术，用$\beta_{i,t}$来表示科学仪器设备创新指数(Scaling exponent)。技术水平，一般取决于科学仪器本身的结构(技术层次、制作材料、电磁缠绕匝数、零件精密度等)能否带来重大发现，通常通过测量范围、稳定性、响应时间、精密度、准确度等指标来确定。例如一台400MHz的NMR的创新指数与600MHz的NMR是不同的。由于科学仪器设备属于基础设施，按照经验数据(Fabiano et al., 2021)，定量指数$\beta_{i,t}$约为0.85。

由科学仪器设备带来的知识科技创新活力(用知识量Ω表示)与这台科学仪器设备在该机构使用率及开放使用机时$h_{i,t}$呈正相关，因此：

$$\Omega_0=CD_{i,t} \times h_{i,t} \qquad (公式4)$$

由于全国高校大型贵重仪器设备开放共享的考核始于2017年，2018年第一次测得全国高校年平均有效工作机时，因为北京"双一流"建设高校仪器设备考核成绩优秀的机时有3万多小时，所以34所高校平均有效机时取全国平均机时的10倍。计算2019年至2021年四年内通过科学仪器设备生产的知识量Ω，结果如表3-8所示。仪器设备占用面积与知识生产有着密切关系，因此对知识生产量与产权校舍建筑面积平均后，进行密度处理，得到了知识量密度。将公式3线性化，方程两侧以10为底数进行转换，得到$\lg\Omega_{i,t}/A_{i,t}$，其中因变量Ω和自变量y,w已经以10为底数进行了对数转换。对数线性化的主要目的是观察得到的实证y,w与Ω的线性程度和观测到的斜率恒定程度。

$$\lg\Omega_{i,t}=\lg\Omega_0+\beta_{i,t}\lg w_{i,t,instr}^{\alpha} Y_{i,t}=\lg\Omega_0+\beta_{i,t}\lg w_{i,t,instr}^{\alpha}+\beta_{i,t}\lg Y_{i,t}$$

表3-8 北京"双一流"建设高校科学仪器设备产生的知识量

序号	年份	$h_{i,t}$	$w_{i,t}$	$y_{i,t}$	$\Omega_{i,t}$
1	2018	13 400	448.26	22 129	1 186 104 101
2	2019	14 400	480.03	22 981	1 395 096 340
3	2020	14 500	516.18	23 553	1 525 767 278
4	2021	12 780	558.978	24 203	1 472 669 128

注：$h_{i,t}$为年平均有效工作机时(单位：小时)；$w_{i,t}$为投入科研仪器设备资产值(单位：亿元)；$y_{i,t}$为高校高级职称人数(单位：人)；$\Omega_{i,t}$为通过科学仪器设备生产的知识量。

一般w具有客观性，而y具有主观性，高级职称科研人员对于高校的知识生产具有重要的影响力，由于其丰富的高级职称人力资源，领先于其他高校，在知识密度方面贡献较大。在统计数据中，为了便于定量，y取每年高级职称人数，w取教学科研资产值。

$$\lg\frac{\Omega_1}{A_1} - \lg\frac{\Omega_2}{A_2} = \beta\lg\frac{A_2}{A_1}\frac{w_1 y_1}{w_2 y_2}$$

通过表3-9的知识密度值($\lg\Omega_{i,t}/A_{i,t}$)可以看出，北京高校的知识密度大致分布可划分为3个区间：高密度(>5)、中密度(4～5)、低密度(<4)。

（二）知识生产函数方法（U法）

1. 知识链条函数概述

我们将基于科学仪器设备生产的科学知识链条分解为以下公式：
自然科学知识积累量＝科学仪器设备等工具×资源要素形成的知识环境
　　　　　　（财力资源、人才资源、信息资源、实验室资源等）
　　科学知识密度＝科学知识积累量÷高校校舍产权面积

2. 知识互动次数

假定U是一个特定高校原始创新变量的全校总量，g是科研人员产生创新想法对应的原始创新活动数量(g可代表专利的数量、做学术报告的数量、学校资金量x_i、两个人相关的学术作品量、信息系统内数据量z_i、使用科学仪器设备的量w_i，k_i为i个体的互动次数，最大取y_i)，则对于i个体来说，原始创新活动量：

表3-9 由规模定量方法得到的北京"双一流"建设高校2018—2021年的知识密度

高校编号	2021年				2020年				2019年				2018年			
	w	y	A	lg(Q/A)	w	y	A	lg(Q/A)	w	y	A	lg(Q/A)	w	y	A	lg(Q/A)
1	94.83	3 102	365.18	5.19	85.64	3 026	374.40	5.19	78.51	2 988	306.44	5.24	72.05	3 979	304.5	5.28
2	83.2	3 034	289.36	5.24	75.34	3 017	289.33	5.25	66.27	2 937	308.25	5.17	60.64	4 448	267.39	5.32
3	39.65	2 037	206.01	4.96	38.71	1 708	188.59	4.98	35.38	1 891	188.59	4.99	33.17	1 804	188.59	4.91
4	32.95	1 584	179.87	4.86	29.27	1 531	161.00	4.91	26.5	1 557	153.00	4.90	25.23	1 455	153	4.82
5	20.48	1 768	126.89	4.88	19.11	1 718	125.54	4.90	16.31	1 635	113.74	4.87	14.5	—	93.18	—
6	7.66	1 509	108.81	4.52	7.11	1 479	98.60	4.59	79.84	845	105.21	5.24	8.06	1 432	105.41	4.56
7	15.5*	1 013*	101.75	4.67*	14.32*	958*	91.82	4.72*	1.34	2 729	91.82	4.23	1.55	1 851	91.82	4.10
8	20.16	1 590	123.52	4.84	19.93	1 590	123.24	4.90	17.54	1 450	123.24	4.82	16.42	1 424	121.25	4.76
9	12.92	1 437	101.22	4.73	12.15	1 378	101.39	4.75	12.99	1 331	103.24	4.75	11.83	1 311	103.24	4.68
10	17.53	1 498	85.55	4.93	17.13	1 354	97.01	4.89	15.47	1 317	97.01	4.84	15.32	1 287	97.01	4.79
11	13.49	1 013*	60.94	5.54	8.94*	958*	59.86	4.73*	4.38	6 637	27.80	5.51	—	6 039	—	—
12	9.60	1 009	86.34	4.56	9.14	1 009	92.15	4.57	8.72	914*	88.34	4.53*	8.14	819	82.14	4.46
13	12.85	708	59.19	4.70	11.51	657	57.55	4.70	10.17	629	58.32	4.63	8.83	613	47.35	4.63
14	10.44	1 153	114.22	4.52	9.6	1 188	112.93	4.56	9.58	1 103	112.93	4.53	8.41	1 103	106.62	4.47
15	4.96	707	38.24	4.54	4.66	695	38.24	4.56	4.3	644	59.20	4.32	3.9	692	59.2	4.27
16	6.9	482	42.14	4.48	6.45	451	22.91	4.75	5.49	456	22.91	4.69	—	—	21.1	—
17	13.74	770	83.25	4.61	10.25	769	91.68	4.51	10.27	741	56.66	4.71	9.28	713	56.66	4.63
18	33.6	1 163	98.39	5.02	33.03	1 111	98.39	5.05	32.9	1 092	95.57	5.05	30.5	1 210	97.42	5.02

(续表)

高校编号	2021年				2020年				2019年				2018年			
	w	y	A	lg(Ω/A)	w	y	A	lg(Ω/A)	w	y	A	lg(Ω/A)	w	y	A	lg(Ω/A)
19	9.19	659	58.03	4.56	8.64	587	58.03	4.55	7.8	552	58.03	4.49	7.22	603	58.03	4.46
20	7.98	782	63.88	4.53	7.58	757	63.88	4.55	7.13	714	63.88	4.51	7.27	742	63.88	4.49
21	7.04	936	73.18	4.49	6.8	908	73.17	4.52	6.8*	843	73.17	4.49*	—	865	—	—
22	6.2	488	56.30	4.31	5.11	423	56.07	4.25	4.64	427	55.87	4.22	4.12	401	54.67	4.12
23	2.06	828	50.84	4.15	1.96	809	48.56	4.20	1.88	763	48.56	4.16	1.89	773	50.27	4.12
24	16.51	960	77.38	4.79	15.33	1049	77.38	4.85	12.84	911	77.39	4.73	12.84	1066	77.39	4.75
25	1.86	782	34.20	4.26	1.87	660	34.20	4.26	1.69	643	34.20	4.21	1.72	620	34.2	4.17
26	1.74	966	44.74	4.20	1.8	403	44.74	3.94	1.57	386	44.74	3.88	1.51	385	45.84	3.82
27	2.53	756	47.25	4.22	2.41	769	50.14	4.24	2.27	749	50.51	4.20	2.15	717	50.51	4.13
28	0.46	127	16.3	3.4	0.45	127	18.87	3.38	0.36	128	17.91	3.32*	0.36	128	17.91	4.11
29	4.36	347	51.57	4.10	3.58	340	51.16	4.07	3.31	355	46.93	4.10	3.85	348	46.93	4.28
30	4.61	170	1.74	5.33	4.54	144	3.71	4.99	4.38	141	3.75	4.96	2.87	136	11.22	4.03
31	2.28	286	29.64	4.03	2.26	247	29.24	4.03	2.18	268	29.24	4.05	2.2	275	29.24	4.25
32	2.5	248	17.86	4.23	2.36	237	17.86	4.24	2.17	245	20.81	4.16	2.11	295	17.77	3.74
33	2.14	346	63.14	3.75	2.14	357	63.14	3.81	2.28	327	63.14	3.80	2	341	63.1	3.96
34	1.65	169	18.55	3.92	2.51	149	18.55	4.08	2.27	146	18.55	4.04	2.17	131	17.9	5.79
合计	508.43	42 013	2 959.17		458.73	39 934	2 914.46		492.37	37 452	2 801.04		372.83	38 006	2 634.74	

注：$\beta_{ii}=0.85$，w 为投入科研仪器设备资产值（单位：亿元），y 为高校高级职称人数（单位：人），A 为产权校舍建筑面积（单位：万平方米）。*表示因数据异常，已经线性化处理。

$$u_{i,t}=Pgk_i=Px_iw_iz_ik_i=Px_iy_iw_iz_iy_i \quad \text{(公式5)}$$

原始创新知识人均数量往往随着高校规模的扩大而增加,呈现所谓的规模收益递增,对于高校所有的人来说,U可以理解为所有高校个体原始创新产出的总和,个人的原始创新产出u_i是单人互动产生,即交互产生的数量乘以总的互动次数。当两个人(是不同层次学历水平的学生与学生、学生与教授、教授与教授)在高校i相遇时,如果对于个体,在一段时间内遇到了k_i个高级职称专家。

3. 碰撞概率的影响分析

一般碰撞概率P与科研人员的性格、科研行为、使用仪器设备的能力相关,在理想条件下,高校应该实现全部智力资源的自由交流与学术碰撞,此时$P=1$。但是某些特殊情况对知识碰撞概率的影响不可忽略,P会大大降低。因此定义知识碰撞单次概率为p_i,则由于线上教学和开会导致知识碰撞概率P下降。

$$P=1-(1-p_i) \quad \text{(公式6)}$$

2022年一篇发表在 *Nature* 上的关于统计学P值的论文(*Scientists rise up against statistical significance*,Valentin Amrhein,20 March 2019,Nature)提出,在按照P值计算出的结果之外有可能还存在着无数真实且有重要影响的结果,不应该只关注由P值统计计算的结果,更应该关注其他真实且有着重要影响力的结果。

4. 知识生产函数

用公式表达基于仪器设备知识生产函数的基本模型是

$$U_{i,t}=f(w,x,y,z)$$

$U_{i,t}$是高校智力资源在时间t内的知识产出,等号右边是各类教育投入要素,分别是科学仪器设备资产投入w、财政经费投入x、人力资源投入y、信息资源投入z。

为更加全面具体描述科学仪器设备一体化资源体系,以第一章中使用的经费投入量x来表示财力资源对科技创新活动的影响,第i科技创新机构投入资本$x_{i,t}$,其中用于支付科学仪器设备的资本是$w_{i,t}$,很明显$w_{i,t}<x_{i,t}$,该科技创新机构生产出的知识总量为

$$U_{i,t}(x,y,z,w)=\sum u_{i,t}=\sum w_{i,t}(x_{i,t}\,y_{i,t}\,z_{i,t})$$

将高校管理信息系统数据(z)代入以上公式,得到生产的知识总量。利用知识链条法计算的知识密度,则受到高校管理信息系统数据总量的影响较大(表3-10)。从公式可以看出,在其他变量等同的情况下,有什么样的科学仪器设备工具水平,就有什么样的知识产出水平。

表3-10 由知识生产函数法得到的北京"双一流"建设高校2019—2021年的知识密度

高校编号	2021年			2020年			2019年		
	x	z	lg(U/A)	x	z	lg(U/A)	x	z	lg(U/A)
1	172.63	82 605	10.06	180.59	33 003	9.62	165.23	32 563	9.61
2	126.62	45 384	9.70	—	41 906	—	119.28	38 724	9.46
3	34.32	228	6.49	39.67	218	6.48	45.52	196	6.50
4	60.36	535	6.97	63.82	500	6.95	56.45	500	6.88
5	42.64	222.6	6.43	47.22	198	6.39	44.51	189.7	6.30
6	44.25	891	6.62	53.23	830	6.67	51.8	290	6.21
7	7.00	111.28	4.27	6.02	11.28	3.20	5.17	42.6	4.47
8	38.22	12 269.76	8.09	39.32	254 071	9.41	37.79	241 474	9.27
9	31.23	1 054	6.78	35.94	22	5.12	28.73	18.5	4.95
10	30.71	18 873	8.25	32.92	45 634	8.56	27.79	60 000	8.54
11	29.21	959	7.62	28.03	897	—	32.93	752	7.04
12	13.55	852	6.11	15.86	1 500	6.38	15.23	1 500	6.31
13	12.51	9 500	7.26	23.05	9 000	7.44	21.4	8 000	7.27
14	20.04	1 324	6.45	21.67	480	6.02	20.48	1 311 336	9.40
15	13.64	552.89	5.84	15.28	7 408	6.98	15.38	480	5.54
16	13.94	96 264	8.02	18.4	90 506	8.33	15	90 506	8.17
17	20.75	6 000	7.20	23.14	6 000	7.08	23.7	6 000	7.28
18	24.84	4 640 024	10.66	25.62	4E+06	10.61	22.19	4 224 780	10.55
19	9.83	101	5.02	16.77	58	4.93	14.68	38.5	4.62
20	14.66	730	6.02	13.78	466	5.76	11.06	1 114.34	5.99
21	14.28	2 657	6.53	10.94	2 597	6.38	10.94	2 597	6.35
22	5.74	20	3.79	12.51	19	3.96	10.3	17.9	3.82
23	13.02	6 786	6.47	14.94	6 156	6.48	14.2	48	4.30
24	23.58	440	6.33	26.58	424	6.37	26.58	420	6.23
25	14.37	3 841.01	6.37	19.18	8 812	6.79	16.61	900.49	5.68
26	13.1	5 000	6.39	16.21	5 000	6.12	14.11	5 000	5.98
27	12.29	92 160	7.66	15.36	82 000	7.67	14.26	82 000	7.60
28	13.86	171.46	4.84	15.56	83	4.49	2.44	2 000	4.10
29	6.09	635	6.24	7.27	630	5.91	8.98	82	4.27
30	6.63	320	4.67	7.23	4E+06	8.70	6.23	744.77	5.88
31	5.67	358	4.85	6.84	326	4.84	7.35	320	4.67

(续表)

序号	2021年			2020年			2019年		
	x	z	$\lg(U/A)$	x	z	$\lg(U/A)$	x	z	$\lg(U/A)$
32	7.22	56 000	6.68	9	43 000	6.67	6.22	290	4.66
33	3.97	68	3.61	4.73	—	—	8.79	21 000	6.34

注：x为经费投入(单位：亿元)，z为高校管理信息系统数据总量(单位：GB)。

二、转化系数 θ

本研究选取北京两所"985"高校相同理工学科的两个课题组，每个课题组各有10名硕士、博士学生和5名高级职称教师(表3-11)，科技创新与研究方向均为同一个方向，则该地区科技创新的边际产出是教师的知识生产水平(Marginal putout，MP)。假设这两个课题组的所有其他条件都一样，唯一的区别就是课题组Ⅰ配备有2套贵重精密仪器设备，课题组Ⅱ则没有相关仪器设备。如果假设在该地区教师的知识生产水平仅受教师和贵重精密仪器设备两个因素的影响，即教育投入要素只有教师和贵重精密仪器设备这两个，则中关村大街地区的教育生产函数方程表示如下：

$$U_t(知识生产水平)=f(教师，贵重精密仪器设备)$$

如果两所高校要扩大教育产出，提高教师的知识生产水平，即可通过增加贵重精密仪器设备或高级职称教师两种途径，相应需要投入的费用用 P (price)来表示(表3-11)。

表3-11 贵重仪器设备与教师工资投入与产出对比

项目要素	课题组Ⅰ	课题组Ⅱ
现有学生	10人	10人
现有高级职称教师	5人	5人
现有科学仪器设备	2套	0套
各增加2套贵重精密仪器设备的边际产出 MP	$MP(Ⅰ)<MP(Ⅱ)$，增加的成本费用是仪器设备的费用增加	$MP(Ⅰ)<MP(Ⅱ)$，增加的成本费用是仪器设备的费用增加
增加贵重精密仪器设备至5套	第5套贵重精密仪器设备带来的知识生产水平提高效果可能为零	同左
变换可替代性投入要素(配置现有贵重精密仪器设备+增加教师数量)	成本费用是教师工资增加	成本费用是教师工资增加

对于财务预算配置主体来说,若想得到资源配置效率最高的方案,需要结合高校实际与精密的数学计算。但是高校目前的预算配置仍以路径依赖为主,在往年的配置基础上进行调增或调减。因此,在这里深入讨论一下,如果现有60万元,是全部列入设备费$P(instr)$,还是人员费$P(T)$,抑或形成$P(instr)+P(T)$的组合方案。

如果增加72万元采购贵重精密仪器设备费用$P(instr)$所带来的边际产出$MP(instr)$大于增加72万元(增加一名教师按照每个月增加2万元工资计算,则本年度可增加3名高级职称教师)教师工资$P(T)$所带来的边际产出$MP(T)$,为了达到资源配置效率最大,高校应继续通过增加采购贵重仪器设备费用和增加教师工资来调整资源配置,当两种方式的边际产出相等时(这是在投入费用相等的前提下)或是每一种教育投入要素除以费用的平均边际产出相等时,该高校知识生产中的资源配置是最有效率的。

最有效率的资源配置的产出分析如下:

$$f = \frac{MP(instr)}{P(instr)} = \frac{MP(T)}{P(T)} \qquad (公式7)$$

f是每一种教育投入要素除以费用的平均边际产出,$P(instr)$是采购设备费用,$MP(instr)$是增加采购贵重精密仪器设备费用所带来的边际产出,$P(T)$是增加教师工资费用,$MP(T)$是增加教师工资所带来的边际产出。

当两种教育投入要素的平均边际产出相等时,f对应的状态就是我们所要追求的最有效率的仪器设备知识生产资源配置方案,通过计算出$P(T)$与$P(instr)$的关系,即可得预算配置提供高配置效益的方案。令

$$MP_{i,t}(T) = \lg\Omega_{i,t}/A_{i,t}, \quad MP_{i,t}(instr) = \lg U_{i,t}/A_{i,t}$$

各高校的知识密度如图3-7所示。则在此讨论中,代入公式7中,得

$$\frac{\lg\Omega_{i,t}/A_{i,t}}{P(instr)} = \frac{\lg U_{i,t}/A_{i,t}}{P(T)} \qquad (公式8)$$

基于生产函数产出的知识量$U_{i,t}$,是考虑了高校的综合投入;基于幂定律产出的知识量$\Omega_{i,t}$,表示高校具有高的科技创新度(技术是通过购买或研发科学仪器设备来体现的)。因此科技创新产出知识总量与基于生产函数产出的知识之间的关系,体现的是科技与综合投入之间的转化关系,用系数θ表示,则

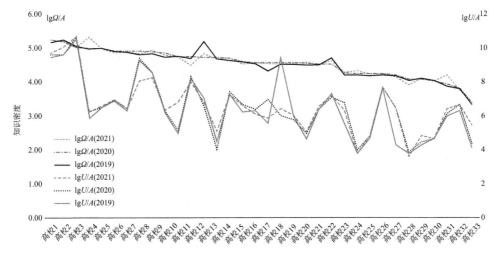

图 3-7　仪器知识密度对比(2021—2019年)

注：由于没有第34所高校的数据，因此本图只给出前33所高校的知识密度对比。

$$\theta = \frac{\lg(U_{i,t}/A)}{\lg(\Omega_{i,t}/A)} \quad \text{(公式9)}$$

$$\lg(U_{i,t}/A) = \theta(\lg\Omega_{i,t}/A)$$

$$\frac{P(T)}{P(instr)} = \frac{\lg(U_{i,t}/A)}{\lg(\Omega_{i,t}/A)} = \theta$$

即高校形成 $P(instr)+P(T)$ 的组合方案中，$P(T)$ 是 $\theta \times P(instr)$，则可实现资源的最佳配置。将表3-9、表3-10的数据代入公式9，得到表3-12的数据。可以看出，除第18号高校由于庞大的数据资源，显著提高了知识转化系数外，第1号和第2号高校的知识转化系数是最高的。

表3-12　北京"双一流"建设高校2019—2021年科学仪器设备生产知识转化系数

高校编号	2021年	2020年	2019年
	θ	θ	θ
1	1.94	1.85	1.84
2	1.85	1.83	1.83
3	1.31	1.30	1.30
4	1.43	1.42	1.41
5	1.32	1.30	1.29
6	1.46	1.46	1.36
7	1.09	0.85	0.96
8	1.67	1.92	1.93

(续表)

高校编号	2021年 θ	2020年 θ	2019年 θ
9	1.43	1.08	1.04
10	1.67	1.75	1.77
11	1.41	1.39	1.36
12	1.34	1.40	1.39
13	1.55	1.58	1.57
14	1.43	1.32	2.08
15	1.29	1.53	1.28
16	1.79	1.75	1.74
17	1.56	1.57	1.55
18	2.13	2.10	2.09
19	1.10	1.08	1.03
20	1.33	1.27	1.33
21	1.46	1.41	1.41
22	0.88	0.93	0.91
23	1.56	1.54	1.04
24	1.32	1.31	1.32
25	1.50	1.59	1.35
26	1.52	1.55	1.54
27	1.81	1.81	1.81
28	1.60	1.29	1.23
29	1.18	1.10	1.04
30	1.17	1.18	1.19
31	1.16	1.15	1.16
32	1.15	1.14	1.12
33	1.78	1.75	1.67
34	0.92	0.93	0.92

三、科学仪器设备十年增长规律

1944年，美国科学家赖德对美国大学图书馆藏书增长率统计，发现每16年翻一番。20世纪60年代初，美国科学家普莱斯提出科学的发展在人力、科学论文、经费上以10～15年为一周期翻一番，提出了科学发展的指数增长规律（$S=S_0 e^{KT}$，S_0 为初始科学知识量；K 为常数，与国家或时代的生产水平有关；T 为时间，以年为单位）。从表3-13、图3-8可以看出，大学Ⅰ、大学Ⅱ仪器设备资产值翻倍的时间为6～7年，翻三倍的时间为9～10年。但是两所高校近十年

内开放共享的潜力值变化不大,趋向于定值。共享潜力值通过以下公式计算:

$$I \approx \frac{y_1 y_2}{D^\alpha}$$

其中I是共享潜力,y_1和y_2是由距离D(单位:km)分隔的两个地区(比如两个高校,有仪器需求的企业和提供仪器开放共享的高校等)的人数,指数α表示实现共享所涉及的困难(开放共享成本、地区之间交通成本、科技创新机会成本等,一般,标准假设难度$\alpha=2$,更大难度$\alpha=3$),I会随着α的增加迅速减少。

表3-13 高校仪器设备资产的增长规律和共享潜力(以大学Ⅰ、大学Ⅱ为例)

序号	年份	大学Ⅰ		大学Ⅱ		共享潜力取lg,$D=0.7$		共享潜力取lg,$D=2$	
		y	w	y	w	$\alpha=2$(系列1)	$\alpha=3$(系列2)	$\alpha=2$(系列3)	$\alpha=3$(系列4)
1	2021	3 102	94.83	3 034	83.20	7.28	7.44	6.37	6.07
2	2020	3 026	85.64	3 017	75.34	7.27	7.44	6.37	6.07
3	2019	2 988	78.51	2 937	66.27	7.25	7.44	6.37	6.07
4	2018	3 879	72.05	4 448	60.64	7.55	7.44	6.37	6.07
5	2017	2 886	61.48	4 340	54.43	7.41	7.44	6.37	6.07
6	2016	2 853	51.31	4 423	49.51	7.41	7.44	6.37	6.07
7	2015	2 794	45.86	4 391	44.21	7.40	7.44	6.37	6.07
8	2014	2 694	40.82	4 325	37.53	7.38	7.44	6.37	6.07
9	2013	2 590	36.15	4 292	33.27	7.36	7.44	6.37	6.07
10	2012	2 516	30.88	5 111	27.07	7.42	7.57	6.51	6.21
11	2011	2 511	27.19	3 886	30.79	7.30	7.44	6.37	6.07

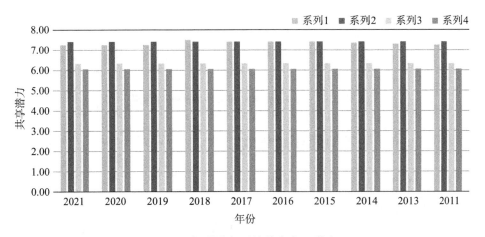

图3-8 仪器设备开放共享交互潜力

大学Ⅰ、大学Ⅱ位置邻近,分析2021年的仪器共享潜力,不同的共享仪器设备的楼宇距离取 $D=0.7$ km 和 $D=2$ km,$\alpha=2$,$\alpha=3$,得到图3-9和图3-10,可以看出当距离大于1 km时(取 $D=2$ km),共享难度 α 的变化(从2到3)引起交互潜力数量级的减少(从6.37到6.07)。而共享距离在1 km以内时(取 $D=0.7$ km),共享难度即使发生变化(从2到3),由于距离优势占主导因素,其共享的交互潜力变化不大,因此共享距离在1 km以内开放共享比较有效。

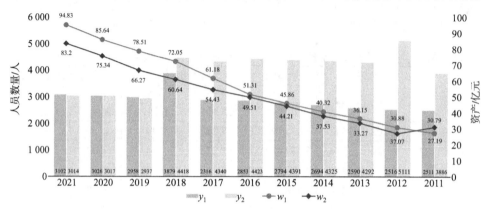

图3-9　北京高校Ⅰ与高校Ⅱ十年内仪器设备资产值与高级职称人员数量变化

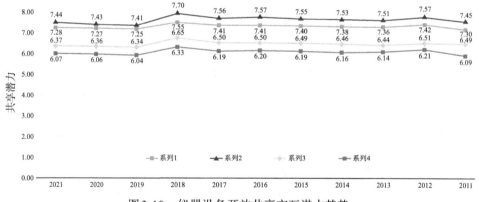

图3-10　仪器设备开放共享交互潜力趋势

四、一体化资源要素作用分析

围绕公式5,结合教育规律、经济规律、科研规律、社会规律在高校空间与时间维度上的影响,科学仪器设备一体化资源配置,将人力、财力、物力资源按照渺观、微观、中观、宏观、宇观层面配置(表3-14)。科学仪器设备中的智力资源,指与科学仪器设备直接相关的人力资源,围绕着科学仪器设备、知识、信息、技术、经验、文化等所形成的具有高校特色的且具有核心价值的知识资源。

表3-14 科学仪器设备一体化资源配置要素界面

规律视角	变量	渺观指标(基本单元)	微观指标(部门)	中观指标(高校)	宏观指标(国家)	宇观指标(国际)
教育规律	$y_{i,t}$	教学人员	异质性人力资源	人力资源	智力资源	资源综合体
		科学研究人员(大师、战略科学家、一流科技领军人物、青年科技人才、卓越工程师)	异质性人力资源			
		仪器技术人员(青年科技人才、卓越工程师、大国工匠、高技能人才)	同质性人力资源			
		学生				
	$x_{i,t}$	财政补助收入、教育事业收入、科研事业收入、社会捐赠	流动资产	财力资源		
		校舍、图书和所有的设备设施	固定资产			
		学科、知识产权等资产	无形资产			
	$w_{i,t}$	仪器、设备、装置、实验材料与佐剂	科学仪器设备	物力资源		
	$z_{i,t}$	信息系统内数据	知识环境资源	信息资源		
		实验室、中心、平台				
经济规律		科研活动中的经济活动	资源流动性	配置效益	知识经济资本	
科研规律		科研人员行为,科学研究的底层逻辑	自由探索、研制科学仪器	论文与专利开拓性成果转化	科技资源	
社会规律		各种稀缺资源	资源利用率	服务社会效益	推动社会发展与进步的情况	

（一）人力资源的科学配置

人才主体是高校教学与科研人员、仪器技术人员、学生。人力资源的复杂性突出表现在人力资源质量的差异性,不同科研能力的人力资源使用价值不同。行为经济学把行为的异质性归结为两个假定:认为个体是有限理性的,个体不完全是利己主义的,还具有一定的利他主义(Colin et al., 2006)。一般异质性人力资源(具有稀缺性特征的人力资源)具有边际报酬递增形态,同质性人力资本(非稀缺性特征的人力资源)具有边际报酬递减形态(潘军,2021)。

高级职称科研人员是人力资源中最具有创造性、最具有核心价值的资源,是科学知识获取、创造、编录、转移和应用的主体,是推进跨学科、跨领域研究的主体,是提高学生创新思维能力的主体,是我国原始创新的最基本单元,是科技创新的根本和源泉。英国剑桥大学阿玛蒂亚·森(Amartya Sen)教授认为资源的价值来自它所带来的机会,而人们将资源转化为功能的"能力"存在差异。由于高校科研人员之间不同的比较优势(比如科研能力、设计实验、突发奇想产出原始创新的能力、研制科学仪器设备的能力),在开始进行科研实验活动时,并不具有相同的科研能力。用比较优势定量研究来分析使用科学仪器设备对高校知识生产结构的影响,可以揭示其中科研人员的高创造力模式。

假设某高校化学研究课题组有 Y 人($y=1, 2, 3, \cdots, Y$),实验室存放两台不同的贵重精密科学仪器设备($i=1, 2$),用 C 指标(Creativity)衡量科研人员使用科学仪器设备产出原始创新成果和生产知识所耗费的成本,则 C_i^y($i=1, 2; y=1, 2, 3, \cdots, Y$)代表第 y 个人使用第 i 台科学仪器设备生产知识的能力成本。由于任何两个人 a,b 的科研能力不同,假设 a 的科研能力大大高于 b,即能力成本反之,即 $C_1^a < C_1^b$,$C_2^a < C_2^b$。再假设

$$\frac{C_1^a}{C_2^a} < \frac{C_1^b}{C_2^b}$$

则 a 使用科研仪器设备 1 生产知识的机会成本小于 b 使用科研仪器设备 2 生产知识的机会成本,因而 a 在生产知识 1 上具有比较优势。同时,当且仅当

$$\frac{C_2^b}{C_1^b} < \frac{C_2^a}{C_1^a}$$

无论科研人员 a 使用科学仪器设备生产知识的能力比科研人员 b 高多少,在使用科学仪器设备 1 生产知识上具有比较优势,当且仅当科研人员 b 在使用科学仪器设备 2 生产知识上具有比较优势。因此科研人员 a 分工使用科学仪器设备 1,而科研人员 b 分工使用科学仪器设备 2,并等价交换彼此的科学知识。正是由于每个科研人员具有不同生产知识能力,具有了不同的比较优势,构成了不同创新能力的科研团队。因此根据使用科学仪器设备生产知识的技术成本(C)来划分科研人员,分为领航型、支撑型、潜能型人才(表3-15),科学配置人力资源的原则应是人才适岗而用、适时而用、适量而用。

1. 领航型人力资源

教学、科研高水平人才组成了领航型人力资源,最具典型的代表是诺贝尔奖获得者。

目前,对领航型科研人员群体学术生涯的研究中,定量研究主要集中于

对获奖论文、专利及其被引量的研究,而对于其使用科学仪器设备的定性与定量研究则是少之甚少。根据定性研究表明,重要的学术成果会出现在一个科学家生命周期的早期;同时,也有定性研究表明,普通的科学家的学术生涯存在一个随机影响规则(Random impact rule,即高影响力的论文会随机出现在科学家学术成果序列中)。

2021年北京34所"双一流"建设高校教职工总数达到近11万人,比2017年增长了6.6%,高级职称人数达到3.5万人,比2017年增长了10.0%(表3-15)。

表3-15 北京"双一流"建设高校人力资源分类与特征

分类		特征	提高创新量的途径	配置科学仪器的行为与心理特点		
				经济人	技术人员	战略家
领航型	教学人员	路径依赖性强	提高薪酬待遇	资源配置能力强	技术与理论强	既懂得科学仪器设备资源配置,又能把资源当作有机整体,发挥最大效益
	科研人员	创新力强,且技术性强	挑大梁,增机会,减少考核			
支撑型	技术操作人员	技术性强,创新能力一般	通过各种培训,提高技术水平			
潜能型	青年人才、学生	创新力强,方向需引导	塑造创新环境,加强兴趣引导	经济能力较弱	技术有待加强	潜在力量

聘任优势明显的科学家为仪器设备队伍的首席专家、学科平台的教授专家,领衔进行资源配置引导,有利于推动科学成果产出,提高仪器设备队伍的专业技术水平。科学仪器设备在这个过程中发挥了重要的技术载体的作用。

关于仪器设备的学术资源要通过领航型人力资源的创新能力、经费使用绩效来实现。根据人才成长规律,领航型人力资源通过研制、改造、为仪器设备提供理论原型等途径,发挥学术资源优势(表3-16),不断集聚科学仪器设备的知识与创新效应。同时高校应建设好人才配套,建立起既能激发创新活力,又与知识价值匹配的薪酬制度。

表3-16 科研人员配置科学仪器设备途径

序号	智力活动	配置机理	科学仪器设备的角色	原始创新水平	一体化配置对应部门
1	研制	科学发现,设计研制	研制的科学成果	高	科技部门、财务部门
2	改造	提高部分参数的分辨率与精密度	科学成果	较低	科技部门、财务部门

(续表)

序号	智力活动	配置机理	科学仪器设备的角色	原始创新水平	一体化配置对应部门
3	为科学仪器设备提供理论原型	突发奇想，验证理论，需要使用科学仪器设备作为辅助工具得出测量结果	科研工具	高	科学仪器管理部门、财务部门

2.支撑型人力资源

支撑型人力资源主要由实验室操作、管理仪器设备的技术人才组成。目前由于各高校对于科学仪器设备技术队伍的重视程度不同，因此该队伍建设水平迥异。科学仪器设备是专业性强、技术门槛高的技术领域，为达到科学配置人力资源，提高创新能力指数的途径是，为让人才所用即所需、所做即所长，要提高科学仪器设备管理、操作人员的技术门槛，要专业领域相符，并且通过深造，不断提高技术水平。

3.潜能型人力资源

青年人才与学生是高校宝贵的人力资源，在利用科学仪器设备方面经验少，但是却有好奇心、创造力以及使用科学仪器设备的兴趣与需求。高等教育应敢于发掘具有浓厚兴趣的学生资源，利用各种形式进行托举资助。对于思维活跃、创造力强的年轻人才，提高创新能力指数的途径是：善于交任务、交项目，最大限度地发挥内在潜能。

（二）财力资源

在一般研究中，大型仪器设备(单价50万元以上)资产值用作衡量办学条件、实验室创新能力、学科建设的指标。我们用$C\text{-}\Omega$指标(The indicator between allocating credits and utilization)来衡量科学仪器设备经费配置模式对科学仪器设备利用的影响。

$$C\text{-}\Omega = \frac{\Omega}{x} = \frac{\Omega_0 (xy)^\beta}{x}$$

（三）物力资源

通过表3-17可以得出以下结论：
（1）仪器总值/固定资产得出的系数体现了北京高校科学仪器占比的基

本情况,近五年平均值为0.367,说明科学仪器设备在高校固定资产中占比较低,而非科学仪器设备类资产则占比较多。

(2)近五年,北京"双一流"建设高校的固定资产总值、科学仪器设备总值均呈现出显著增长的趋势。2021年比2017年增长了36.4%。从高校平均教学科研仪器设备值看,不同类型高校存在较大差距。一流大学建设高校平均教学科研仪器设备值远高于一流学科建设高校和普通高校,体现了"双一流"建设高校在教学科研仪器设备配置上的优势。

表3-17 北京"双一流"建设高校科学仪器设备总值、固定资产总值

序号	类别	2017	2018	2019	2020	2021
1	教学科研仪器设备总值/万元	4 098 071.53	4 482 570.95	4 800 321.97	5 161 835.1	5 589 775.71
2	非教学科研仪器设备总值/万元	7 434 450.67	7 878 513.82	8 584 869.23	8 494 990.3	9 171 506.9
3	固定资产总值/万元	11 532 522.2	12 361 084.77	13 385 191.2	13 656 825.4	14 761 282.61
4	仪器设备总值/固定资产总值	0.355	0.363	0.359	0.378	0.379
5	一流大学建设高校校均教学科研仪器设备值/万元	120 531.516	131 840.322	141 185.94	151 818.679	164 405.168

(四)知识创新环境资源

诺贝尔奖级的研究成果令高校科研工作者和教育管理者反思学术研究的独特性质和价值。诺贝尔奖授予历史表明,与诺贝尔奖级科学成果相关的研究源于世界各地大学校园实验室和教室中形成的原创想法。因此为诺贝尔奖级科技创新创造知识环境,学术文化和治理至关重要。信息资源和实验室资源越来越成为极具竞争力的资源,表3-18是实验室创新指标与改革关键词频次统计分析,表3-19列举了实验室与仪器设备有关的经费,这些资源除了具有其他资源的稀缺性、短时间内难以复制等普遍特点外,还具有异质性、生产性短缺、资源依赖性、较强内隐性等特点。

(五)一体化资源的特点

一体化资源往往是稀缺资源,除了稀缺,还具有异质性、生产性短缺、来源依赖性、较强内隐性等特点。表3-20反映了2017—2021年北京"双一流"建设高校科学仪器建设一体化资源变化趋势。

表3-18 实验室创新指标与改革关键词频次统计分析

重点指标		具体管理内容	高等教育学会课题频次 2020年/次	占比/(%)	2021年/次	占比/(%)	10篇代表文献被引总频次	频次占比/(%)	热度	"双一流"建设高校/所
统筹规划	加强顶层设计,理顺管理体制,健全管理机构、功能,资源整合,经费分配		1	2.9	3	7.3	8	12.5	0.276	6
建设与运行管理	实验教学	强化实验教学示范中心、虚拟仿真中心组织管理,完善教学体系	6	17.1	6	14.6	8	12.5	0.276	6
	管理模式	实验室实体化管理,引入新型管理理论,解决管理多头问题	1	2.9	3	7.3	2	3.1	0.182	2
	建设模式	建设国家级实验室、国家重点实验室、重点学科实验室或新型实验室平台	1	2.9	—	—	3	4.7	0.103	2
	经费投入	建立多渠道投资机制,运行费用资金保障和自筹经费	—	—	—	—	2	3.1	0.069	1
	开放	加大开放力度,教学与科研深度融合,开放交流,科学传播	1	2.9	—	—	6	9.4	0.207	4
	信息化管理	构建信息化平台、系统,智慧实验室,加强网络化、新媒体建设	4	11.4	7	17.1	5	7.8	0.417	4
	技术队伍	改革实验职级、队伍结构,引进高层次人才,注重人才培养,发挥实验室主任及带头人的影响力	5	14.3	—	—	8	12.5	0.276	6
科技资源	仪器设备资产	科学装置、大型仪器设备、资产,使用更新、效益,开放共享,全生命周期管理	8	22.9	11	26.8	6	9.4	0.207	4
	制度体系	建立实验技术评估、培训、考核、档案管理、经费管理制度	—	—	—	—	5	7.8	0.172	4
	管理理念与文化	提高实验文化软实力,开放国际化现代化实验室,文化内涵,人文关怀,管理理念	—	—	1	2.4	3	4.7	0.250	5
	产出	实验思政,实验绩效考评,实验室效益,实验育人,课程思政,科技成果转化,教学成果	—	—	1	2.4	3	4.7	0.103	4
	安全环保与应急	体系、安全责任制、安全环境、规章制度,检查,危险源,应急管理	7	20.0	6	14.6	3	4.7	0.600	2
战略任务与科技竞争力		承担和实施国家、省部级教学改革与战略任务和项目	1	2.9	3	7.3	2	3.1	0.286	1

表3-19 实验室仪器设备经费

实验室类型	实验室经费类别		经费内容
国家实验室、国家重点实验室、国家工程实验室、教育部重点实验室、北京市重点实验室、北京实验室、学科实验室等	收入经费		1.事业收入； 2.经营收入(开放共享测试服务费用、检验检测实验收入、科研收入)； 3.国家(单位)支持性收入； 4.实物投资收入、投资收益、捐赠收入、租金收入； 5.其他收入(各类融资、贷款收入、非同级财政拨款收入、租赁收入)
	支出经费	专项工作经费	实验室升级改造费(专项资金)、专项科研费、专项其他任务经费
		日常运行经费	1.设备设施维修保养费； 2.样件加工制作费、小型仪器设备购置改造费； 3.外部测试费； 4.水电暖基础费用：水电气燃料费、物业管理费(保洁、绿化、安保、餐饮保障费用)、取暖费； 5.人员费：人员薪资、劳务费、专家咨询费； 6.试剂和耗材费； 7.办公费：印刷费、图书资料费、差旅费、交通费、会议费、网络信息费； 8.知识产权费用：出版/文献/信息传播/知识产权事务费； 9.实验室资质评定费

表3-20 北京"双一流"建设高校科学仪器设备一体化资源数值

序号	类别	2017	2018	2019	2020	2021
1	x/亿元	921.73	942.88	1 109.24	1 148.65	1 589.4
2	y/人	22 003	22 129	22 981	23 553	24 203
3	z/GB	4 162 227.35	8 301 636.7	9 769 818.9	8 510 986.28	5 090 437
4	w/亿元	409.81	448.26	480.03	516.18	558.978

1.异质性

不是所有的资源都可以提高高校教学、科研等方面的绩效，只有异质性稀缺资源才可以，即必须满足有价值、稀缺、难以模仿、不可取代四项条件之一(依次递进)的资源。因此，智力资源、学术资源、科技资源满足异质性资源的特征。选取财务资源和科技资源中满足异质性要求的科学仪器设备来研究高校资源配置，通过优化科学仪器设备的配置路径，来分析对财务资源的影响，进而分析对智力资源、学术资源配置的影响。由于满足越多异质性资源的特征则越有可能实现竞争优势，因此科学仪器设备具有非常强的竞争优势。

2. 生产性短缺

大学资源具有内在的"生产性短缺"的特点,作为社会的一个非物质生产部门,大学的组织特性限制了它通过交换产品来获取资源的能力。

3. 来源依赖性

以政府为主体的财政拨款方式,会形成单一的"服务承诺主体"。高校在办学过程中,由于受到资源依赖主体限制,在以政府拨款为导向的财政投入模式中,容易受制于政府政策和规划;在以市场和捐赠为导向的财政投入模式中,容易受制于市场和捐赠者。

4. 较强内隐性

高校资源中除了一些物性资源外,更多表现为非物性或软性资源,如大学办学声誉、大学管理者精力投入、大学文化积淀等。正是因为高校存在许多隐性资源,使高校资源配置变得更加复杂,许多软性资源的需求逐渐受到重视并得到满足。

第四节　界面分析与配置路径

一、界面分析

(一) 界面形成

我国高校学术机构长期以单一学科为主,需通过开放组织边界(学科交叉、资源整合等方式)来打破组织隔阂。界面从结构经济学视角反映了两种物体、要素之间的结合状态以及各要素之间的联结关系。由于界面并不是两相态接触的几何面,界面具有一定厚度,因此界面有时也被称为界面相,界面的结构和性质与相邻两侧的体相不同。识别并善于利用不同界面的资源特点,能更好地把握资源的配置效益。

1988年,林毅夫教授根据我国以及印度以计划来配置资源现象的思索,开启新结构经济学相关问题的研究。其理论观点是将经济发展看作技术不断创新、产业不断升级、软硬基础设施等结构不断内生变化的过程,在对经济活动单个经济单位(单个生产者、单个消费者、单个市场经济活动)的分析中,若将新结构经济学看作是从微观到宏观贯穿经济活动各层面的分析,界面经济学则是贯穿高等教育活动、科研活动、社会活动、经济活动的分析。

(二) 界面固化

通过界面视角来分析,新的界面具有流动性、互动性、交换性,旧的界面则具有资源垄断性、保守性与路径依赖性。由于旧的界面对路径具有强的依赖效应,对于科学仪器设备配置,配置主体虽然意识到需要实现路径依赖的突破,但由于配置主体缺乏创新或依赖制度,无法降低其转换成本,出现配置路径锚定现象(即从传统的资源配置模式和机制转向另一种高质量模式和机制,所需花费的成本过高或不符合财政实际状况,导致资源配置锚定在现有的、非最优的较低效率的路径上)。根据约翰·布鲁贝克(John Brubacher)在《高等教育哲学》中的研究理论,大学研究的深奥的学问处于人类世界已知与未知的交界处,具有高度不确定性的特点,创新者应拓宽未知边界。以图2-1科学仪器设备流动界面为例,界面分析的对象是高校内部的微观界面以及与外部组织机构间人力资源、经费资源、科学仪器设备资源、信息资源、时空资源等资源配置上的交互作用和协调状况。科学知识的产生与资源配置都是通过界面处的链接与交换实现的。

二、界面分析在科学仪器设备经费资源配置中的应用规律

界面的形成来自上一个环节与下一个环节形成的层面,往往这个层面的活动是最密集的。自然界中,化学反应的推动力或晶体结晶成矿的动力,都来自界面。打破界面是推动资源配置最有力的引擎,对于高校具有强穿透力的是成本界面。

本研究从微观方向着手,经过对因科学仪器设备而荣获诺贝尔奖的科研人员的分析,确定了元界面(Meta interface)。元界面,是指引发第一个界面的晶种,一般由元思维与元知识组成。元思维一般指人类的创新想法、创新意识和创新行为,元知识是通过元思维形成的知识。

从诺贝尔奖的颁奖史和科技史可以看出,科学仪器设备是伴随着科学知识的高速发展而产生的,后来科学知识发展越来越细分,形成现在高度专业化的学科。核磁共振波谱仪的研发和若干关键实验获诺贝尔奖的情况总结

见表3-21。但是如此深厚的科学进步与技术积累,给我国高端分析仪器的生产和利用带来了困难。2018年,我国核磁共振波谱仪的市场保有量约为1 800台,从德国布鲁克公司进口1 400台,美国瓦里安公司占有量是300台,日本电子株式会社50台,我国武汉中科牛津波谱技术有限公司50台,国产占有率仅为2.8%。

表3-21 基于核磁共振波谱仪的诺贝尔奖

年度	科学家	奖项	突出贡献	NMR迭代过程
1943	奥托·施特恩	诺贝尔物理学奖	发展分子束方法,研究质子磁矩	提出基础理论模型
1944	伊西多·拉比	诺贝尔物理学奖	发明核磁共振法	提出基础理论模型
1952	费利克斯·布洛赫,爱德华·米尔斯·珀塞尔	诺贝尔物理学奖	发展出用于核磁精密测量的新方法	发展出用于核磁精密测量的新方法
1966	阿尔弗雷德·卡斯特勒	诺贝尔物理学奖	光学测试体系	发现和发展原子中赫兹共振的光学方法
1977	菲利普·沃伦·安德森,内维尔·弗朗西斯·莫特,约翰·凡扶累克	诺贝尔物理学奖	发展了抗磁性、顺磁性理论	对磁性和无序体系电子结构的基础性理论研究
1991	理查德·恩斯特	诺贝尔化学奖	开发高分辨率核磁共振谱学方法	开发高分辨方法
2002	库尔特·维特里希	诺贝尔化学奖	发展了对生物大分子进行鉴定和结构分析的方法	建立了利用核磁共振谱学来解析溶液中生物大分子三维结构的方法
2003	保罗·劳特伯,彼得·曼斯菲尔德	诺贝尔生理学或医学奖	在核磁共振成像技术上获得关键性发现,最终导致核磁共振成像仪的出现	

随着越来越高端与先进的科学仪器被发明创造出来,制作科学仪器设备的专业作坊形成。为提高资本的剩余价值,专业分工越来越细化,技术不断更新迭代,科学仪器设备销售人员加入产业链(电镜发展历史为例,图3-11),于是作为技术密集型的产业,科学仪器设备产业正式进入市场。

在自然科学领域,科学仪器设备源于拉瓦锡测定氧气时用的一个烧杯、一个试管,是形成知识的元界面。因此,创新设计、研制科学仪器设备被认为是科学仪器设备资源配置的元界面。元知识是学术体系中最小的完整的知识对象,是关于科学仪器设备的定义、规则、方法。元知识作为晶种,会聚集更多的知识,通过引用论文,形成知识簇。越来越多的知识簇形成体系,更进一步形成科学范式。高校科学仪器设备对于资源配置界面的定量规律主要如下。

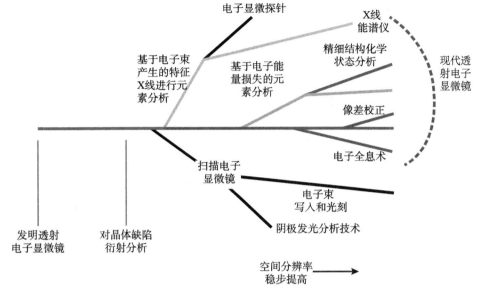

图3-11 电子显微镜发展历史(1930年至今)

(一)复杂性规律

在复杂科学中,决定一个组织的不是由哪些个体实体组成,而是这些个体实体之间的交互作用,这是配置界面复杂性的来源。在科学仪器设备形成的知识环境模型中,创新个体之间、创新个体与仪器设备之间、科学仪器设备之间的相互作用,通过打破不同的界面来实现。对于无序混乱的实验室环境,必须采取强有力的措施来反熵增,那就是采取行政命令手段,要达到的效果也是通过不同个体之间的界面打破与重构来实现的。复杂的科研活动过程是由多种资源配置基本单元组成的多重流程体系。流程可通过划分界面(高校往往划分部门的职能边界),进一步拆解为子流程,子流程继续拆解为子流程的子流程,如此穷尽流程直至不能再拆解为止。

将一体化资源配置方式作为一种复杂科学的思维方式来看待科学仪器设备配置,启发我们关注一体化资源配置的要素、资源配置在变化环境中的动态平衡之道。实验室与研究中心,应探索经费统一管理模式,按照不同学科的研究规律,实现经费的精细化管理;打破各个学院的界限,以学科推动实验室经费的统筹与分配;明晰科研平台的内部控制程序,提升科学仪器设备及经费的使用效率。科技创新具有独特的科技结构,科学仪器对科技的内在结构会产生革命性的改变。其中科技创新的规律是基于其独特的技术结构,通过优秀人才发挥创造力。对于科学仪器设备的管理流程,为了提高高等教育的发展与培养高质量人才,要找到元界面,并对其进行优化,实现资源的最大配置。

(二) 界面驱动规律

高校资源禀赋不同,配置主体(人力资源)对不同的界面设置会产生不同的资源配置模式,产生不同的配置效益。全息介质营销理论认为,在资源整合过程中,同样的资源,采用不同的整合方法,会得到不同的效果。由于高校资源禀赋、事业发展中科研活动的特性不同,对财务资源的依赖程度必然存在差别,配置方案也应区别对待。作为科技创新的生力军,青年人才是国家战略人才力量的源头活水。要重视青年科技人才资源的创造力符合科技创新的基本规律。物力资源的配置往往与人力资源、智力资源、财力资源、创新环境资源交叉在一起,各个层次的界面相互作用,每一个界面的相互作用都会对下一个环节产生影响,并最终影响科学仪器设备的配置效益。

(三) 智能熵减规律

当下人工智能时代,使复杂系统变得智能有序,要依赖信息技术优化各级流程,不断实现熵减。微观视角研究经济学中的资源配置问题,需要强大的算力。利用界面定量理论,真正分清资源流动的边界,建立起较为完善的管理流程。优化信息技术手段,使高校科学仪器设备一体化资源配置业务管理流程变得有序,熵值降低,推动高等教育活动不断向高质量方向发展。从降低熵增配置人力资源的角度来看,在科学仪器设备管理工作中,流程复杂、重复的、耗费人力、机械化统计工作、贵重仪器设备开放共享工作应逐渐被信息化技术取代,实现更先进的机器人流程自动化(RPA)管理。布局提高科学仪器设备管理工作效率的信息化系统,比如建立科学仪器信息、实验室管理系统与财务、科技系统的对接,实现实时查看资源流动配置系统,从而解放人力资源,使其更好地发挥智力优势,从事更多创新性工作。

（四）重塑界面规律

高等教育发展动力的根源在于创新，围绕创新动力可以建立起动力系统，主要是知识生产创新、原始创新、制度创新层面。

1. 知识生产创新

高校通过突破式创新，推动元界面（人的思维创新和仪器设备创新）的重塑。经典和传统的科学知识正是在这些可定量的界面上一层一层相互作用融合形成的，与3D打印熔融层积成型技术（Fused deposition modeling，FDM）模式一样，因此可以假定传统科学知识是通过FDM形式构建的。但是3D打印不可能只使用一种材料，并且还有很多其他形式的打印方式，因此如果要实现创新，要具有创新意识和颠覆意识。

高等教育的进步和演化是知识不断原始创新与交换的结果。原始创新的动力来自科研人员的好奇心。化学领域的原始创新来自实验的新结果与新数据，这些数据来自精妙的人类思维设计和高端精密的仪器设备。好奇心具有多重作用，不断驱使新知识的产生，研究者或学术专家经常用创新作为研究目标。

2. 原始创新

好奇心和早期的创新直觉是创新的元界面，研究者因为好奇心提出问题，催生了创意灵感，从而转化为产品和服务，创造出巨大的经济和社会价值。高校的原始创新动力主要来自高校内部的创新活力，是创新者本人与外界互动、交换知识、进行创造性实验的结果。高校内部科研人员的自主发展内驱力是高校最重要的内生动力，目前激发改革创新活力和潜能的方式主要是通过充分发掘科研人员的能力和水平，以改革增强活力，化阻力为动力，变消极因素为积极因素。以高校科学仪器设备科技创新为核心，带动科学仪器研制发展理念的创新。对于能力不足的科研人员，应进行轮岗，调配至适合其发展特点的岗位，对于创新能力强的科研人员应提高薪酬待遇。优化薪酬体系结构，体现科学研究的工作量和研究价值，不仅要考察研究成果发表在哪一个档次的期刊上，而且要综合考察研究成果对于学校科技创新的推动作用，对于高校知识生产的原始创新效应，以及聚集更多优秀人才的效应。创新者的好奇心与解决问题的能力，以及人与人之间对知识和问题的不断交流，对知识探索和科学前沿产生推动作用。

3. 制度变迁

制度变迁是一个由制度均衡界面到制度非均衡界面,再到新的制度均衡界面的动态过程;指向的是一种效率更高的制度,并替代原有的制度。

(五)学科界面交叉规律

"双一流"建设是一项高校资金(x)和人才(y)密集型的系统工程,对于贵重精密仪器资源的配备和投入(w),必须要用工程学的视角加以高效率利用,产生重大科技创新成果,因此科技创新成果是资源配置绩效最有效的指示剂。高校应着重提高x,y,z,w的配置,否则在难得的历史机遇下若高校一流建设工程效益不高,会错过重大发展机会。对于高校资源的相对稀缺性,高校在"双一流"建设中应审时度势、有取有舍,瞄准高校一流龙头学科,依据国家重大需求方向,聚焦建设中心,优化仪器资源的配置、布局和利用。围绕双一流学科,对相关学科做交叉融合布局,构建基础厚实全面的"一流学科群"。2021年9月,国家提出建设世界重要人才中心和创新高地,推动科技独立自强。作为重大科技突破的策源地与主力军,北京一流大学高等教育资源面临人力、财力、物力等资源有限的困境问题由来已久,严重影响其在基础研究中的引领作用。多所在京高校承担着疏解非首都功能的责任,将迁至雄安新区,建设世界重要人才中心与创新高地。高校降低运行成本,提高资金使用效益,成为普遍的行之有效的做法。

自主研制科学仪器设备需求来源于交叉学科。当前科学颠覆性研究正在减少,人类重大科技进步在放缓,传统的自然科学已经研究至知识底层(Michael et al., 2023)。诺贝尔奖获奖的研究揭示了,重大发现越来越依赖学科交叉过程中的研究需求,创新供应链的上游是基础科学研究。

(六)高校知识生产规律

虽然高校作为二类公益机构,但是在生产属性和采用技术工具方面,高校与高产值化工厂具有极大的相似性:为了定向产出具有特定功能的"产品",均采用先进的技术、前沿的工具。高校为了"立德树人",培养具有顶尖水平的知识分子,不断产出知识,通过采用先进前沿的技术与仪器设备教育学生,不断推进科学进步。高校作为一个有着全局发展观的经费配置机构,把科学研究经费偏向资助为解决重大科学问题而创新观测工具的项目。化工厂也是为了自身业务,采购市场上的科学仪器设备,落实科学仪器设备的全生命周期管理理念。高校与化工厂为了提高自身竞争力,都需要提高技术的创新力;在数字时代,都要力争实现数字化转型;都是基于流程实现业务的完成,在数字化时代都要通过对财力经费的管理来实现生产效率的提高,产生的"产品"都是国家急需和公民需要的。

(七) 界面动态规律

北京高校作为一个远离平衡的开放系统(潘军,2021),是一个动态的场域,配置仪器的九个界面具有动态性,作为配置主体应知时、权变,通过不断地与外界交换物质和能量,在外界条件的变化达到一定阈值时,从原有的无序状态,转变为一种在时间、空间或功能上有序的状态,这种远离平衡情况下所形成的新的有序结构,普利高津称之为"耗散结构"。大学作为高深知识的先驱者、思想的物质载体,高深知识和先进思想的"容器",应充分发挥教育场域资源优势,不断加大开放与交换,探索原始创新。

(八) 资源组合概率规律

大型科学仪器设备是一种非竞争性和非排他性公共产品,是表达高校公共价值和提供公共服务的具体载体,配置过程的九个界面伴随着科研活动成本支出,若进行合理配置,配置效率高,人才培养、科学研究、社会服务、文化传承与创新服务成果明显。由于资源有限,在科学仪器设备配置的九个界面中,要确定单个关键流程进行优化的效益远远大于九个界面优化的效益。以产出重要科技(如诺贝尔奖级)成果概率为例,若必要条件是九个界面都成功,则$N=9$,对应的九个界面,每个界面都要做到世界一流水平的概率是0.99,则获奖概率是$P=0.99^9 \approx 0.9135$,但是若高校的配置能力影响每个界面成功的概率降至0.9,则获奖概率是$P=0.9^9 \approx 0.3874$,产出重要科技成果概率大大降低。因此对于高校科学仪器设备配置过程中过高的行政化程度,应进行适当的优化。

高校知识与科研人员创新能力在实验室内形成的途径主要是利用科学仪器设备作为生产工具,开展创造性生产。知识生产途径主要受科研人员的主观能动性、科研项目界面、实验室创新环境等因素的影响。一般科研实验活动分为"硬界面"与"软界面",前者通常是指开展实验活动的物理空间,是围绕实验人员的一切客观存在的总和,是实验活动的物质基础,是科研知识生产的支撑条件,是高校实现新发展的重要载体;后者更多是指围绕着科研项目形成的实验室文化、法律法规、价值观念等相互影响形成的氛围。提升科研项目管理,主要通过6S管理,即整理(Seiri)、整顿(Seiton)、清扫(Seiso)、清洁(Seiketsu)、素养(Shitsuke)与安全(Safety),形成一种创新发展文化,渗透在科研项目管理的每一个环节中,通过构建环境监管体系规避安全风险。

(九)韧性与非线性因素优化规律

对于高等教育不确定性因素增加,要构建韧性的智慧校园。对于科学仪器设备配置中的不确定性因素进行分析,从而针对性地加强建设,是界面定量进行的动力。不确定性因素主要与 x, y, z, w 影响仪器配置过程的九个界面有关。比如2022年国家贴息贷款,支持高校通过贷款融资的方式增加 w 的金额,通过建设雄安新区增加 x, y, z, w。尤其以智力资源 y 的非线性因素最为典型,智力资源 y 除了具有线性结构,还具有非线性、随机性、时变性、离散性等数学特征。

(十)成本核算规律

成本核算是打破各个经济活动收支界面的一体化动力。新发展理念提倡高等教育实现可持续性、绿色发展,从经济学角度来看,这是遵循最基本的经济学原理,即成本核算视角下成本最低,效率最高;利用很少的资源配置步骤,使资源条件转化为更有价值的科学仪器设备成果。在成本核算原则的指导下,要因地制宜,结合本国本校的实际情况,制定合适的诺贝尔奖计划,以原创性的科研成果推动国家和整个民族的进步,推动人类世界的进步,这是建设世界一流大学高地的最终目的。高校的预算,要从实际出发统筹资源,资源有财力资源、人力资源、物力资源、时空资源,但是资源如何配置,这是由人制定规则来决定的。

三、科学仪器设备配置路径

根据文献综述来看,冯宝军等人在《中国高校财务资源管理》中,构建效率评价理论模型、测算模型与指标体系。他们认为高校的教师和学科在财务资源使用者中处于核心地位,通过研究提升财务资源配置效率的方法,即提升人力资源配置效益、以人力资源带动学科资源、提高学生的培养质量与创业能力、增加科学研究和实践能力,他们提出以下配置建议:(1)深化改革教师激励与发展机制,实现教师队伍素质提升;(2)建立健全学科专业的动态调整机制,优化学科专业结构;(3)完善研究生过程考核机制,提高学生培养质量和创业能力;(4)创新科研成果市场化模式,提升科研成果质量和转化率。本研究基于界面定量理论,优化图2-1中九个界面,实现时间增值与仪器设备动态的流动,同时通过预算管理一体化提高了重点学科、重点实验室的辐射优势,学科交叉融合将促进学术前沿界面不断形成,促进新的发展。以图2-1中的仪器设备流动链条作为分析模型,此链条既是不同管理部门之间权力的约束因素,同时是一道道由无形的墙形成的界面,因此通过分析界面优化措施(表3-22),推动仪器设备在链条上畅通流动,需从以下四个方向着手突破配置路径依赖。

(一)改革路径依赖,增加配置灵活性

科学仪器设备在高校中占据了重要的物质基础,雄厚的物质资源是人力得以凝聚及其作用得以充分发挥的物质基础。流动链条具有重大的使命与管理改革的必要性,具有战略地位。仪器设备,是教育效率达到最大化进程中的首要配置对象。通过分析配置九个界面对 w 和 y 的影响,破除路径依赖,改革配置的机制体制势在必行,其主要作用于高校的内部和外部。对于高校内部,集中科学仪器设备,发挥吸附效应,通过研发,提高科研服务效率、科研人员时间价值(间接提升 y)和学术成果,拓展高校经费来源(提升 w),实现高校的可持续发展;对高校外部,应积极引入市场机制,破除高校长期以来的管理路径依赖,激发创新主体的创新活力(间接提升 y),推动高校知识创新和技术进步,进而推动地区经济和竞争力的稳定增长。

表3-22 界面优化配置效率

序号	界面I	劳动分工	知识分类	优化配置措施	配置效率	配置效率对成本的影响	知识量变化Ω	涉及高校部门	第三方机构参与情况
1	研发研制(I_1)	技术密集+劳动密集	原始创新知识	在财政拨款一定的前提下,研发研制仪器设备提升w,成果有助于高级职称评人才Y增加	一般无影响	成本大幅降低	原始创新显著提升,提升w与y	科研、财务	校企合作联合创新
2	编制采购需求(I_2)	技术密集+劳动密集	整合型创新知识	通过大数据,建立科学仪器设备信息数据库,增加智能采购需求提报,通过数据推送取代科研人员编制采购需求,节省科研人员时间	管理效率大幅提升	成本降低	对w影响不大,节省科研人员时间,间接提升y与Ω	招标采购	目前不参与,未来可能研发智能系统
3	预算立项(I_3)	劳动密集	管理规范,间接影响知识生产	在信息化系统内完成立项,让数据多跑路,科研人员不用跑	管理效率大幅提升	成本降低	对w影响不大,节省科研人员时间,间接提升y与Ω	科研管理、财务	不参与
4	采购(I_4)	劳动密集	管理规范,间接影响知识生产	通过大数据分析,围绕北京市中关村大街、房山环保科学城、怀柔科学城、雄安新区,建设科学平台,匹配平台,智能共享。配套购置体系。配套成本核算无须自己购置	管理效率大幅提升	成本降低	对w影响不大,节省科研人员时间,间接提升y与Ω	科研管理	作为仪器设备的提供者,参与公开招投标
5	验收(I_5)	劳动密集	管理规范,间接影响知识生产	以项目与科学仪器设备匹配运行效果为验收标准,省去验收环节时间	管理效率大幅提升	成本降低	对w影响不大,节省科研人员时间,间接提升y与Ω	科研管理	提供仪器设备的安装

(续表)

序号	界面I	劳动分工	知识分类	优化配置措施	配置效率	配置效率对成本的影响	知识量变化Ω	涉及高校部门	第三方机构参与情况
6	核算与决算(I_6)	劳动密集	管理规范，间接影响知识生产	运用智能财务，协同科研管理部门，制定适合科研项目的核算规则，引入市场机制，通过第三方机构当日清来实现科研快速核算	管理效率大幅提升	成本降低	对w影响不大，节省科研人员时间，间接提升y与Ω	科研管理、财务	部分高校引入第三方机构进行核算，大部分仍以高校分计核算为主
7	管理(I_7)	劳动密集	管理规范，间接影响知识生产	引入市场机制，将公司运作机制引入科学仪器设备开放共享工作中，成立第三方机构，同时为公共平台配置专业技术人员，指导实验技术教师开展分析检测业务、专家专人负责，提高科学仪器设备管理、配置的质量与效率	管理效率大幅提升	成本降低	对w影响不大，节省科研人员时间，间接提升y与Ω	科研管理、财务	少部分高校引入了第三方机构，大部分高校仍以校内教职工为主
8	报废与绿色循环再使用(I_8)	技术密集+劳动密集	原始创新知识	引进高水平人才，对老旧仪器设备进行循环使用，用于研发研制	一般无影响	成本降低	原始创新显著提升，提升w与y	科研、财务	第三方参与探勘、回收仪器设备

第三章 科学仪器设备界面定量实证 | 153

（二）根据成本核算，建立健全科学仪器设备配置标准

打破路径依赖，加强每个层面的成本核算，将每个界面进行深入的定量分析，打磨配置成本界面层厚度。根据层面的定量结果，核定减少、重构科学仪器设备的购置论证过程，将配置界面层最薄化，实现从经费配置到购买使用一步达成，实现使用资源的主体配置及时性，减少重复冗余的纸质审批过程。为不断满足教育、科技、人才强国等战略提出的科技创新要求，高校应及时对科学仪器设备的一体化资源进行成本核算，根据学科建设需求以及管理成本，围绕科学仪器设备的数量、质量、品类、更新率四个配置标准，制定合理配备科学仪器设备的标准，规范科学仪器设备配置，提高使用效益。

（三）深入推进预算管理一体化，发挥科学仪器设备管理与预算管理协同效应

科学仪器设备的配置分为存量配置和增量配置两个部分，其最佳规模和结构就是通过对科学仪器设备的存量配置和增量配置进行不断调整而达到的。从预算管理与配置管理的关系中可以看出，预算管理可以通过调控科学仪器设备类固定资产的增量配置实现资源合理配置，是改善资产配置结构的有效手段。只有将配置管理与预算管理紧密结合起来，才能真正做好科学仪器设备的全生命周期管理。

（四）通过界面流动与整合，构建配置决策链和价值链

1. 优化行政化程序

对比美国、新加坡的大学很多没有设置专门的实验室管理部门、招标采购部门（王芳 等，2018），甚至不设立学院，而是按照学科设置教学资源。科研项目负责人购买大型精密仪器设备，并制定实验室的统一建设与管理制度。这给我国优化行政程序提供了参考依据。

2. 统筹多校区资源

自20世纪80年代起，高校规模不断扩增，资产量和招生量同步增加，形

成了多校区办学格局,以新建校区、重组合并两种模式为主。随着北京高校疏解非首都功能,陆续在雄安新区建设新校区,高校多校区的建设与实践,拓展了高等教育发展的新空间,弥补了高等教育资源的不足,增强了高校的竞争优势。高校应回应中小微企业对于科学仪器设备的迫切共享需求,通过开放共享,不断激发更多创新主体的科研创新活力。

面对多校区大学形成后的特点,大学领导者和管理者必须注重多校区办学高校的资产配置,考虑科学仪器设备的合理配置与规范管理问题,加强多校区办学高校的科学仪器设备合理配置,并进行规范管理。如果可以做到合理安排,优化配置,将会极大地发挥多校区办学的优势。信息技术使时间增值,越来越多的实验室在实现自动化。这将不断优化图2-1中的仪器设备流动链条,让仪器设备真正"流动"起来;拆除仪器设备共享的"围墙",不断激发创新主体的创新活力,解放了传统实验员操作科学仪器设备的双手,使研究人员更加便利。尤其是进入2010年以来,以智能手机为代表的先进工具,由于其功能性、便携性,逐渐由传统的通信工具向科研利器、仪器设备转变,德博约蒂(Debojyoti)在 *Nature* 的技术特写板块上论述了智能手机作为便携客观定量工具的研究成果。

3.利用配置规律,提高科学仪器设备的造血功能

增加科学仪器设备造血功能主要通过推进开放共享与成果反哺两种途径。一方面,配置主体盘活仪器资源,推进科学仪器设备集中与开放共享程度,提高资源利用率,让高校仪器设备服务于社会,用自力更生的精神来促进实验室的建设与发展;另一方面,落实成果转化反哺机制,配置主体通过使用科学仪器设备产出创新性研究成果不断凝聚人才,不断提高成果转化与反哺科学仪器设备管理水平,进而提高造血功能。

4.做好财力成本核算与安全管理

用好财政经费,将经费投入最急需的科学仪器设备项目建设上。对于确定具有关键性和紧急性的科学仪器设备,按照路径依赖,传统界定仪器设备的采购优先级通常按照以下两个关键点和四个象限确定(图3-12):紧急且关键;紧急不关键;关键不紧急;不紧急也不关键。

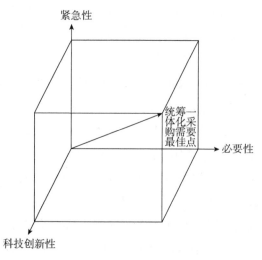

图 3-12 采购指标立体坐标

经过专家评审,确定位于一体化采购需要最佳点的项目的紧急性和关键性最高,因此排序在第一位。但是传统的采购往往忽略了科技创新的指标,在采购过程中加入科技创新,已经变成了最新配置采购资源的风向标。支持科技创新是政府采购理应承担的责任和使命,但我国现行的政府采购法里对此却没有明确规定。2022 年版《中华人民共和国政府采购法》(修订草案征求意见稿)第二十五条写明:【支持科技创新】政府采购应当支持应用科技创新,发挥政府采购市场的导向作用,促进产学研用深度融合,推动创新产品研发和应用。该法条清晰地表明,把"支持科技创新"作为一项新的政府采购政策提了出来。这是政府采购法的一大突破,也十分有利于解决实务中政府采购对科技创新采购项目缺乏政策支持的难题。

因此,在界定采购优先级中加入科技创新指标后,确定位于一体化采购需要最佳点的项目的优先级最高。对于学科建设来说,紧急且关键的是研发自制科学仪器设备,提升科学研究、科技创新水平。如果必须进行采购,应采购那些紧急且关键的,并保障停机运行时间最小化。由于科研高密度、高强度测试的需求,许多的仪器设备不间歇运行,停机意味着损失设备的测试效率与科学发现的机会,因此停机时间通过耗费研究者的经费支出和学术前沿竞争性来影响研究者的生产率。

5. 保障物力配置的专业性与技术性

由于精密的大型科学仪器设备的分辨率、灵敏度、高通量产出都比价格便宜的仪器设备高出很多,因此维护和管理此类科学仪器设备要按照出厂给定的技术说明。资源统筹方面,既要盘活存量,统筹管理,挖掘现有科研设施与仪器的潜力,促进利用效率最大化;又要调控增量,合理布局新增科研设施与仪器,以开放共享推动解决重复购置和闲置浪费的问题。

物力作为高校的硬资源,往往由于其体积较大,与采购、储存场所相关。高校面积定义为 $A_{i,t}$ (Circumscribing area),单位面积内的科学仪器配置水平为:

$$w = \frac{w_{i,t}}{A_{i,t}}$$

在经济学中,价值指客户在交易过程中对产品属性、属性的效能及使用结果的感知偏好和感知的货币数量评价。科学仪器设备的感知价值代表着收益与成本间的权衡,申请使用者会根据自己感受到的价值作出决策。鉴于此,研究构建了高校大型仪器设备共享的感知价值模型。高校大型仪器设备共享过程中,既产生共享的收益,又存在共享的成本,其本质上是共享主体的一种社会交往活动。根据霍曼斯(G. Homans)的社会交换理论,交往本质上是"收益"与"代价"的社会交换。由此推断,在高校大型仪器设备共享过程中,若感知收益大于感知成本或与感知成本持平,共享则能够维持;若感知收益小于感知成本或者无收益,共享就难以维持。

科技资源的共享机制不仅仅要有人才保障、制度保障,还要有市场保障。高校大型仪器设备往往是稀缺性的科技资源,其"共享"并非意味着"免费",共享供给和共享需求受到共享价格的调节。共享供给随着共享价格的上升而增加,共享供给曲线的斜率是正值,价格与供给量之间存在着同方向变化的关系。共享需求随着共享价格的上升而下降,共享需求曲线的斜率是负值,价格与供给量之间存在着反方向变化的关系。高校大型仪器设备的供给方和需求方都会考虑各自的共享感知价值,对共享价格信息做出不同的反应,供给曲线 S 与需求曲线 D 相交于 E 点,并且存在双方彼此都能接受的一个共享均衡价格 P_0,此时的共享供应量等于需求量,即共享均衡数量 Q_0,如图3-13(左)所示。在实际中,无论是大型仪器设备的共享需求曲线还是共享供给曲线都会变化,从而引起共享均衡价格和共享均衡数量的变动。如图3-13(中)所示,在大型仪器设备的共享供给不变的情况下,共享需求量的增加会引起共享均衡价格和共享均衡数量的增加;共享需求量的变化引起共享均衡价格与共享均衡数量的同方向变动。图3-13(右)显示的是共享需求量既定情况下,共享供给量、共享均衡价格与共享均衡数量的变动关系;显然,在共享需求量既定时,共享供给量的变动会引起共享均衡价格的反方向变动,引起共享均衡数量的同方向变动。

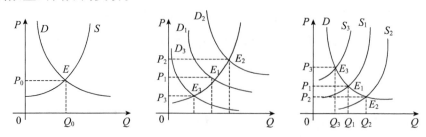

图3-13　科学仪器设备供给与需求平衡(左)、对科学仪器设备的需求变动对均衡的影响(中)、科学仪器设备供给变动对均衡的影响(右)

资料来源:蔡瑞林,袁锋,吴小亚。高校大型仪器设备共享的经济学分析。实验室研究与探索,2012,31(4):385—388。

6.优化人力资源,建立专业技术人才队伍

保证科学仪器设备参数和测试能力一直处于领域前沿,是非常有必要的。通过经常升级仪器设备的硬件和软件,延长仪器设备寿命,操作熟练、技术水平高的操作员能更加充分理解技术要求和满足研究者的需求和目标。新时代新发展理念下,高校人力资源的管理,实现人力资本质量提高,要回归发展的本源,实现大多数人的高等教育效用最大化。

在新发展阶段,我国高等教育逐步由粗放型向集约型转变,不少高校出现实验室、科学仪器设备资源瓶颈,现有资源配置模式难以合理配置各项资源。加之实验教学体系多样化,实验环境、仪器设备逐渐与科研水平接近,原有配置及管理模式难以提高资源配置效率,仪器设备资源闲置现象较严重。

突发奇想和自由探索对于原始创新至关重要,但是科研人员潜心原始创新的积极性并不高,根据《第四次全国科技工作者状况调查报告》的数据,不想从事基础研究工作的基础研究人员有近四成,原因是基础研究人员收入低(48%)、研究周期太长(44%)和难出成果(44%)。对原始创新的研究不能采取简单的"计件式"评价,由于原始创新研究周期长、见效慢,应该加强资助的持续性、稳定性,逐步提高稳定性薪酬比例,降低对竞争性收入的依赖。

7. 合理配置财力资源,提高优秀人才资源配置的机制

通过分析影响优秀科研人员原始创新的因素(表3-23),对于科研人员的管理不能用行政化的传统思维,而是应遵循科研规律,保障科研人员的选择自主权、安排自由度,塑造知识创新环境;应通过研究、探索适合科研人员特点的人才奖励计划,提升科研人员的原始创新能力和实验技术队伍支撑能力;对在实验教学、设备管理、人才培养、科学研究等方面表现卓越的实验技术人员进行专项奖励,激发实验技术人员的内生动力。举措主要有:(1)针对实验技术队伍制定专门的考核激励机制和考核指标。依托科学研究平台成立用户专家委员会,将支撑服务工作量(机时),支撑重大科研产出和新技术新方法创新等作为考核实验技术队伍的独特指标。(2)完善实验技术队伍分类考核机制。设立技术创新奖、爱岗敬业奖和主任特别奖等奖项,不断激励实验技术队伍的积极性,启动高级技术主管选聘工作,成功获聘的高级技术主管享受每年3万~6万元的基本绩效补贴。针对平台技术工程师专门设立"技术创新人才"计划,相关待遇和团队首席科学家接近。推出教辅系列优秀青年人才奖励计划、实验技术创新基金等。(3)提高技术工程师的工资待遇,吸引高素质、高水平的科技人才加入实验技术队伍,从而完善实验技术队伍结构,提高技术支撑系统的整体技术能力。多家管理单位以岗位聘用和薪酬分配为杠杆,逐步打破平均僵化的分配方法,形成了多重政策相结合的激励机制,建立了"多劳多酬,优劳优酬"的薪酬分配格局,充分体现了业务水平与薪酬分配间的正向匹配,有效提升了实验技术人员的积极性。

表3-23 优秀科研人员原始创新激励措施分析

因素	分类	表现	原因	措施	具体做法
科研人员因素(y)	科研动机	原始创新积极性不高,倾向于"短平快"研究	原始创新研究探索风险高、耗时长、费精力	完善知识创新环境,激励更多科研人员愿意积极潜心钻研,形成高水平的科研队伍	保障研究方向、方法、技术路线自主,推动科技评价制度改革
	科研能力	使用科学仪器设备的能力	科研人员自身能力素质有待提升	保障安排自由度,鼓励科研人员提出高质量的科学问题和高水平的技术路线,实现真正的原始创新	鼓励科研人员独立思考、打破传统思想和主流理论范式束缚

(续表)

因素	分类	表现	原因	措施	具体做法
外部因素 (x, z, w)	科研资源条件	缺乏充足稳定的经费保障	科研活动资助难度大，潜心钻研缺乏充足稳定的经费保障。资助方式过于依赖竞争性申请	保障科研人员选择自主权，使经费利用最有效	遵循科研规律，完善科研经费投入机制，提供更加充足、稳定的经费保障
		时间资源少	行政事务、科研管理占用时间过多	提升科研人员在科研管理中的地位与话语权，通过信息技术构建智能科研服务系统，保障科研活动网上办理、降低人员线下反复奔波于各个行政部门办理手续的高效科研管理模式	自主安排科研时间，不受非科研、事务性工作的干扰
		科研资源少	经费资助更多集中于资历深、年龄偏大、具有领导职务的科研人员，仪器开放共享程度低，青年人员能使用的科研资源少	使科研人员合理地配置和利用科研仪器等资源，潜心深入开展研究活动	对经费申请要进一步减少附着的权力资源和过度激励，提升大型仪器设备开放共享效益，提高其他科研条件配置水平

案例3-1 提高科学仪器设备技术人员薪酬分配

某研究所科学研究平台的技术工程师的平均薪酬要比研究系列和管理系列人员高20%，相关岗位的竞争力显著提升，吸引了国内外大批优秀青年科技人才加入平台的技术支撑队伍。实验研究人员月均收入和年终奖金总和要高于同级别研究人员平均水平的12%～15%（研究人员的年终论文奖金不纳入比较计数范围）。

（资料来源：《国家重大科研基础设施和大型科研仪器开放共享政策制度和典型案例》）

8.通过配置实验室与信息资源，打造顶尖人才创新环境

高校进一步优化科学仪器设备、实验室资源配置体系，支撑学科专业全面发展资源的有效利用对高校实验教学任务开展至关重要，对于促进实验教

学示范中心建设和管理有重要意义。通过统筹管理教学实验室(实验中心)人员、运行经费、仪器设备、用房等资源,实现实验室的人、财、物的统一管理,这也是目前国内很多高校实行的模式,这种模式有以下优点:

有利于学校实验室建设的整体规划和健康、稳定发展,既便于统筹全校资源,促进教学实验室均衡发展,同时也便于集中资源,突出优势学科,促进实验教学示范中心建设;有利于实验室、仪器设备的全面开放共享;有利于统一领导,简化管理环节,便于组织协调,提升实验室的建设与运转效率。

9. 形成原始创新合力

雄厚的物质资源是人力得以凝聚、人力和物力发挥合力作用的物质基础。在科学仪器设备配置过程中,应充分发挥人力、物力、财力、信息资源、时空资源这五个要素形成的创新合力,即:人力+物力+财力+信息资源+时空资源=教育的创新合力。

经费中的"财力"变成"知识力量",高校的"潜力"变为"实力",其中采购发挥了直接转换器的作用。原始创新领域无处不在,所以我们仅选取高端仪器设备的研发与原始创新。每个学历层次的学生对原始创新的贡献系数是不同的,一般认为博士生＞硕士生＞本科生。教师队伍又分为几个梯队:以教授、讲师等教学科研一线老师为主的第一梯队,以实验室、财务、编辑、工程师等专业技术为辅的第二梯队。目前原始创新系数哪一梯队高,尚未可知。高校应以原始创新为导向。

原始创新具有延时性和弥散性特点。心理会计(Mental accounting)理论认为,商品价格的变化,会影响经济人建立起来的心理会计账户,进而影响人们的决策行为。作为商品的科学仪器设备,与其相关配置的各个环节也会影响高校财政经费配置会计人员、科学仪器采购人、科学仪器管理者、科学研究活动参与者、科技成果转化者,这些智力资源由于是经济人和技术创新人的复合体,具有经济人的路径依赖性和技术创新人的非路径依赖性,其表现出来的行为具有新的特点,即为战略家。此类人群实现了经济人和技术人的创新合力,能更好地为科技创新做出贡献(图3-14)。根据我们的观察,经济人和技术创新人应具有以下四个特点:

(1)良好的协同力。主要表现在适应能力、沟通与心理调节能力较好,能发挥团队作用,能与团队成员共享财务价值理念与财务资源。心理调节能力,是创造力的能力支撑,环境在改变,人才要适应环境改变。预算,是一门平衡的艺术,在预算中进行反复沟通,方能达到预算分配资源配置平衡的效果。

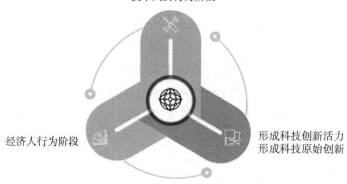

图 3-14 经济人与技术人行为形成科技创新活力

(2) 信息化能力。信息技术高度发展,有紧跟信息化技术的能力,才有创新的能力。

(3) 跟踪前沿理论、善于比较联想的能力。生产创新的知识,促进创新思维的形成,对前沿会计理论进行学习借鉴,不囿于当下的既有模式,沉浸于优秀前沿的环境中,具备前沿的开阔视野,不自然地激发了创造欲望。

(4) 学习力。具体表现在观察、发现问题、逻辑分析、归纳与综合总结的能力,只有善于学习,进行逻辑分析,才能对线性思维与非线性思维进行综合逻辑分析。

第五节 科学仪器设备配置过程中主要的界面经济学理论

一、界面经济学理论

界面渗透是知识扩散的前提,没有渗透的界面,知识无法进行扩散,更无法进行创新,高校则无法服务区域经济,这个过程可以通过界面经济学理论来深化研究。

1.界面经济学视角下的科学仪器设备

美国经济学家保罗·萨缪尔森在《公共支出的纯理论》中指出,公共产品同时具有非排他性和非竞争性。从是否形成竞争的界面来看,科学仪器设备从文艺复兴时代作为私人产品具有私人产权,发展至俱乐部产品、公共资源,由于此类准公共产品不具备完全意义上的非排他性和非竞争性,产权混在私人产权与社会产权之中,后来随着社会分工,从准公共产品逐渐发展至现在的公共产品,成为社会公共产品,产权的性质变为政府委托高校代理产权。此外,公共产品和私人产品之间还有一种准公共产品,其不具备完全意义上的非排他性和非竞争性。准公共产品又可以分为俱乐部产品和共有资源两类:俱乐部产品的特点是消费上具有非竞争性,但却存在排他性,即不付费者可以排除在消费之外;而共有资源刚好相反,它在消费上具有竞争性,却存在非排他性,即不付费者不能被排除在消费之外。

2.大型精密仪器设备准公共产品属性分析

高校大型仪器设备的使用上具有排他性,即大型仪器设备的拥有院校可以决定哪些主体可以使用,哪些主体被拒绝在使用范围之外。但由于高校大型仪器设备从产权关系上属于全社会,可以通过政府的协调构建新的使用机制。因此,高校大型仪器设备在效用上具有不可分割性、在消费上又具有非竞争性,可以实现高校大型仪器设备的共享。因此高校大型仪器设备在消费上存在排他性和非竞争性的特点,从产品属性上属于准公共产品类的俱乐部产品。

3.基于竞争界面的高校大型仪器设备收益

虽然高校大型仪器设备本质上属于国有资产,不是所在单位、更不是个人的私有财产,应该树立国有资产观念、加强舆论宣传引导,但观念、舆论宣传不能成为高校大型仪器设备共享的保障。前文分析指出,高校大型仪器设备属于俱乐部产品,不是纯粹意义上的公共产品。事实上,大型仪器设备资源在高校之间分配后,还要在大学内部进行分配,而且通常归各学院的实验室所有;更有甚者,有些仪器设备的使用封锁在某个科研团队或个人的小圈子中。可以说,大型仪器设备公共产权的私有化转化使得共享变得困难。为了扩大共享,必须利用好高校大型仪器设备这种稀缺型科技资源,不仅需要行政手段,更需要发挥市场这只"看不见的手"的作用。

4.信息赋能界面渗透与时间增值

由信息技术赋能人力资源带来单位时间内产生的效益,称之为时间增值。物质性载体尤其以互联网为媒介的仪器设备,打破了时间与空间限制,具有极强的界面穿透力,实现了无接触快速沟通与实验。工具、机器、仪器设备等物质性载体带给人类社会的变化是巨大的，实现了人的时间增值与价值增值。在 Man, Economy, and State（中文译为《人，经济与国家》）一书中，作者穆雷在一开篇讲到了一个实例，琼斯在观看电视中的棒球比赛，按照时间序列，接下来一个小时内他将面临三个选择：继续看电视中的棒球比赛，玩桥牌，开车兜风。穆雷的假设是接下来琼斯选择做其中一件事情就不能选择做其他事情。这里存在一个不完美经济学假设——没有考虑到先进科技这个因素。

现在将琼斯的时间序列应用到高校科研项目中。按照当下的情况，科研项目有用车需求，会与租车公司签订租车协议，由专业的司机开车。科研人员在前往项目现场的车上，可以一边讨论项目方案，一边观看笔记本电脑上的项目演示效果，即使不到场的科研人员也能通过线上会议进行沟通交流。到了项目现场，科研人员利用先进的仪器设备很快就能完成现场的勘测与取样。因此这段时间完成四个选择的体验比以往相同时间内只做一件事情的效率提高了。但是从成本核算角度看，项目要支出一定的成本：第三方机构的租赁费（包括司机工资在内的租车费用）、固定资产折旧（购买与使用笔记本电脑、先进仪器设备的成本）、信息技术费用（移动信号接入互联网费用）、科研人员的机会成本。

穆雷将人们的选择排序称为价值表。在此案例中，拓展科研人员价值表的方式主要有租赁、使用先进的仪器设备、信息技术。科学仪器设备与信息技术作为人体器官的延伸，极大地拓展了科研人员的价值表，拓展了科研人员利用时间的限度、长度与广度。借助先进的仪器设备、信息技术等载体，科研人员有更多的时间去探索世界。诞生于20世纪60年代的量化内容分析，已经成为自动提取科学仪器设备信息的重要技术，在助力科学研究自动化方面发挥着重要作用。

5.信息技术赋能知识扩散

政府投入是公立高校最主要的经费来源。一方面，线上教学推动科学仪器设备资源配置的数字化转型。对于实验，以前按学科分为理工类、社科类等，现在大致分为了两类，线上完成类和线下实验室/实训场所完成类。对于线上完成类实验，有力的措施是利用微信等APP跨时空、跨地理位置等的优势，组成了新的聊天群，相互分享论文进度，提出讨论和建议，依靠社群监督力量督促数据收集工作、数据处理、撰写毕业论文的进展。

知识扩散与仪器开放共享都离不开信息技术的支撑。北京高校贯彻绿色共享的新发展理念，自从2020年以后，高深的知识、技术转化能力从北京高校向郊区、雄安新区扩散,为区域经济发展贡献高校科技力量(卓泽林,2016)。实验室向社会开放共享,第三方机构可以通过签订合同的形式租用高校实验室、科学仪器设备。

二、近距离经济学(开放共享潜力分析)

大型贵重精密仪器开放共享属于"近距离经济学"范畴。1926年,劳滕萨赫(Hermann Lautensach)在《普通地理学,风土地理引论》一文中提出,根据"贸易性交通可达范围"存在四种独立的空间阶梯:个人经济、邻里经济、国家经济、世界经济。因此近距离经济学可以定义为,将人类地理学距离与经济理论相结合,研究经济在空间扩散中的关联、相互作用以及研究经济产出的规律。

按照北京高校开展大型贵重精密仪器开放共享的距离划分,主要分布在北京西北部的中关村科学城和学院路沿线两个区域内,或贵重精密仪器开放共享"近距离经济圈"(表3-24),而未来科技城、房山高教园、怀柔科学城也分布着大量科学仪器设备,共享潜力有待开发提升。北京高校应基于近距离经济学原理,发掘用好地域优势资源,距离相近的高校建立跨校仪器设备共享联盟,将资源整合利用,发挥科学仪器设备共享的最大效益。

表3-24 贵重精密仪器开放共享近距离经济圈(以2021年为例)

近距离经济圈	高校	校舍产权面积	对当地经济辐射影响	开放共享潜力分析
中关村科学城	7所	1 077.77	促进区域创新绩效提升,但是部分经济圈存在仪器资源冗余现象	世界一流大学建设高校密集,并且有两所高校自主制定建设学科,自主权较大,各高校仪器设备体量相差较大,涉及学科精密仪器设备密集,共享成绩优秀者居多
学院路沿线	11所	1 015.13	促进区域创新绩效提升,但是部分经济圈存在仪器资源冗余现象	一流学科建设高校较多,各理工学科分布较为密集,仪器设备资源体量相差不大
未来科技城	6所	606.06		开放共享潜力有待提升
房山高教园	3所	299.39		开放共享潜力有待提升
怀柔科学城	1所	60.94		开放共享潜力有待提升

注:校舍产权面积单位为万平方米。

在"仪器开放共享近距离经济圈"中,共享使用的可能性与距离成反比,和设备使用价值成正比。建设集约化管理的共享平台,避免同质化建设,增加周边配套设施建设,在正比和反比的博弈关系中,减小距离(D)、增加设备使用价值、减少共享的困难因素(α)是常采用的有效手段。减少距离包括协调各共享主体远程使用,预约使用和集中时间使用,建立公共实验室增加开放可行性等;增加设备使用价值包括专人协助、数据分析处理协助、提升仪器设备特色等方面。

三、界面成本

由于实验室天生具有安全界面,平衡好安全界面与发展界面的破与立,对知识扩散和技术创新亦有影响。成本是计量教育知识生产经济效益和辅助教育决策的基础,一般从安全经济学视角来看,提高安全界面的稳固性,同时会降低发展界面的效益(科学仪器设备配置效益)。从科学研究过程来看,界面的成本分析主要产生以下几方面的影响:

1. 成本-收益分析

从货币化收益的角度来分析,国家要增加一笔巨额的仪器资源投入,比如2022年推行的教育领域基础设施升级贴息融资贷款,对社会经济效益的影响,宏观经济增长率会提高多少;与投入其他物质生产领域相比,是否会带来更高的货币化效益。高水平的实验室环境在科研人员开展科研实验活动中起到了重要作用。在材料、化学、物理、生命科学等学科中科学仪器设备密集程度高的实验室往往是科技创新最具有活力的场所。科学仪器与基础设施升级改造的原因在于,仪器设备需在寿命周期(一般五年)内进行升级改造,提高安全界面韧性。实验用房的建立年代久远,基础设施跟不上,更新设施大部分是在旧实验室建筑物的基础上,更新维修成本较高。危险化学品试剂柜参差不齐;部分实验室废气是直排方式,通风条件差,挥发性气体难以排除;实验空间狭小,实验区与学习区划分不明确,布局不合理,过多杂物无序堆放,卫生条件差。

2. 成本-效益分析

从科研人员科技创新效果的影响和非货币化社会效益角度来看,高校采购多种前沿的贵重精密仪器设备,会使科研人员科研活动成果提高多少,同采取其他措施相比,这种资源投入是否合算,能否带来预期的创新效果。

3.成本-效用分析

对教育举办者、高校、科研人员的主观体验和效用的满足程度。满足各方主观期望的程度,主观心理评价。

4.成本-可行性分析

分析科学仪器购置是否具有可行性。

5.科学知识扩散与知识灵感碰撞概率

科学知识在各地区分布及其创新活力是不同的,通过参加跨地域的科学论坛,科学研究者通过讨论,可以对解决科学难题提供新的思路;通过讨论,提高了科学认识;通过不同学科的交叉,为科学研究提供了另外一种解决方案。总之,通过线下见面沟通与交流,可以提高知识灵感碰撞概率。此外,高校科研工作者、学生跨省流动可以促进国家交通和消费的提升。2020年国内4 000多万大学生,其中1 000多万是跨省流动,3 000万在省内流动,人员流动范围最广、聚集程度最高,对社会的影响也最大。

案例3-2 实验室创新环境对于科研人员的吸引力

2020年诺贝尔化学奖得主埃玛纽埃勒·沙尔庞捷在2019年回答于默奥微生物研究中心访问时坦言,于默奥微生物研究中心和瑞典分子感染医学实验室的吸引力来自其创新模式、自由的科研环境、鼓励探索高风险课题并给予足够的耐心和容忍失败、对青年科学家和学生的大力支持、世界顶尖的研究和教育环境、一群勇于挑战新科学问题的同事。这里提到的实验室科研环境,既是基于工作条件、设备、资金等客观存在的坚实的"硬界面",也包含了高水平的价值观念、科学精神、道德学风、工作氛围、管理文化等人文"软界面"。《高等学校实验室工作规程》第二十四条指明了实验室环境的要素,实验室要做好工作环境管理和劳动保护工作。要针对高温、低温、辐射、病菌、噪声、毒性、激光、粉尘、超净等对人体有害的环境,切实加强实验室环境的监督和劳动保护工作。凡经技术安全和环境保护部门检查认定不合格的实验室,要停止使用,限期进行技术改造,落实管理工作。待重新通过检查合格后,才能投入使用。

四、高校有组织科研

有组织科研是高校科技创新实现建制化、成体系服务国家和区域战略需求的重要形式。近期教育部印发《关于加强高校有组织科研 推动高水平自立自强的若干意见》，就加强有组织科研，全面加强创新体系建设作出部署。作为科技突破策源地主阵地、重要科研载体的实验室，做好经费的顶层规划，优化其经费配置，是实现有组织科研的前置把关，更是建设世界重要人才中心和创新高地的应有之义。实验室的经费配置包括经费投入、管理、监督等环节。随着实验室经费配置模式不断发展，现在已经发展到比较成熟的以国家资助为主的配置模式。投入经费与实验室建设两者相互促进，一方面，从"投入-产出"的视角来看，实验室建设经费的大量投入有利于仪器设备的自主研发、购入与升级改造，有利于实验与科研条件的提升，有利于开展国际交流，提高实验室平台的建设水平，从而吸引和培养更多高素质人才和学术领军人物，提升实验室建设队伍的创新能力。另一方面，有效的资源配置管理体系建设中，建立并实施科学的资源配置方法是这项工作的关键。开展对实验中心实验技术人员编制、实验用房、日常运行经费的定量核算工作，核算结果为学校决策工作提供了有效的依据。如何优化指标，确立合适的核算方法，科学合理地布置和管理高校资源，以做出重大资源配置决策，将是实验室管理部门的重要工作研究方向。

根据高校仪器设备配置的九个界面中的定性和定量规律，会推导出前沿的相关研究理论，主要有界面经济学、近距离经济学、界面渗透理论。1965年，斯蒂格勒提出评价经济理论的三个标准，即符合现实性、普适性、可操作性。在高校仪器设备配置的九个界面中，强化配置活动上游与下游的衔接界面，使科学仪器设备配置更符合高校现实，更好地预测未来仪器发展中的现象，为制定战略规划提供依据。

第四章
配置路径与成本核算

第一节 成本核算

优化科学仪器设备经费资源配置的路径主要有四种：一是科学的投入产出，即成本核算；二是全面预算管理一体化；三是政策链分析；四是价值链分析。知识生产要消耗大量的人力、物力、财力等资源。在知识生产过程中，被消掉的资源就是成本。

图4-1 知识生产过程中仪器设备投入与产出原理

一、成本核算制度

1.科学的投入产出核算

科学的投入产出核算是优化财务资源配置的基础性工具，其科学性表现在两个方面：一是准确，二是多维度。准确而多维度的核算可以为优化财务资源配置提供基础数据，通过这些基础数据，管理者可以进行财务盘子切分、可以回归分析财务资源配置挂钩方式的合理性，发现财务资源配置方案中存在的问题，从而改进和优化方案。科学的投入产出核算也是财务资源配置后评价的基础。实际工作中，如果某业务管理部门申请对某项业务配置财务资源时，计划财务部门一般提出的基本要求是：首先，对该项业务进行投入产出分析，确定有没有价值；其次，才开始研究怎么具体配置的问题。

2.成本核算内涵

从高校财务角度来看，成本是对象化的物的耗费。不同于制造类企业，高校科学仪器设备类"产品"，属于公共产品或准公共产品，不仅是科学仪器设备本身，更包含了为学生提供的教育服务，因此普遍具有非竞争性和非排他性特点。高校的成本核算，是指高校对实现其功能定位(人才培养、科学研究、社会服务和文化传承等功能)目标过程中,实际发生的各种耗费按照确定成本核算和成本项目进行归集、分配,计算确定各成本核算对象的总成本、单位成本等,并向有关使用者提供成本信息的活动。

3. 成本核算的方法

对于财务部门,成本核算方法按照成本信息需求不同,分为完全成本法与制造成本法;根据计入成本核算对象的方式不同,分为直接费用与间接费用;针对公共产品,有分类法(品种法)、分批法、作业成本法。目前高校财务采取的方法是利用品种法,即设置不同科目的费用核算来实现成本核算。高等学校应当以权责发生制财务会计数据为基础进行成本核算,研究科学仪器设备的全生命周期成本(Life cycle cost, LCC)核算对于推动成本控制、成本决策、财务分析,进而深化开放共享改革,具有重要的现实意义与指导意义。高校科学仪器设备成本核算是一项业务技术性强的会计业务,需与采购、科技、设备等部门统筹协调。科学仪器设备成本要素应以科研规律为指导,对其发展趋势进行描述和判断。结合经济效益、质量、效率和规模等指标,运用全生命周期成本法进行分析,揭示高等教育科学仪器设备成本发生和形成的过程,明确高等教育科研活动成本影响因素,从而明晰资源耗费的主要环节,便于高校有针对性地开展成本控制核算,减少科技资源耗费,节约公共资源,提升高校治理效能。

成本核算一般是以人口规模来进行的,本研究中以高级职称人数为计算标准。高校的仪器设备财务资源规模与学生教师的人口规模成正比。2022年,34所北京"双一流"建设高校公布的决算经费总额达1 693.37亿元,财政拨款已经成为一流学科建设的最主要经费来源。而财政拨款的依据是根据高校的办学规模和对国家的贡献程度,高校的办学规模由学生数量体现,学生的增长速度反映了高校办学水平的变化。在分析化学学科中,荧光探针往往具有高灵敏度,利用荧光探针可以准确反映生物细胞、化学体系、复杂环境内的底物浓度,从而加深对成像部位的精确了解。之于高校,学生数量就是高校办学水平最直接的"探针"或"指示剂"。

4. 成本核算步骤

高等学校成本核算的基本步骤包括:(1)按照成本核算要求采集费用、收入、教职工和学生等各类人员相关信息、房屋面积等成本相关基础数据。(2)确定成本核算对象。(3)确定成本核算对象的成本范围和成本项目。(4)将直接费用归集至成本核算对象;选择科学、合理的成本动因或分配基础,将间接费用分配至成本核算对象;计算确定各成本核算对象的成本。(5)根据成本核算结果编制成本报告。图4-2中采用完全成本法进行核算,学生教学成本以专业成本核算为基础,进一步核算学历等其他维度的学生教学成本。

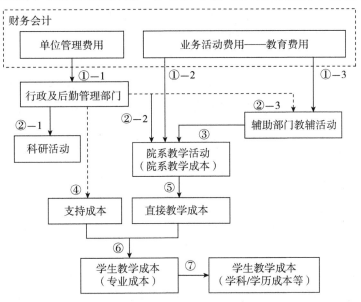

图4-2 高等学校教学活动有关成本核算对象关系示意

① 按部门归集和分配费用;

② 将行政及后勤管理部门的费用分配至科研活动、院系教学活动和辅助部门教辅活动;

③ 将辅助部门教辅活动归集和分配的费用分配至院系教学活动;

④ 支持成本的核算;

⑤ 直接教学成本的核算;

⑥ 学生教学成本(专业成本)的核算;

⑦ 学生教学成本(学科/学历成本等)的核算。

对各类科研设施与仪器向社会开放服务,建立公开透明的成本核算和服务收费标准。在基于全成本核算的收费标准中,成本要素包括设备折旧费、水电费、房屋占用费、实验耗材费、人员费、设备维修维护费、技术服务费和管理税费等。学校定期组织大型精密科学仪器有偿服务收费标准的制定与申报,为院系设立服务收费专用账户,制定收费分配管理办法,实施收支两条线管理,确保服务收入用于支持科学仪器的持续开放运行。在服务收入的具体分配上,学校提取 20%作为资源占用费,分配 40%用于共享平台发展基金,40%用于共享平台人员奖励绩效。

　　研究科学仪器设备的成本核算对于贯彻落实"过紧日子"要求,推动成本控制、成本决策、财务分析,进而深化开放共享改革,实现科学仪器设备的精细化管理、推动开放共享可持续发展具有重大的现实意义与指导意义。高校的科学仪器设备成本核算,并未严格按照科研规律的指导,我们在核算高校科学仪器设备的具体实践中,提出了基于界面的全生命周期成本核算的方法。以遵循科研规律这一微观视角,分析高校在科学仪器设备全生命周期成本核算中的规律性认识,揭示科学仪器设备成本发生和形成过程,从而明确科学仪器设备成本影响因素、明晰资源耗费的主要环节,降低科学仪器设备的管理成本。建议高校应加强科学仪器设备成本核算信息化建设,积极引进先进的数字化信息技术,如人工智能、区块链技术,实现可信分布的票据管理,进而改进财务报销管理方式,便于高校有针对性地开展成本控制活动,减少高等教育资源耗费,节约公共资源,提升高校运行效率。财务部门要协同不同部门,推进成本核算制度的建立与完善。优化高校科学仪器设备配置结构,不断推进资产管理体制改革需要科学仪器设备管理部门与财务部门协同发力,实现科技资源统筹,提高高质量科技供给。

二、成本核算现状与存在的问题

(一)学院调研中发现的科学仪器设备成本核算问题

　　走访了使用科学仪器设备的学院,重点对科学研究院的大型精密科学仪器设备收入与经费使用进行面对面调研,听取相关意见与建议。学院对于开放共享普遍贯彻执行。但是财务部门发现,学院普遍反映共享仪器设备的收入用来维护设备仪器有些入不敷出,这给科学仪器设备开放共享带来很大的影响。根据走访发现这是由于仪器设备资源利用率提高,设备使用频繁,会带来一个共性问题:设备故障和出现问题的次数增多,运行和管理成本占支出的比例越来越高。

（二）"程序"导向的业务设置，缺乏多部门联动的成本核算信息化系统

从目前国家政策和制度文件来看，对于科学仪器设备没有统一的成本核算依据、成本核算信息化系统。但根据《事业单位成本核算基本指引》《高等学校财务制度》规定，应对设备、资产类收入进行内部成本费用核算、计提折旧。

对于采购部门，其信息化系统主要以采购程序信息化为主。对于高精尖的、技术升级快的、绿色采购的科学仪器设备大部分仍以进口国外产品为主，出现"采得便宜、用得贵、修得慢"甚至"修不起"的现象，在全生命周期成本中，更换零件会出现国产品无法替代，等待国外零件周期长，甚至运维成本是采购成本若干倍的现象。

对于使用科学仪器设备的一线人员来说，由于我国仪器设备维修机构少。根据对在京近百所高校与1 000多家科研院所的微信公众号调研，鲜有专业的仪器设备维修队伍。当精密贵重仪器设备出现故障后，国产零件无法替代，只能求助于进口零件或是带着故障运行甚至闲置，此时仪器设备产出的科研数据的准确性会受到质疑，无法保障科研高质量要求。由于未设置多部门联动全生命周期成本核算的信息化系统，导致各部门在完成各自业务时仍以"程序"为导向，未实现成本核算"结果"导向。

（三）安全成本日益增高

安全成本主要来自仪器设备本身高精尖环境的要求以及信息化设备数据安全成本。高校高精尖科研技术要开展特殊实验，例如涉及的特殊环境设备有磁场设备，超低温、超高温、高压、低压、强腐蚀设备，减震平台，特殊光源设备，净化、换气、灭菌设备，真空、粉末设备，放射源与射线等核装置。核算安全成本，要包括一系列环境评价报告、验收手续，这些都应归集到成本核算。

三、科研规律指导下的成本管理举措

（一）科学仪器设备成本核算内涵

科学仪器设备的成本核算，按照全生命周期理论，往往是多维度的，就其采购成本、管理过程中的成本以及利用科学仪器设备所提供的教育服务进

行核算,主要发生在采购、管理与运行三个阶段。对应这三个阶段的成本,有人工、备件、耗材、维修、物业费、水电气费,应进行动态的成本核算研究。

全生命周期成本管理理论最早兴起于20世纪60年代,美国军方对采购使用周期长、材料损耗量大、维护费用高的军事物资实行最低成本专业化管理。财政部于2019年发布的《事业单位成本核算基本指引》明确指出,对于主要业务活动,可采取完全成本法进行归集和分配,即要把科学仪器设备所发生的全部耗费计算为总成本,这与全生命周期成本管理理论不谋而合。随着采购需求管理办法的实施,需由供应商提供设计方案、解决方案或者组织方案,采购人认为有必要考虑全生命周期成本的,可以明确使用年限,要求供应商报出安装调试费用、使用期间能源管理、废弃处置等全生命周期成本,作为评审时考虑的因素。规定也提到对于全生命周期成本的要求。

按照此理论,科学仪器设备成本不能把采购成本与使用维护成本分割考虑,必须作为科学仪器设备的全生命周期成本进行总体考虑,因此按照此理论,构成主要包括采购成本(Cost of investment,CI)、运行成本(Cost of operation,CO)、养护成本(Cost of maintenance,CM)、维修成本(Cost of fault,CF)和处置成本(Cost of disposal,CD)(图4-3)。全生命周期成本公式总结如下:

$$LCC=CI+CO+CM+CF+CD \qquad (公式15)$$

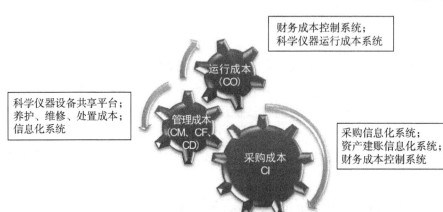

图4-3 科学仪器设备全生命周期成本核算示意

（二）成本核算制度与信息化两条线统筹建设

作为行业特色型高校，学校一直重视成本核算。从顶层设计、制度设计进行约束，推动内部控制建设。中国地质大学(北京)财务管理部门制定了《财务管理办法》《内部控制管理办法》《贯彻落实"过紧日子"要求和坚持勤俭办学工作实施方案》等制度，健全固定资产管理内部控制制度，明确内部相关部门和岗位的职责权限，切实加强对固定资产的管理。通过设置设备费约束购置仪器、设备、样机、自行试制设备成本，以及对现有仪器设备进行升级改造和租赁外单位仪器设备(表4-1)。

表4-1 科学仪器设备全生命周期成本核算

成本分类	费用大类	具体费用	成本标准	偏离市场价值可能性
采购成本	设备购置	购置现成的商用仪器、设备、样机，或由于没有现成的商用仪器，需要购买一些高级或具有独特功能的零件的费用，进行自行试制设备	公开招标充分竞争后的市场价格	比较符合市场价值
建设费用(安装或组装)	安装	安装仪器设备的技术工人费用；购买商业现成零件后，进行组装的费用	进口和国产零件均按照市场价格	由于第三方垄断，有可能偏离
研发费用	研发	研发科学仪器设备相关工作人员的基础研究费用与技术人员的工资薪水	参照国家关于科研"放管服"的规定	不偏离
占用空间及装修费	装修费用	一般放置在实验室内，为满足仪器设备的安装条件，需要对房间进行翻新，或购买其他周边的设备零件，如一些屏蔽仪，来实现安装并能成功运行的目的	高校自主制定收费标准	不偏离
运行成本	运行费/维护费	日常开支的设备折旧费、保养费、运行维护费、修理费用，信息系统运行与维护费用，占用实验室空间费用，使用能源费用(水、电、核资源等)	平均年限法计提折旧	不偏离

(续表)

成本分类	费用大类	具体费用	成本标准	偏离市场价值可能性
管理成本	材料费/测试化验加工费	试剂、耗材的耗用成本,支付给外单位的检验、测试、化验及加工等费用	市场价格	由于第三方垄断,有可能偏离
	场地	场地占用费、科研用房资源使用费	高校自定,部分学校在试点	不偏离
	应耗费能源/燃料动力费	燃料动力费、水电运行费	国家标准	不偏离
	人工	人员培训、人工操作费(雇用人员来操作仪器设备,或辅助仪器设备、制样人员的薪酬),学生劳务费	设备操作的难易程度	不偏离
升级成本	升级费用	由于仪器设备的功能无法被取代,没有更好的仪器设备时,在原来的仪器基础上进行更新升级		由于第三方垄断,有可能偏离
合规成本	用于再合规费用	随着更高的健康、安全、环境标准出台后,为了满足这些要求,更加合规,要对仪器设备进行重新升级或工作流程再造而产生的费用		由于第三方垄断,有可能偏离
设施退役、报废成本		由于不再使用,需要退役或报废,从实验室的原使用地方被运输到制定退役、报废、回收地方所产生的一系列运输、价值评估、依法处置费用		不偏离

设置材料费来约束项目研究、开发过程中消耗的各种原材料、辅助材料等低值易耗品的采购及运输、装卸、整理等费用。设置测试化验加工费,约束项目研究、开发过程中支付给外单位(包括项目承担单位内部独立经济核算单位)的检验、测试、化验及加工等费用。设置燃料动力费,约束项目研究、开发过程中设备运行发生的可以单独计量的水、电、气、燃料消耗费用等。设置实验室(平台)改装费,约束改善实验条件,对实验室(平台)进行改装所发生的费用。设置维护费(维修费),约束科学仪器设备修理和维护费用。成本核算不能孤立地脱离业务活动进行,要与绩效评价结合起来才会发挥最大的效

益。不同高校开展的业务活动类型不同,对业务活动中发生的各项费用进行归集、分配的计算方式和计算公式不尽相同。北京大学、南开大学、中国农业大学、华南理工大学、深圳大学等高校试点科研用房资源使用费,对场地费进行科学合理地征收,优化资源配置,提高了科研实验用房的使用效益。

财务部门作为配置资源的机构,充分利用信息化赋能,优化管理成本,提高治理水平。打通资产与财务对于科学仪器设备的管理路径,让师生少跑路,整个过程减少面对面,实现直接的键对键。整个业务办理无须到科学仪器设备入账部门,充分利用信息化手段在网上直接完成;实现无纸化设备报增业务办理。对于提交补充材料,开通线上提交材料、验收凭证:10万元及以上设备提供验收报告;财务认可的购物凭据/发票、国内贸易购置设备提供购货合同、外贸购置设备提供外贸合同、代理协议、技术协议、报关单、免税表、银行流水单的复印件,保证上传实物及验收资料图片清晰、有效,减少师生来回跑路。对于签字,可以通过移动办公OA系统实现线上签字。

(三)科学仪器设备开放共享收费定价与成本核算

开放共享为高校带来的利益远不只对社会服务,带来的额外收入在某种程度上实现了对运行成本、设备折旧、管理成本等方面费用的对冲。以A大学为例,科学仪器设备价值达8亿元以上,共有43 463台(套)。高端科学仪器设备呈现分布高度集中的特点。其中单台(套)价值50万元(含)至100万元(不含)的大型精密科学仪器设备达100台(套)以上,单台(套)价值在100万元(含)至500万元(不含)的大型精密科学仪器设备达59台(套),单台(套)价值在500万元(含)以上的大型精密科学仪器设备6台(套),分别是多接收杯等离子体质谱仪(Plasma 3、Neptune Plus各一台)、多接收电感耦合等离子体质谱仪(2台)、Ar-Ar全自动测年系统、热电离质谱仪,均在学校和科学研究院。其中单台(套)价值最高达702.5万元。

学校大型仪器设备共享收入的25%为学校开放服务成本,由学校统筹用于学校管理运行及实验室建设,由财务部门统筹管理使用;5%建立仪器设备共享基金,用于校级共享平台建设及维护、业务培训、专家评审、工作表彰奖励、仪器维修补充、安全管理等,由国有资产与实验室管理处统筹管理使用;70%用于仪器设备开放服务成本,其中30%为奖酬基金,40%为大型仪器发展基金,由教学科研单位统筹管理使用。仪器设备开放共享实行有偿服务。根据仪器设备开放共享服务项目的设备折旧、房屋占用、水电气等能源消耗、人力成本、材料消耗、设备维护、安全管理、税费等因素确定收费标准。收费标准分为校外收费标准和校内收费标准。其中校外收费标准是学校与校外委托单位的结算价格；校内收费标准是校内开放共享服务的结算价格，在校外收费标准基础上按照80%确定。

第二节　贵重精密仪器开放共享成本分析

一、共享成本

高校大型仪器设备共享过程中伴随着各种成本的支出，需要消耗一定的资源，具体来说有共享供给成本、共享需求成本、共享服务成本和共享管理成本(表2-7)。

1. 共享供给成本

大型仪器设备共享供给方(高校的各个共享仪器的实验室)承担的成本，主要包括购买科学仪器设备的投资支出、共享产生的机会成本、共享过程中因产权调整而发生的交易成本、面临泄漏本院校科技创新方面竞争力的风险成本。

2. 共享需求成本

大型仪器设备共享需求方承担的成本，主要包括需求方用于大型仪器设备共享资源产权调整的成本、需求方采用共享而非完全拥有大型仪器设备而产生的机会成本。

3. 共享服务成本

大型仪器设备共享服务主体承担的成本，包括共享服务体系的构建、维护与运行、服务主体的专业化分工成本。

4. 共享管理成本

大型仪器设备共享管理成本，主要包括大型仪器设备的培训推广成本(用于培训推广的成本，以及营造科学专业、竞争有序、资源共享良好环境的成本)、为促进共享设立的绩效成本、政府的投入成本(政府针对高校意愿不强或缺乏资金无法实现投入的基础领域进行拨款,以及对新兴前沿高新技术、促进"转型升级"等的关键产业领域进行投入的成本)。

对于属于国有资产的科学仪器设备,共享应坚持有偿使用定价原则,应严格执行收费公示制度,按照审核备案的收费标准进行收费,自觉接受学校师生和社会的监督。对于校外服务,凡国家或省市物价管理部门有相应统一收费标准的,按统一收费标准收费。而对于非国有科学仪器设备共享应使用较高的定价原则。科学仪器设备开放共享服务收取的费用主要用于补偿仪器设备的运行维护和更新升级、技术管理人员的学习培训及支付必要的劳务费用等,在扣除国家税费的基础上按照一定比例结算分配。以某大学为例,其结算分配比例如表4-2所示。表4-3汇总了8个高校收费与收入分配公式。

表4-2 结算分配比例

项目	学校水电费	学校开放共享基金	学院管理基金	平台劳务酬金	平台发展基金
比例	2%	8%	1%	34%	55%

表4-3 大型科学仪器设备服务收费与收入分配公式

高校	服务收费公式	收入分配公式	备注
A	服务收费=分析测试费(提供分析测试服务的人工及设备运行的成本和服务费用)+消耗材料费(包括与服务相关的机组用房的房租、水、电、一次性消耗材料及易耗品折旧费等费用)	服务收费税后总额的10%上缴学校作为大型仪器设备奖励基金,90%返还提供服务的二级单位"大型科学仪器设备运行维护专用账户",用于支付大型仪器设备开放运行的相关费用,其中劳务报酬的比例不得高于总额的18%,其余费用只能用于仪器运行维护、仪器维修及升级改造	
B	校内服务:水电费+材料消耗费、维修保养费+技术服务(检测和分析)+人员工时费+管理费; 社会服务:国家税费+设备折旧费+实验室占用费+水电费+材料消耗费+维修保养费+技术服务(检测和分析)+人员工时费+管理费		
C	维修费+材料费+水电气等运行费+实验室建设费+辅助业务费+设备费+安全费	25%学校统筹用于学校管理运行及实验室建设+5%建立仪器设备共享基金+70%用于仪器设备开放服务成本	

(续表)

高校	服务收费公式	收入分配公式	备注
D	管理费+人员费+运行费+折旧费+税费	发展基金为60%+奖福基金为40%	
E	校内用户费用=仪器设备的运行成本； 校外用户费用=仪器设备的运行成本+日常维护维修费用+仪器设备管理人员加班劳务+实验室占用费+管理费+仪器设备折旧费		如水、电、气体、试剂、耗材、零配件及液氦、液氮等消耗品
F	基本费(消耗费+折旧费+维护费+技术服务费)+管理费	人员费+材料及维修费+其他	
G		1%系统运行维护费+10%人员酬金+10%维修基金+79%仪器组运行维护维修经费	
H	设备运行水+电+实验耗材+人工	水电+人工+材料消耗+技术培训	

二、优化成本核算建议

从全生命周期成本结构视角，应从以下三个方面优化成本核算。

（一）优化采购成本，提高智力资源成本补偿

对于采购部门，根据采购需求管理办法，结合科研规律，根据全生命周期成本管理理论，制定科学仪器设备科学合理、可操作性强的采购需求制度，积极推动规模化采购，结合学科特点，推进仪器设备采购"放管服"，降低采购成本。提高维修仪器设备设施的水平，建立服务效率高的科学仪器设备维修服务体系，根据国务院2021年关于科研经费的改革意见，提高"人头费"，加强培训，提高学校专业技术人员的维修技术水平，调动人员积极性，加强科学仪器设备维修人员队伍建设。

（二）优化管理成本、信息化管理成本、碳中和成本

对于不同类别的科研项目与研究活动的特点，高校要利用信息化，为成本核算积极赋能。数字资产是高校优化管理成本的一个方向。当下高校利用财政资金购置先进的信息化系统，会产生大量有价值的数据，高校应积极推进数据资产界定，一般来说，国有资产处或信息网络中心应牵头积极推进

定价,与财务部门进行对接。数据资产对于成本核算来说可能是增值的。对于财务部门应积极引进先进的数字化信息技术,如人工智能、区块链技术,实现可信分布的票据管理,进而改进财务报销管理方式。在当前碳中和背景下,很多科学仪器设备成本里,要根据政策适当地加入碳中和成本。

(三)利用第三方赋能减少运输成本与时间成本

在科学仪器设备全生命周期成本核算过程中,大量服务机构、供货商、公司、企业(统称第三方机构)在物力(硬件)、信息(软件)、环境治理方面提供了有力技术支持。利用第三方机构赋能,建立集中配送与专业配送的服务模式,利用大数据推进智慧服务配送体系,有利于降低运输成本和时间成本。

高校内部治理的三条主线主要涉及人、财、物。人是根本,财是基础,物是保障。在科学仪器设备全生命周期成本核算过程中,要优化物的采购与管理成本,推动财务成本核算信息化工作,提高人的脑力成本补偿,调动专业人员的积极性,激发创造性,借助信息化赋能,建立服务效率高的科学仪器设备维修服务体系,降低运行成本,提高资金使用效益。积极建设雄安新区大科学科技中心,不断推动科学仪器设备高质量数据与成果产出,为世界重要人才中心与创新高地建设提供高质量科技供给。

第五章
预算管理一体化

"十四五"规划对科研创新,统筹教育、科技、人才等资源,提出了更高要求。从科研规律来看,科研创新通过高质量配置科研活动中的人、财、物等资源实现。在仪器设备资源配置链条中,采购是介于前端与后端的中间环节(图5-1)。强化信息化驱动采购,贯通前、中、后端,要加快推进预算管理一体化系统建设,以系统化思维和信息化手段推进仪器设备配置工作,通过"制度+技术"管理机制加强财政资金管理,以信息化驱动财政管理现代化。

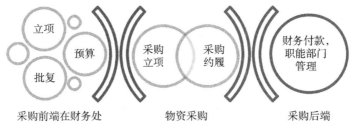

图 5-1 仪器设备采购的前端与后端

第一节 预算管理一体化背景下的采购管理

本节主要讨论在采购的框架与界面下的科学仪器设备管理与定量问题。

一、科学仪器设备采购

(一)采购制度

采购是指所有公共组织的全部购买行为。采购的内容既包括大额使用财政拨款的购买行为,也包括小额使用自筹资金的购买行为。按采购主体不同分为批量集中采购、部门集中采购。按采购对象(科学仪器装置、零部件、佐剂、实验材料)不同,集中采购还分为网上竞价、协议供货、定点采购、批量采购、网上商城分散采购等不同方式。科学仪器设备采购方式主要有公开招标、邀请招标、竞争性谈判、单一来源采购、询价等。由于科学仪器设备单台(套)价格高、专业技术性强,其主要采购方式是公开招投标。主要依据有《中华人民共和国政府采购法》《政府采购非招标采购方式管理办法》《政府采购货物和服务招标投标管理办法》等。

为赋予科研管理更大的"人、财、物自主权",上级部门先后出台一系列优化科研管理的政策文件和改革措施,且呈现出自主权逐渐变大趋势。在物的方面,作为发现自然规律的科学研究基础设施,科学仪器设备,是突破科学前沿和解决社会经济问题的重要手段和技术基础。简化采购流程、提高采购效率,成为释放科研创新活力的共识。2018年7月4日,国务院常务会议指出"要充分相信和尊重科研人员,赋予他们更大经费使用自主权,进一步调动广大科研人员的积极性",其中明确要简化高校与科研院所科学仪器设备采购流程,缩短采购周期,对于科研急需设备和耗材,采用急需采购机制。2021年出台《国务院办公厅关于改革完善中央财政科研经费管理的若干意见》,其中改革举措深入贯彻能放则放、应放尽放的原则,为科研创新"松绑",赋予了科研人员更大的经费使用自主权,按照科研规律执行科研管理规定,逐渐与科研的实际需求之间达到较高契合度,营造了良好的科研环境。但同时科学仪器设备的采购面临着对进口设备较高依赖、采购机制有待实践检验等问题。

(二)采购结构

新中国成立时,各高校实验室物资结构较为单一,以家具为主,科学仪器设备较少,以计划配置为主。采购法出台后,科学仪器设备的采购方式发生了变化,并与非科学仪器设备的采购方式不同。财务核算的模式也逐渐分成科研与非科研两类,制度方面也逐渐分成两种体系,决算也在信息化管理系统模式上有所区别。采购结构的不同给科研采购仪器设备带来了活力,并大大简化了科研工作人员的报账。并且规定对于急需的科学仪器设备,在金额限额以下,可以不用走政府采购。大大简化了科研采购的时间成本。这种降低采购成本的方式,已经在2022年逐渐推广。高校的采购结构按照类目与额度,大致分类如下(表5-1):

(1)单价1万元以下的,由课题组自行比价采购。

(2)单价在1万元以上20万元以下的,由课题组询价,填写设备采购申请表,经科研管理部门审批备案后自行采购。

(3)单价在20万元以上30万元以下的,由课题组联系两家供应商,科研管理部门联系一家供应商,组织召开询价会。询价结束后,组织采购。

(4)单价在30万元至50万元的设备,由科研管理部门联系三家供应商,组织召开询价会议,组织采购。

(5) 50万元以上的,组织专家形式采购小组,召开采购询价会议,经论证后组织采购。采购过程:国内贵重精密仪器设备主要由课题组采购,国外贵重精密仪器设备由科研管理部门联系采购,并审核采购合同。

设备验收:其中30万元以下设备由课题组自行验收,30万元以上设备采取课题组、科研处、供应商三方验收的方式。

表5-1 高校采购结构表

类目	额度/采购限额	采购方式	采购组织	备注
科学仪器设备	200万元(含)以上	公开招标	委托采购	
	100万元(含)~200万元	公开招标、邀请招标、竞争性谈判、单一来源、询价、竞争性磋商	委托采购	
	50万元(含)~100万元	同上	校内组织或委托采购	
	10万元(含)~50万元	比价采购	采购人	材料备案
	1万元(含)~10万元	自行采购	采购人	合同备案
其他货物及服务项目	200万元(含)以上	公开招标	委托采购	
	50万元(含)~200万元	公开招标、邀请招标、竞争性谈判、单一来源、询价、竞争性磋商	委托采购	
	20万元(含)~50万元	同上	校内组织或委托采购	
	5万元(含)~20万元	比价采购	采购人	材料备案
	1万元(含)~5万元	自行采购	采购人	合同备案

注:政府集采目录内的项目采购依照政府集采相关标准和要求执行。

(三)实行零采购的必要性

1. 推动"放管服"转轨,给予科研人员更多自主权

由于科研活动主要是复杂缜密的脑力劳动,根据科研项目活动特点可分为基础研究和核心技术攻关,其特点是灵感瞬间性、方式随意性、路径不确定性,这些特点决定了科研的路径和技术路线不一定按照计划进行,创新性成果不可能从计划出来,有时候连科研的进度也不容易控制。采购需求制定对采购人专业水平要求较高,也存在一定的难度。因此优化采购不仅只是采购部门的单一行政事项,多个部门要把科研领域简政放权落地,围绕着科研活动规律优化采购流程,打好组合拳,方能提高采购效率,真正地为科研创新松绑,释放创新活力。2016年5月9日,国务院召开全国推进"放管服"改革电视电话会议。《2016年国务院政府工作报告》要求持续推进简政放权、放管结合、优化服务,不断提高政府效能。随后部分科研项目经费的管理办法调整。2019年3月19日,中央全面深化改革委员会第七次会议审议通过了《关于扩大高校和科研院所科研相关自主权的若干意见》。会议强调,要强化成果导向,精简科研项目管理流程,改革重大科技项目立项和组织实施机制,给予高校和科研院所更多自主权。

2.提高财政经费使用效率

科研经费的主要支出方向是设备费,试剂耗材费用与测试加工费。其中,设备费因其相对集中,支出较大且共享方便,直接影响科研进度与效率,各高校和课题组极为重视。一般大型设备多使用公开招投标方式执行,特别一些高校、科研院所的大型设备主要集中在修购项目、国家重点项目中,这些项目的经费使用管理办法与采购管理流程,直接影响了国家财政经费的使用效率。科研事业单位设备采购,需要遵循政府采购法、财政预算、部委项目经费管理办法等规章制度。在这些制度框架下,遇到一些执行困境。在预算管理一体化的推动下,对科学仪器试点建设零采购云平台时机已经成熟。随着科技竞争日趋激烈,科研对科学仪器设备的高性能、精密测量、极端条件需求与日俱增,传统的采购程序已经无法与之契合,越来越成为制约和约束科研工作者开展科研活动的屏障。

3.采购程序形同虚设

单就科研活动客观需求而言,科研人员和采购人员在长期的科研活动中,对于实验所需要的各种仪器设备的型号、品牌已经有了较为合适的供应商,但是为了满足制度要求,必须通过一系列公开招投标采购程序。仪器设备采购制度与管理办法在制定过程中存在时效性,同时也受到外在客观条件的影响,包括在政府采购过程中的询价、招标、竞争性谈判等,都是为了保证政府利益的代理人,即采购方通过竞争采购的方式获得比较高性价比的设备,同时规避贪腐与寻租的风险。如果当下科研诚信条件与环境(通过匹配共享来替代招投标采购)支持已经能够达到公开招投标采购政策目的,科研经费已经达到了高效使用,具有较高性价比且可以节省时间,仍旧追求原制度的形式而坚持三家报价,就造成为了形式或者为了遵循制度而报价。

遇到应急采购,倒逼国产设备供应商先供货再走审批流程。更多起被查处的围标、串标采购案例被报道。因其在生产与运输方面相较国外设备更方便,为了与进口设备争抢市场份额,目前多为课题组提供先试用再付款的优先政策。课题组实验人员急用的情况下,先试用之后再按照规章制度走流程,完成后再付款。实验室建设合同先执行后补盖公章这种现象占有一定比例,一方面给报销的工作人员减轻了压力;另一方面解决了急用设备的难题。但导致了很多的采购程序形同虚设,不仅违反规章制度正常操作流程,给学校招采、内控、审计工作都带来风险,更是让科研人员在事务性工作上浪费时间和精力,不利于高校科研人员发挥科研活力。

案例5-1 合同公章晚于约定工程结束日期

2018年3月,某高校与北京某建筑工程有限公司签订实验室第二次改造工程劳务服务合同,合同标的额11.22万元,约定工程结束日期为2018年4月20日,合同盖章日期为2018年12月19日。上述事项不符合该高校合同管理办法中的第十九条"学校对外签署合同使用学校印章或合同专用章,未加盖学校印章或合同专用章的合同一律为无效合同"的规定。建议学校加强合同审批,规范合同公章使用行为。

(资料来源:《经济责任审计情况通报》)

4.创新采购的号召

2022年版《中华人民共和国政府采购法》(修订草案征求意见稿)中,增加了创新采购内容。招投标采购是一种博弈活动,只要博弈,就存在利益的分配与平衡,因此其目标是各代理方利益的平衡。但是科研活动使用科学仪器设备的目标是科技创新,使用科学仪器设备可以不通过采购,科技创新可以转轨到"匹配共享""零采购"轨道。并且对于科学仪器设备的需求通过公开招投标采购已经无法满足日益提速的科技创新,高校的仪器设备资产每经过5~6年便翻倍,因此公开招投标采购制度对于科研活动仪器设备不是最优的方案。耶鲁大学对校企合作实施变革(卓泽林,2016),在不改变教师职责前提下,有利于企业与高校之间通过资助研究经费和签订协议的方式建立密切的合作关系,共享企业研发的仪器设备和经验,从而节省采购成本。借鉴耶鲁大学的成功改革经验,我国高校应充分信任科研工作者与第三方机构的科技需求匹配,将科学仪器设备招标采购的信息化系统与大型贵重仪器共享系统升级为科学仪器设备匹配共享系统(图5-2),使科研工作者的科研需求与大数据智能决策高度契合,通过数据字典将科学仪器设备匹配共享的业务数据,经过映射转换,将对应数据写入预算管理一体化系统数据库中(图5-3)。实现资产系统的项目数据"一键提交"至科学仪器设备匹配共享系统,避免资产管理员重复填写数据。资产签订的合同上传预算管理一体化系统中的资产模块,同步到仪器匹配共享系统,便于合同公示。1万元以上的合同,只需师生将发票电子版上传一次。报账补充材料不要求报账的师生来回跑,采取线上上传补充材料的方式。通过信息化技术串联起仪器共享匹配、财务、资产系统,不需要师生去操作,数据直接在数据库中来回流动。

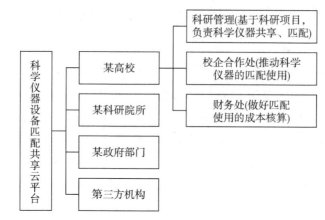

图5-2 科学仪器设备匹配共享云平台设计示意

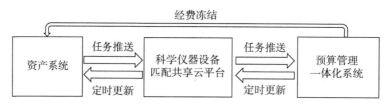

图5-3 基于预算管理一体化系统的科学仪器设备匹配共享云平台工作流程

二、采购流程

(一)编制采购需求、采购预算

《政府采购需求管理办法》中采购需求,是指采购人(高校科学仪器设备采购需求学院或科研部门)为实现科研项目目标,编制的拟采购的标的及其需要满足的仪器设备的技术、商务要求。采购人是采购需求的责任主体,一般是高校的学院或科研部门。目前使用财政经费编制采购需求应合法、合规、完整、明确,能满足科研项目所需的技术、服务、安全、安装场地、运行条件和验收标准等要求。采购人应依据经费体量和项目特点,加强对大额采购需求的调研编制和论证工作。必要时,引入第三方专业机构或专家参与采购需求编制和论证,依据采购需求编制采购文件和采购合同范本。

新购大型科学仪器设备,价格在50万元人民币及以上(含自筹资金部分),用于科学研究和技术开发活动的单台(套)科学仪器和实验设施,应开展联合评议。编制适用、书面的、完整的、规范的且经过审核批准的采购需求说明(Procurement requirement specification, PRS)(表5-2),是快速完成有效采购工作至关重要的一环。一份高质量的PRS至少包括仪器应用属性、关键性技术指标、管理人员、支撑条件。

采购计划建议符合5W1H[原因(何因Why)、对象(何事What)、地点(何地Where)、时间(何时When)、人员(何人Who)、方法(何法How)]原则和SMART(明确S=Specific,可测量M=Measurable,可达成A=Attainable,具有相关性R=Relevant,时效性T=Time-based)原则。1954年,彼得·德鲁克(Peter Drucker)提出管理人员要对采购目标进行清晰地定位与管理,避免"活动陷阱"(Activity trap)。采购计划一般包括仪器设备采购清单、仪器设备应用属性、资金预算、具体责任人、时间节点、紧急性、重要性等,采购计划这份文件本身也需要按照公司制定的文件标准撰写和审批流程来管理和完成,应有起草、审核、批准等必备环节,这样采购工作的各相关方才能更好地明确预期目标,并达成一致意见,顺利完成后续的采购工作。

表5-2 PRS表

文件序号	文件名	内容
1	明确的仪器设备应用属性	仪器设备应用属性,通常分为公用工程系统(如制水设备、净化空调机组、压缩空气机组等)、工艺设备、检测仪器等
2	关键性技术指标和功能性要求描述	可用文字、图表、设计图纸等展示形式,力求简洁清晰
3	仪器设备选择的依据、最终摆放位置和具体使用人员	应重视仪器设备技术原理的选择与确认。通常来说,除非有明确的技术需求和充足的理由和依据,最好还是选择行业认可的基于主流技术原理的仪器设备,尽量少选择非常规使用技术原理的仪器设备
4	仪器设备安装、调试、运行所需的支撑条件	水(饮用水、纯化水、注射用水等)、电(常规电压和非常规电压)、气体(氮气、二氧化碳等)、工业蒸汽、冷媒/热媒、空间位置、放置环境、运输通道、网络、其他

（二）购置论证

申请购置大型科学仪器设备的单位，先编制大型科学仪器设备购置申请报告，报告内容包括：购置建设目标的必要性，科研项目的需求程度、共享方案、购置的预算方案和实施管理能力等内容。由于学校对于科学仪器设备管理机制不尽相同，或由设备管理部门，或由科技、科学研究部门、财务部门负责制定大型科学仪器设备评议的标准、程序、方法，重点评估大型科学仪器设备购置的必要性和可行性。组织实施校内财政经费安排范围内的联合评议工作，并将评议结果反馈申请单位。

收到购置申请后，高校管理部门组织技术、经济、管理等相关领域的专家或委托中介机构，按照公开、公平、公正、规范的原则，对申购的大型科学仪器设备及其预算进行评议。可根据实际情况邀请申购单位主管部门列席评议会议。综合评议内容包括：(1)相关科学发展和科研需要购置仪器设备的必要性；(2)仪器设备功能、指标的先进性、适用性、业务指标的合理性；(3)学校现有同类仪器设备的资源状况（如分布、使用状况）；(4)申请单位现有大型科学仪器设备的使用情况；(5)新购仪器设备的安装条件、技术队伍等配套支撑保障；(6)新购仪器设备的共用共享方案；(7)购置经费预算的合理性；(8)实施计划安排（供货来源、采购方式、运行经费、预期效益）。

（三）实施采购行为

1.采购需求部门

应明确采购申请事项，确保采购需求的调研文件或论证材料等采购依据充分适当，对采购事项的真实性、合法合规性和合理性负责。采购限额标准以下的科学仪器设备，单位应按照"分级授权、分事行权"的原则规范管理，确定单位内部的采购组织形式和采购方式。

2.采购管理部门

依据单位审批权限履行审核审批程序，对采购组织形式、采购方式、进口论证等事项负责。其中大额采购应由采购管理部门统一组织采购。

3.财务部门负责审核采购预算资金落实情况、采购事项的会计核算与财务监督

高校上级单位政府采购管理办法对政府采购行为制定了管理办法。规定中明确,政府采购的组织形式分政府集中采购,部门集中采购和分散采购。采购方式上,对自行采购与委托代理采购、涉密采购提出了各项要求。针对采购过程中出现的容易"踩线"问题给予了明确的规定,并提出化整为零规避招标与政府采购的问题,对政府采购专家、采购人代表、利害关系人回避等提出了要求与规定。

三、科学仪器设备采购的现状与问题

(一)采购人专业性有待提升,管理信息化水平有待提升

由于采购是一个消除不对称信息的博弈过程,科学仪器设备的采购人与管理者的专业技术水平,对仪器设备属性、工作原理、用途、技术指标与预算额度的了解程度,对采购需求都有很大影响。当下高校采购人的专业水平有待提升,并且利用大数据进行智能分析、一键提取采购需求的水平还有待提升。从科研活动规律根源上把握和制定采购需求,方能提高采购效率。大型贵重精密仪器设备修不好就重新采购的情形在国内科研活动中占有不小的比例。科学仪器设备的采购与管理维护环节应该联通闭环,仪器设备的首席采购官与仪器设备管理人员不应脱节,同时应提高采购人、仪器设备管理者的准入条件。因此,采购人在制定采购需求时,应与科研人员进行充分沟通,判定是否为急需仪器设备,还要与仪器设备管理人员确定采购的充分必要性。

(二)内部采购管理不规范

主要表现在部分科学设备未按学校规定程序采购、未严格采用综合评分法、未按规定公开发布中标结果公告、合同条款与招标文件内容不一致、招投标审核管理不到位、信息化管理水平有待提升。作者研究了2019年60所高校的实验材料采购数据,发现原始数据存在不连续、有歧义的问题,甚至有些数据相互矛盾或不真实。高校建设采购系统时,应写明采购需求。由于采购单位不统一、大型仪器设备命名不统一的问题,会使管理熵增越来越大。

高等教育管理的本质是反熵增,通过有技巧的方式方法,消除掉工作中的熵增,达到有序状态。

案例5-2　部分科学仪器项目未按规定程序采购

部分科学仪器项目未按规定程序采购。某高校在2018年3月至2021年3月期间,4项单项金额低于20万元的项目采用网上竞价方式采购,未按规定进行分散采购,金额共计30.25万元;25项单项金额在20万元(含)以上至100万元以下的项目采用网上竞价方式采购,未按规定进行集中采购,金额共计911.30万元;1项50万元以上科研设备采用网上竞价方式采购,未按《中华人民共和国政府采购法》规定的方式采购。个别项目未严格采用综合评分法,2021年2月,某高校采购场发射透射电子显微镜项目采用综合评分法,但评审因素未完全量化,未设置固定分数值,中标金额为949.30万元。

(资料来源:《经济责任审计情况通报》)

案例5-3　个别项目未按规定公开发布中标结果公告

2020年,某高校"桥梁多点激励振动台试验系统(移动台B台)"和"铀钍氦激光原位同位素分析仪购置"2个政府采购项目,未在省级以上人民政府财政部门指定的媒体上发布中标结果公告,中标金额分别为1 209.20万元和525万元。上述事项不符合《中华人民共和国政府采购法实施条例》(中华人民共和国国务院令第658号)第四十三条"采购人或者采购代理机构应当自中标、成交供应商确定之日起2个工作日内,发出中标、成交通知书,并在省级以上人民政府财政部门指定的媒体上公告中标、成交结果,招标文件、竞争性谈判文件、询价通知书随中标、成交结果同时公告"的规定。建议学校加强采购管理,按规定公开发布中标结果公告。

(资料来源:《经济责任审计情况通报》)

案例5-4　合同条款与招标文件内容不一致

某高校于2017年与某有限公司签订"云计算实验室"合同,合同金额

238.91万元。招标文件约定"验收合格后付款90%，剩余尾款1年内付清"，而双方签订的合同约定付款方式为"货到安装验收合格后付款100%"，与招标文件不一致。上述事项不符合《政府采购货物和服务招标投标管理办法》（财政部令第87号）第七十一条"采购人应当……按照招标文件和中标人投标文件的规定，与中标人签订书面合同。所签订的合同不得对招标文件确定的事项和中标人投标文件做实质性修改"的规定。建议学校规范招标文件管理，加强合同文本审核，严格按照招标文件签署合同。

(资料来源：《经济责任审计情况通报》)

案例5-5 招投标审核管理不到位

抽查发现，2017年至2020年间，某高校本科教学设备采购项目等7个招标采购项目对投标方资质审核不严，投标单位存在关联关系，招标项目预算金额合计507.49万元。如2017年公开招标项目"本科教学设备采购项目"，投标人3家。经查询企业的工商信息，两家公司的股东、法定代表人、执行董事、经理均为同一人，为实质性关联关系，存在2家公司围标的风险。2017年6月公开招标项目"嵌入式实验设备及云桌面采购项目"，参与投标的3家单位中2家公司的法定代表人身份证住址相同，存在围标风险。上述事项不符合《中华人民共和国招标投标法》第五条"招标投标活动应当遵循公开、公平、公正和诚实信用的原则"的规定。建议学校加强招投标管理，严格投标单位资质审核，规范招标采购行为。

(资料来源：《经济责任审计情况通报》)

财务报销风险点主要在内控管理，高校制定财经制度后，由于经费管理制度规定与执行现实存在落差，进口设备采购过程用时较长，对科研工作人员带来诸多不便；制度执行烦琐复杂，会增加科研工作人员时间成本、人力成本，降低科研经费使用效率。财务与采购部门应及时关注国家政策调整，及时修订采购制度，主要内控风险有未及时修订更新财经制度、对于小型仪器设备采购流程缺乏计划管理、个别采购合同金额高于中标金额、超范围列支基本科研业务费。

(1)未及时修订更新财经制度。

大型设备(50万元以上)及进口设备，按照海关及相关部委管理条例，还需在共享网上登记注册,保证对内所有课题组与对外高校及科研院所共享。三年之内采购相关配件可以随原主机免税。

科学仪器设备单台(套)1 000元以上按固定资产管理办法管理。所有仪器设备资产需入库,有相应的标签、资产编号与记录,每年进行设备资产盘点以确认科研经费所购置的这些设备在正常使用中。需要预付款的,需填写预付单,其中经办人、课题组长、科研管理部门负责人签字,超过1.5万元的需分管所级领导签字,加盖经费账号章。需要冲账或者报销付款的,填写报销单,其中经办人、验收人、课题组长、科研管理部门负责人签字,超过1.5万元的分管所级领导签字。如科研人员离职,应在离职前交接清楚其所管理的所有科学仪器设备资产。

案例5-6　及时修订更新采购制度

设备购置后的管理与使用,其实也是科研经费是否有效使用的关键。相关的管理办法与制度主要涉及设备共享管理办法,固定资产管理办法,资产转组管理办法等,应按照国家对于科研采购的"放管服"规定,及时修订更新相关制度。某高校货物、服务采购及招标管理办法中规定的"商务关系存续"这一采购方式不属于政府采购法规定的采购方式,其所依据的某省高等院校物资设备采购管理办法已于2011年废止。此事项不符合《中华人民共和国政府采购法》(2014年修订)第二十六条"政府采购采用以下方式:(一)公开招标;(二)邀请招标;(三)竞争性谈判;(四)单一来源采购;(五)询价;(六)国务院政府采购监督管理部门认定的其他采购方式"的规定。

(资料来源:《经济责任审计情况通报》)

(2) 对于小型仪器设备采购流程缺乏计划管理。

根据高校货物和服务采购管理实施细则的规定,学校各单位应加强采购计划和预算的管理,科学、准确地编制采购计划和预算。定期集中、汇总采购项目,尽可能压缩采购批次,降低采购成本,提高采购质量和效益。将大数据技术引入采购,实现零采购的意义,不仅在于掌握规模庞大的数据信息,而且应对这些含有意义的数据进行专业化智能处理,从中分析和挖掘出有价值的结构化信息。

(3) 个别采购合同金额高于中标金额。

签订采购合同后,除有特殊事项发生且符合合同中约定的内容外,中标金额不得进行修改。若合同金额高于中标金额,则违反了高校关于采购内控管理的规定。若不可避免事项的发生符合合同中的明确规定,应在合同签订各方一致同意的原则下,对金额进行调减。

案例5-7 合同金额高于中标金额

2018年,学校以单一来源方式分别对Matlab和Adobe软件的使用服务实施了采购,中标金额分别为32万元/年、41万元/年,服务期均为3年。上述2项软件在服务期第三年(2020年)签订的服务合同中约定支付金额分别为33.60万元、43.05万元,分别高于中标金额1.60万元和2.05万元。

(资料来源:《经济责任审计情况通报》)

(4) 超范围列支基本科研业务费

《中央高校基本科研业务费管理办法》(财教〔2016〕277号)规定基本科研业务费不得用于购置40万元以上的大型仪器设备。

案例5-8 超范围列支基本科研业务费

某高校使用基本科研业务费购置40万元以上的大型仪器设备,如2017年12月某高校生命科学学院项目购置1台大型仪器设备"凯氏定氮仪",总金额41.44万元;2019年12月地理科学学院项目130 027 703购置1台大型设备"台式超速离心机",总金额41.46万元。建议学校进一步加强基本科研业务费管理,严格按照规定使用经费。

(资料来源:《经济责任审计情况通报》)

(三) 从外部看采购管理

1. 采购无预算难以执行

财政部预算与实际研究组采购需求存在时间差。使用中央财政经费采购50万元以上通用设备,100万元以上专用设备的,需要在"一上"预算中,填报"新增资产计划表",比如某课题组计划在2019年8月采购一台50万元以上的质谱，那么应在2018年向研究所预算部门提交该设备采购预算，且在2019年4月获得财政部给予的正式预算批复。如未提交设备采购预算，那么2019年度不能采购该设备。

2. 部分科研经费拨付延迟

部分项目当年经费要完成申请、立项、拨款的流程，年初开始，部分科研经费拨付最早在6—7月，导致经费执行主要集中在下半年，带来一定压力。

3. 进口设备到货时间周期长

对新采购进口设备时间一般需要3~4个月（表5-3），从实验室提出采购需求到能使用设备，基本需要半年时间。内控制度要求，20万元以上设备需召开三家供应商的询价会议，30万元以上设备需召开专家论证会议与公示。一个课题组一点时间都没有耽误的情况下，采购一台进口设备，需要至少3个月的时间。事实上，一般大型设备还有备货期，如个别设备约定6个月的备货期。所以在科研院所，大部分课题组都反映进口科学仪器设备采购周期太长，耗时太长，给采购人员带来较大的压力。

表5-3 进口科学仪器设备采购周期

程序	具体流程	时间/天	优化措施
询价	课题组所在实验室咨询供应商，了解设备型号配置，从询价到最终确定报价单需要1个月的时间	约30天	高校利用大数据，与第三方机构共享匹配仪器，反映真实市场价值，减少信息不对称
编制采购需求	课题组编写采购需求，填写申请报告，财务、科研部门召开专家论证会议	约7天	采用人工智能生产内容，加以人工辅助
招标采购	招标公示流程时间	不低于1个月	零采购，共享匹配
签订合同	科研处与外贸代理签订合同，需要经费负责人（课题组负责人）签字、上级单位盖章。有时为了谨慎，需要供应商、外贸代理公司、高校三方盖章	约14天	线上完成所有流程，当天完成
代理公司办理免税	第三方机构按照国家规定办理	约30天	校企构建价值共同体，第三方机构缩短时间
付款	填写预付单付预付款（合同附后），需要流程上签字：经办人、课题组负责人、科研处负责人、分管领导	约14天	线上完成所有流程，当天完成
供应商备货	外方已有设备则直接发货，空运报关	至少14天	校企构建价值共同体，第三方机构缩短时间

4. 从进口设备来看，我国技术能力跟跑多、领跑少，原始创新少

关键技术、高精尖科学仪器设备对外依存度较高，面临严峻的形势，单独靠提高采购效率难以解决源头创新的难题。2019年全国政府采购规模为33 067.0亿元，约进口的基础科学仪器采购规模为519.93亿美元，约合人民币3 414亿元，约占政府采购规模的10%，且逆差高达近200亿美元。以北京高校购买进口设备为例，原本计划短周期内完成的采购程序无法实现，相关领域的研究一延再延。科研人员只能在各高校和科研院所之间，借用设备开展实验、测试活动，严重阻碍科研活动与科技创新步伐。同时进口仪器设备的采购还存在着禁运、到货滞后于国外创新步伐、维护与维修成本高等缺点。2018年美国化学会旗下的期刊《化学与工程新闻》(C&EN)评选的国际科学仪器公司，排名前20的有美国、日本、德国、瑞士、英国的公司，国内公司未能上榜。这与从许多国际顶级期刊看到的实验使用的高精尖设备几乎产自欧美国家的现象一致，国内大部分高校和科研机构使用的高端仪器设备也都是欧美国家的进口仪器设备居多。究其原因，主要是科研学术成果的发表与所用实验仪器、试剂、工具、耗材等息息相关，越高端的科研活动，对进口科研实验设备的依赖越强，导致国内仪器认可度低。

四、高校科研设备采购经费问题的原因分析

（一）制度规定陈旧落后

1. 科技创新发展快，高校相关制度滞后

按照20世纪30年代美国经济学家伯利和米恩斯提出的委托代理理论(Principal-agent theory, PAT)，采购是建立在非对称信息基础上的交易活动。项目依托单位作为采购人，其实是政府的代理人。科研经费以纵向项目的形式由项目依托单位下拨给各高校，以各高校科研人员承担项目的形式资助科研工作，从而通过科研经费的使用与日常工作，实现政府目标，即科技发展。设备采购经费管理制度是否影响了科研经费的使用效率？项目执行过程中，项目负责人支出科研经费，既代表个人利益，也代表政府利益。政府利益是否能够得到最优效率，主要看科研经费的支出效率，即是否有效支持了科研工作。而政府采购效率的实质性问题是采购时间和采购价格问题，是研究政

府采购效率问题的出发点和根本点。陈旧落后的制度会直接影响科研经费使用效率。

2. 采购制度虚设是各利益方长期博弈后平衡的结果

制度(不仅仅是仪器设备采购制度,也包括仪器设备的开放共享、维修、配置)的执行是一个长期博弈的过程。在长期实践过程中,采购制度变迁的实质是制度的创立和变更,是各利益代理人方(供应商、政府利益方、政府利益代理方)利用信息不对称,在长期的博弈过程中不断地形成均衡、打破均衡,最终形成了相对的平衡与利益制衡。在科技竞争能力的提升过程中,为了对新出现的科研、国家重大需求进行及时有效的回应,就会对科研自主权的"放管服"产生一定的制度需求,制度供给不足会引起科研活动无序化,影响科技创新后果。

(1)采购人在博弈中的作用。

各高校开展科学研究的目的是使用(获得方式不一定是采购,可以租赁、共享)实验仪器设备进行科技创新。对市场策略、谈判及价格的了解与经验不足,特别在谈判及商务问题的处理方面缺乏经验,若遇到不诚信的供应商,由于惩罚手段有限,采用法律手段,耗时耗力,不仅耽误科研人员的创新进程,还浪费高校的经费资源。采购中科研人员很容易根据需求直接跳过市场其他品牌设备,直接参考其他课题组已采购的仪器设备和这些设备的历史价格或者兄弟院所的价格,不再询价。

(2)第三方机构在博弈中的作用。

科学仪器设备从文艺复兴开始到现在智能时代,其历史已经发展了500年。第三方机构在与高校的博弈中积累了丰富的经验,形成了专业化的销售、技术、售后服务等分工,供应商已经受到高等教育制度环境的影响,通过长期积累与筛选,性价比高、口碑好、对科研实验供货质量高的供应商的竞争优势和吸引力较大。但在政策既定情况下,供应商容易在现有制度环境中寻到漏洞,制定市场策略。作为国外的供应商,往往在国内有很强的销售支持,这些销售体系对国内各单位的采购制度与管理制度比较熟悉。三家报价,在课题组基本确定品牌与型号,且设备价格不高的情况下,供应商会确定一个估计范围,所以课题组对于设备询价流于形式。

(3)高校采购制度制定者。

高校采购制度制定者代表政府的代理利益,高校制定制度时由于路径依赖，参考了其他院所的相关规章制度，结合本校实际进行部分修改，相比较制度规定并不复杂，容易制定出既令科研工作者满意，又能维护政府利益的制度。但在实际执行中，采购管理、财政经费管理、项目负责人的政府代理人各自为政，不能形成联合的"博弈共同体"，未能有效地与供应商博弈。

在国家"放管服"力度不断扩大的背景下，仍存在较多模糊性环节(对于放开的程度，如何放开，放开后监管不够、放开不到位对于政策修改无实际意义等方面)，由于路径依赖，制度制定者等上级部门发文后，再对政策进行修定，往往滞后于发现实际问题的时间。

随着仪器设备市场环境变化与高校自身发展，国产仪器设备市场逐渐成熟。探索内控管理与提高经费使用效率措施，同时减少课题组人员工作量，对原有制度进行适当补充修订将有利于科研经费使用。

（二）对于不同仪器设备，制度制定方向不同

高校仪器设备的公共政策在本质上就是运用委托人(政府)权威对代理人(科研经费负责人、科技管理部门)的各种利益进行协调，使其达到平衡的规则。高校仪器设备政策执行实质上也包含了政策目标群体(科研经费负责人、科技管理部门)在互动中对利益的角逐。在委托代理关系中，委托人与代理人两者的效用函数往往是不一致的。因此在政策执行过程中，执行方即高校工作人员，在自身利益及科研经费使用效率无影响的情况下，会对政策的选择与执行存在倾向性，尽量规避琐碎的政策，替换比较简单的政策执行。公共选择理论中的俱乐部理论是指在完全民主制度下，一部分人对公共产品的种类、质量、数量具有相同偏好，同时愿意承担相应成本。该理论所阐述的原理为，人们在一定的假设条件下会根据利益最大化原则对加入哪个俱乐部进行选择。该理论涉及公私产品消费的选择机制和以脚投票机制。在福利最大化的驱动下，就会出现以脚投票，政策替代执行。

1.科研项目管理不同的导向需要

公共政策制定是各参与主体对社会价值进行利益分配的博弈过程，不同项目立项目的不同，相对应的管理机制不同，以达到不同的政策导向。不同的科研项目，政府给予科研人员不同的自由空间。科研项目立项主要是政府购买科研服务，给予奖励性科研经费、科研项目投资、公益性科研资助(如科学探索奖、新基石研究员项目)。其中，科研项目投资因其通常是以国家及部

门为主导,作为经费资助方,国家有很强的经费控制权,掌握着项目的目标设定权、检查验收权、激励分配权。

2. 仪器设备并行制度之间可选择替换

项目负责人为完成科研工作,缩短非科研工作时间与工作内容,在获得不同的科研项目经费支持时,会对仪器设备的管理进行效率优化处理。制度Ⅰ与制度Ⅱ之间存在并行的情况,导致制度执行人在执行项目经费的时候,存在一定的可替换空间。在经费尚可支撑科研工作的情况下,相同的设备费支出,科研项目管理工作人员自身利益相对优先的情况下会避开检查繁复、审查严格的项目经费。

3. 政策的动态性

在仪器设备项目政策制定及实施过程中,为实现其科学性与民主性,通过畅通的信息交流渠道,避免出现政策执行效果不佳的情况,政策制定过程的互动尤为重要。面对复杂的政策环境、不确定的信息资源以及有限的认识能力和信息处理能力,理性地征求各部门的修改意见是实现个体利益和集体利益最大化的最佳途径。

(三) 制度执行方式守旧

制度是经济增长、催生机构活力的基础。它不仅是关乎经济利益的激励或约束机制,还作为一种技术内生变量,在经济增长与产业演化过程中发挥着作用。随着科技发展及办公环境变化,原有体制内的程序制度与现有工作效率的矛盾逐渐凸显出来。通过体制与执行方式创新,才能激发高校创新活力,提高效率。制度执行的惯性会导致旧有制度的延续,作为资源的配置部门、财务部门要积极响应国家科研"放管服"政策,优化经费报销流程,简化仪器设备采购过程中报价单、比价单、签字盖章合同、申购单等材料,用"键对键"替代"面对面",优化简化线上审批签字流程,使用电子签名或者统一授权,在提高工作效率的同时,还能节省基层科研人员的时间。

(四) 仪器设备管理制度一体化效益不显著

关于仪器设备的一体化效益,随着内控管理规定(由于岗位不兼容,仪器设备的采购、建账、管理、核算不能在同一个部门)和管理部门的增多,而变得难以统筹,但随着预算管理一体化的推行,又重新在一体化的云平台上统筹。仪器设备管理权和上级部门赋予的管理权分散在多个部门,导致另一种现象:时间成本、设备采购成本、管理成本、人力资源成本都在增加。

科研经费的使用效率主要体现在科研工作产出中所占的贡献程度。高校使用的是中央或地方财政经费,由经费负责人或课题负责人,实质是政府财政经费的代理人提出采购的设备。在市场采购以及售后服务过程中,真实的利益相关方是财政经费与市场的博弈。但是课题组负责人或者经费负责人、公开招投标管理人员、作为财政经费代理人的财政经费管理部门缺乏一体化统筹,不能联合起来,代表政府利益与具有市场垄断性质的供应商谈判。解决问题的方式就是各代理人建立联合的非营利机构,或者引入第三方维权机构,使维权更高效。

综上所述,科学仪器设备制度在制定、执行若干个会计核算周期后,会出现制度执行的问题、制度环境的问题。为降低实施成本和摩擦成本,赢取科技创新与经济发展的最大利益,必须制约不同主体的有效行为,缓解社会利益冲突,进行制度创新。

五、优化采购途径

科研项目资金用于"物"方面的支出主要有两项:科学仪器设备和耗材。科研经费中"物"的支出占了较大比例,教育部2019年共支出科技经费1 865.30亿元,其中固定资产购置费支出323.03亿元,占比17.3%。围绕科研规律优化采购流程,应从鼓励自主研发、科学制定采购需求、创新采购方式等途径开展:

1.降低对进口仪器设备采购的依赖,鼓励自主设计研发高端仪器设备

科研人员所在单位、科研管理部门、采购部门应按照科研规律,响应加强重大科技基础设施和高端通用科学仪器的设计研发、大力支持科研手段与方法工具(实验材料、数据资源、技术方法、工具软件)自主研发与创新的政策,主动作为,把源头创新、原始创新摆在更加突出的位置,实现更多"从0到1"的突破,降低对进口设备的依赖。科学研究的发展动态和方向是不是前沿的,这是由科研人员直接把握的。对进口仪器设备采购的依赖会扼杀我国仪器设备自主研发能力。由于高端仪器设备的自主研发需要长时间地探

索,投入周期长、成本高,需要很长时间的积累,即使研发出来还要面临国外厂家的打压和竞争。科研活动产生使用仪器设备需求时,在相对薄弱的科学仪器设备基础情形下,面临着采购国外、国内或自我组装高精尖仪器设备的选择时,要改变科研人员直接选择采购进口设备的模式。尽管国家出台一系列的支持国产仪器的政策,但实际效果并不明显,相应的政策需要进一步落实。《中华人民共和国科学技术进步法(2021年修订)》明确指出,对境内自然人、法人和非法人组织的科技创新产品、服务,在功能、质量等指标能够满足政府采购需求的条件下,政府采购应当购买;首次投放市场的,政府采购应当率先购买,不得以商业业绩为由予以限制。

2. 科学合理制定采购需求

根据科研规律,科学仪器设备与耗材的采购需求可能会有季节性、临时性和突发性,尤其急需设备是刚性需求的时候。因此,《国务院办公厅关于改革完善中央财政科研经费管理的若干意见》(国办发〔2021〕32号)中指出,认定为急需的科研设备和耗材,可不进行招投标程序;而对于50万元以下的科学仪器设备预算的编制,只需要提供基本测算说明即可。整体来看,采购单台(套)50万元以上的仪器设备体量较小。科研急需仪器设备是指因项目需求按常规采购程序无法满足时间进度要求的科学仪器设备。建立起急需的判断标准体系,具有普适参考价值。科研急需仪器设备适用情形应充分考虑项目阶段实施进度,属于科研活动外部因素的,无须科研人员提供急需证明文件,与科研活动自身密切相关的内部因素,需提供相应的证明文件。多所高校已经逐渐建立起科研急需仪器设备"特事特办、随到随办"采购机制,情形认定与采购流程规范初见雏形,将其归纳如表5-4所示。从急需采购的出发点来看,在判定急需情形时,要充分考虑不易明确、指标难以量化的因素,要把握好可量化程度(含有非标准化程度)与标准化程度,要分清客观急需情形与主观故意拖延导致的"假急需"情形,有些科研情形下的急需不一定就要快买,要分类对待。对于急需的采购与供货周期较短的设备,采购部门应做到急需情形判定清晰、流程简洁、限时完结;而对于周期长的进口采购等情形,急需不一定做到快买,可根据不同的急需程度,由集群区域的专家团队申请调配与共享,或通过建立集群共享中心,解决长周期采购问题。

表5-4 科研急需仪器设备适用情形

实施进度	情形	原因	解决方案	急需的证明材料
项目启动前	科研经费执行周期过短	因项目经费拨付不及时	急需购置仪器设备以保证项目实施进度要求	信息化系统内以经费到账时间为准，不用提供证明材料
项目实施期间	经项目管理部门同意的科研项目研究方案或技术路线调整	调整技术路线	经项目管理部门批准后，逐级审批	在采购系统上传该研究领域专家论证小组(不少于3人)意见
项目实施期间	因科学仪器设备或研究环境出现意外情况、应急处置突发事件或其他不可预见的原因	科学仪器设备临时损坏、损毁，极端天气、公共卫生事件等对科研活动造成影响	急需购置仪器设备以保证项目实施进度	该研究领域专家论证小组(不少于3人)意见，校领导审批意见
项目启动前、实施期间	引进海内外高层次人才	急需购置仪器设备搭建平台以开展科研工作	尽快搭建科研平台，采购或共享仪器设备	以引进人才归口部门的公示通知为准，不用提供证明材料
项目启动前、实施期间	临时性、公益性、涉及国家安全、国家荣誉的科研项目	承担应急、临时、急需的科研项目	急需购置仪器设备以开展工作	以学校应急处置突发事件为准，不用提供证明材料
项目全生命周期	其他科研急需采购的情形	视具体情况而定	视具体情况而定	视具体情况而定

3. 应急采购

科学仪器设备的应急采购与佐剂、物资的采购性质不同，当前我国进入新发展阶段，由于温室效应、环境污染、极端天气频发等原因，我国突发事件(自然灾害、事故灾难、公共卫生事件和社会安全事件)越来越呈现出连锁性、叠加性、衍生性、全球性的特点，这对应急工作快速有效保障提出了更高的要求。在应急保障中，应急采购科学仪器设备(Emergency supplies)是基础性物质保障。《关于优化科研管理提升科研绩效若干措施的通知》(国发〔2018〕25号)以及《国务院办公厅关于改革完善中央财政科研经费管理的若干意见》都明确"中央高校、科研院所、企业要优化和完善内部管理规定，简化科学仪器设备采购流程，对科研急需的设备和耗材采用特事特办、随到随办的采购机制，可不进行招标投标程序"，但在诸多高校的特事特办、随到随办的科研急需设备采购实践中,申请该类项目的不多见,这与科研急需机制存在准备急需证明材料、提交申请、论证批复、材料公示诸多行政审批环节有关,此类行政审批比已有的科学仪器设备采购方式并没有快多少。

4.打好采购组合拳,创新采购方式

由于科研活动专业性非常强,要对不同性质的科研项目管理进行分类管理,对于自然科学科研活动,科学仪器设备和耗材是刚性需求,而对于人才类和基础研究类科研项目中推行经费包干制,人文社科、数学等以自由探索、纯理论基础研究项目或以智力贡献为主的基础研究的包干制值得推广。因此应提高科研项目采购精准化、灵活性的分类采购水平。

由于科学仪器设备招投标涉及多个部门,具有固有的多环节与较长采购周期(图2-1),打好采购组合拳,要提高仪器设备与耗材相关部门联动力,各个业务部门要围绕减轻科研人员事务性负担,充分利用信息化手段,将信息系统实现对接关联,相关的证明材料在信息系统之间来回流动,不需要科研人员在报销时往返于各部门之间。由于其高透明度与强可追溯性,区块链、大数据等信息技术手段引入电子化采购系统将会极大节省交易与报销成本,提高监督检查效率。自从2018年8月深圳特区开出第一张基于区块链技术的电子发票以来,北京市财政局也相继开出当地第一张区块链电子发票,实现了交易即开票,开票即支付的功能,省去了采购、财务报销环节。哥伦比亚政府也在研究区块链加政府采购模式,这将极大地提高采购效率。

六、建议

(一)优化科学仪器设备与耗材采购,是各层次制度、先进技术与采购人员三者的动态平衡

要尊重科研规律,充分认识到科研工作的专业性,根据不同类型的科研项目特点,实行分类采购管理。科学合理地制定科研项目采购需求,打好采购组合拳,利用大数据等信息化技术,破除束缚科学家手脚的繁文缛节。高校和科研机构应聚焦科学仪器设备与耗材采购改革举措落地的"最后一公里",及时清理修改与党中央、国务院有关文件精神不符的部门规定和办法。同时提高资金的安全性和有效性,提高科研经费监管水平。为科研人员减负、放权、赋能,引导和激励科研人员投身原创性基础研究和关键核心技术攻关,

充分释放创新动能。

对于产学研,高校与第三方机构之间的关系,可以用教育-工业综合体(Educational-industrial complex,EIC)来描述,既有利益的博弈,又有创新的合作需求。一般高校产生创新成果,企业或营利性机构更多产生创新产品。对于创新途径,高校通过科研活动,而第三方机构更多采用创新供给链(Innovation supply chain,ISC)。尤其要开创独有的研究,这样才会有原始创新成果。

(二)关于进一步支持采购国产设备及仪器的建议

"十四五"规划明确将发展国产高端医疗设备,工信部等起草的《医疗装备产业发展规划(2021—2025年)》中也明确要优化创新医疗装备注册评审流程,支持拥有专利、技术属于国内首创且国际领先、具有显著临床价值的医疗设备进入特别审批通道,优先审批。广东、浙江、四川等省发布的"进口医疗设备政府采购清单",也在执行层面上不断限制公立医院采购进口设备。很明显,政策优势给国产设备"站起来"的最佳机会,作为我国企业应该积蓄力量,突破技术壁垒。随着近年来国家政策的扶持,许多国产设备企业逐渐步入正轨,早年间"非进口不要、非进口不用"的状况也不复出现,国产设备在某些细分领域的弯道超车,达成了替代进口设备的里程碑式进程。通过鼓励和规范采购国产设备及仪器,既是促进国产品牌自主创新之举,也能避免在关键技术上被"卡脖子"。加大对国产设备及仪器企业政策扶持力度,让国产设备及仪器有更多"用武之地"。

(1)扩大采购主体范围,除了中央及各省市规定政府大力推进采购国产仪器外,医疗机构、国有企业在技术和服务能够满足要求的条件下,优先采购国产产品与服务。

(2)将国产采购政策进一步落细落实:包括采购公示,设置最小国产仪器采购比例,明确国产设备及仪器定义范围,采取实质性措施促使"首台(套)政策"落地,建立并定期更新各地及各领域自主创新重点产品目录等。

(3)通过制定采购国产设备免税或退税政策,明确具体实施细则,便利办理方式,加快办理流程,带动相关设备的国产采购率。

(4)通过产业集群,高层次人才培养和引进,缩短创新设备上市时间等形式,打造国产设备的品牌核心竞争力。

第二节 预算管理

一、全面预算管理一体化

政府的预算是经法定程序审核批准,具有法律效力的政府年度财政收支计划。高校预算是经学校依照事业程序审核批准报送上级部门批复后,在学科建设、教学、科研方面进行投入的年度财务收支计划。其中预算作为价值管理手段,常被称为"高校账本"。而在资源配置方面,预算的内涵和作用远超一般意义上的账本。预算体现的是高校的战略和政策,反映的是高校活动的范围和方向,强化预算约束意味着规范高校财经行为,这是推进高校治理体系和治理能力现代化的重要举措。预算与高校的经济活动、科研活动运行息息相关。现代学术研究的物质与技术基础,主要由仪器、设备、图书、资料等物质形态存在的因素组成。而物质基础是通过合理的科研经费分配由财力转化为物力,整个过程中需要人力去完成。可以说先进的知识技术环境、充足的科研经费、拔尖的人才,是原始创新的基础条件。预算的改革关系着科技创新,全面推行预算管理一体化是优化财务资源配置的途径之一。

当前,我国高等教育办学规模和年毕业人数已居世界首位,但规模扩张并不意味着质量和效益的增长,走高质量发展道路是我国高等教育发展的必由之路。随着改革的不断深入,关于高质量预算的一些问题显现出来,比如预算硬约束力度不够、预算的统筹力度不足、资金使用绩效有待提高。预算管理一体化给科学仪器设备资源一体化管理、构建科研共同体带来了革命性的推动力,分析预算管理一体化影响科学仪器设备资源一体化配置的机理,强化预算的约束力,让预算长出锋利的"牙齿",加强对高校人力、物力、财力等权力的运行制约与监督,注重绩效管理,把每一分钱花出最大效益,让科学仪器设备资源成为配置财力资源与智力资源之间的优势界面。

财政部在《财政部关于政协第十三届全国委员会第四次会议第2020号(财税金融类222号)提案答复的函》(财库函〔2021〕12号)中,在对何春委员的答复中提出要"按照预算管理一体化建设要求,加快推进政府采购系统与财政相关管理系统之间互联互通,推动政府采购与预算、资产、支付管理的有机衔接,实现政府采购全流程电子化运行"。2022年4月21日,教育部组织中央预算管理一体化网络培训,正式拉开预算管理一体化改革落地行动(表5-5)。

表5-5 预算管理一体化节点

序号	时间	阶段	内容
1	2021年	测试	地方试运行
2	2022年4月	培训	开展全国预算编制网络培训
3	2022年4月	联网	各单位联网
4	2022年4月	采集	高校报送用户信息表
5	2022年5月	压力测试	各高校在财政部指导下进行压力测试
6	2022年11月	补充	补充系统个人证书
7	2022年12月	确认	系统内基础信息维护确认

二、预算管理一体化与科学仪器设备资源配置

对于高校,全面预算管理一体化是重要的资源配置工具,统筹科学研究、设备类资产管理部门、财务部门和招采部门,实现合力和效益最大化。预算编制工作具有高度专业性,不仅需要会计人员审批,更需要与科研项目负责人、科研管理部门密切配合。对于预算的编制,要符合高校即期和长期的发展规划,避免出现预算偏离实际采购工作内容,否则会导致项目执行出现巨大差异,不仅科研项目验收结果不理想,也会影响高校资源配置效率。预算涉及高校知识生产过程的各个部门和各个环节,预算的对象就是资源需求部门(预算的组织对象)和资源需求行为(预算的行为项目),预算的编制过程就是资源分配过程,预算与资源配置具有天然的一致性。全面预算管理与优化科学仪器经费资源配置的关系如表5-6所示。

表5-6 预算与科学仪器设备资源配置的关系

预算	一般资源配置	科学仪器设备资源配置
目标	以最佳投入产出比激发科技创新	科学仪器设备资源的体量配置

(续表)

预算	一般资源配置	科学仪器设备资源配置
计量	预算以价值为主要计量单位,以财务状况、经营成果、现金流量为预算基本结果;预算可以从会计信息角度衡量资源的运作过程和运作结果,其提供的信息具有可比性、权威性	科技成果转化、贵重精密仪器设备开放共享成绩
监督和控制	按照传统的高校财务对于资产的规定,凡是以货币价值计量的一切资源及运用,都是预算控制的对象。2022年相关规定做了修改,经济资源都是预算控制的对象,去除了"以货币价值计量"的限定条件。它既指货币资产本身,也包括以货币计量的实物资产以及耗费	贵重精密仪器设备开放共享的成绩与实际效果
	只有纳入预算的资源和业务才可进入运作过程	
	所有进入运作过程的资源和行为,事先应接受合理性审核	
	对重要项目投入的资源应跟踪其过程和产出,以对业务行为全过程做综合评估	
绩效评价	制定切实可行的绩效评价方法	基于科学仪器设备资源的科技创新成果

(一)优化仪器设备资源配置的起点是确定清晰的预算目标

确定教育收入和成本收入比的目标,可以推导出仪器设备资源的总盘子,总盘子确定以后,可以基于各项科研活动目标和财务收支目标去合理安排财务资源的分配结构。

(二)加强预算编制源头管理

预算编制是优化财务资源配置的最佳手段。预算以高校教育事业发展目标为编制起点,以最佳投入产出比激发科技创新为最终目的,与政府资源投入的目的和资源所有者(课题组经费负责人和科研人员)的利益目标保持一致。预算是在一定边界约束下的预期行为,有限资源的约束,决定了预算必须以最佳配置平衡目标的约束;预算的合理与否决定着投入的资源能否实现最大期望目标(即预算绩效指标)(表5-7),合理的预算编制过程对于提高高校仪器设备资源配置效率有决定性的作用。

表5-7 设备资料购置项目预算绩效指标

一级指标	二级指标	三级指标	指标值	分值权重
产出指标	数量指标	购买纸质图书册数	≥5 000册	4.00
	数量指标	购买中文期刊和报纸种类	≥105种	4.00
	数量指标	设备、家具等购置数量	≥600台(套)	4.00
	数量指标	实验教学年均人时数	≥210 000人时	4.00
	数量指标	新增或升级改造实验室数量	≥21个	4.00
	数量指标	续订或新增电子资源数据库	≥32个	4.00
	质量指标	教学要求满足率	≥95%	4.00
	质量指标	履行招投标程序合规率	≥95%	4.00
	质量指标	设备及系统验收通过率	≥98%	6.00
	质量指标	设备资料合格率	≥98%	3.00
	质量指标	实验室改造通过率	≥98%	3.00
	质量指标	仪器设备培训完成率	≥98%	3.00
	时效指标	项目按期完成率	≥95%	3.00
效益指标	社会效益指标	实验室安全保障能力	提升	6.00
	社会效益指标	实验室开放能力	提升	6.00
	社会效益指标	项目持续发挥作用年限	≥6年	6.00
	社会效益指标	学校基本办学条件和服务社会的能力	提升	6.00
	生态效益指标	设施设备节能降耗达标率	≥95%	6.00
满意度指标	服务对象满意度指标	教职工满意度	≥90%	5.00
	服务对象满意度指标	学生满意度	≥90%	5.00

（三）强化预算执行刚性约束

预算控制是优化财务资源配置的保证。预算控制的全流程和渗透性控制，为资源的有效运作提供了有力手段。预算编制是实现资源最佳配置的手段，最佳配置是保证最佳效果的必要条件，配置资源的最佳运作是获得最佳效果的充分条件。资源配置能否如预期有效运作是通过对已配置资源运作过程的监督和控制来实现的。预算系统通过资源的发散配置(围绕高校科技创新目标对各项活动配置资源)和收敛控制(以是否满足高校科技创新目标最大的投入产出评估资源投入的必要性)，保证投入资源的使用符合预期目标。高校预算经过多次政策调整，每一次政策调整都意味着不同科研工作者预算的增加或减少。为了保证政策调整能平稳过渡,需要多方面的综合平衡,现在可以借助大数据形成的精准分析,为高校科学活动的会计年度和未来的发展提供战略导向。有时为了兼顾不同智力资源和潜在人才的利益,预算不得不适当调整,例如,在某一年财务资源配置方案中,设计的教师调节系数和资金成本调节系数将绩效差距拉大一点,其目的是鼓励各学院教师做出价值贡献,但拉大差距导致的一个结果是对财务资源本来较为充足的课题组更加有利,而对本身仪器少、学科建设困难的学院更加不利。为了减少政策调整对学院事业发展的冲击,正式文件中的系数调节幅度开始设计得比较小,改革到位后再逐步放大。在调整过渡期,调整的思路是"对于有利的不能过于锦上添花,对于不利的不能过于雪中送炭"。

第三节 预算管理一体化背景下的内部控制管理

一、科学仪器设备内部控制建设的重要意义

高校内部控制是指为实现办学目标,通过制定制度、实施措施和执行程序,对经济活动的风险进行防范和管控。目标主要包括:保证学校经济活动合法合规、资产安全和使用有效、财务信息真实完整,有效防范舞弊和预防腐败,提高资源配置和使用效益。

科学仪器设备的内部控制活动遵循全面性、重要性、制衡性、适应性以及管理岗位不相容原则。高校党委在仪器设备内部控制中起指导作用,管理科学仪器设备的行政部门抓好分管领域仪器设备的内部控制建设工作,使用仪器设备的学院和研发部门对仪器设备的内部控制建设承担具体责任。高校全面梳理仪器设备的经济业务流程(主要涉及九个环节),明确业务环节,分析仪器设备配置中存在的风险隐患,完善风险评估机制,制定风险应对策略,实现内部控制全面、有效实施,及时做好内部控制报告编制工作,内部控制报告应遵循全面性、重要性、客观性、规划性原则,确保信息真实完整。加强分析评价结果应用,大力推进整改,逐步完善内部控制体系。

通过图2-1的界面分析,高校仪器设备配置的九个界面要符合国家关于内部控制的相关规定,由于在采购界面存在诸多风险点,上级管理部门对政

府采购内部控制管理也有要求。政府采购政策的细化，更多地强调了单位内部控制管理与分工，细化了工作具体办法与流程，主要内容如下：政府采购内部控制应纳入单位内部控制体系，明确政府采购内部控制归口管理部门，归口管理部门负责组织协调政府采购内部控制工作；建立采购需求、管理和监督等机构或岗位的相互协调和制约机制。单位政府采购内部控制应全员参与，合理设置岗位，明确相关岗位的职责权限；确保采购需求制定与审核、采购事项申请与审批、采购文件编制与复核、合同签订与验收、验收与保管等不相容岗位相分离。单位应加强政府采购关键岗位工作人员业务培训、职业道德和廉政教育，不断提升其业务水平和综合素质。

二、科学仪器设备内部控制的方法

（一）不相容职务分离

科学仪器设备的采购与管理是典型的不相容岗位，通过信息技术形成相互制衡的控制，形成相互制约、相互监督的工作机制。

（二）内部授权审批控制

通过先进的信息技术实现配置界面的在线授权审批控制，方便审批，提高配置效率。

（三）归口管理

由于科学仪器设备配置涉及九个界面，高校应通过优化行政程序，实现配置的归口最优化管理。

（四）预算控制

目前，科学仪器设备的预算均纳入学校的预算管理，通过绩效考察，不断提升预算控制的水平。

（五）信息内部公开

对于科学仪器设备的信息数据应秉持应开尽开的原则，对配置过程信息公开，有利于科学仪器设备需求者、管理者、配置主体及时掌握相关信息，形成智能决策。

三、科学仪器设备管理的风险点

分析仪器设备配置的九个界面(图2-1)，主要风险点在效率低下，资金利用率不高，科学仪器设备效益不明显(表5-8)。分析原因，主要是各个界面的管理阻力大、未形成良好的协同机制。高校应优化九个界面，善于识别风险点，并采取预警措施，及时整改。同时应把握固定资产检查、经济责任审计、内控建设、各级巡察重点关注的关键性风险点(采购、管理、开放共享、验收界面)，通过整改风险点提升科学仪器设备效益。如《中央高校教育教学改革专项资金管理办法》(财教〔2016〕11号)规定，专项资金应当按照本办法规定的开支范围办理支出，不得购置单价40万元以上的大型仪器设备，高校应保障经费的合理支出，规避经济风险。

四、科学仪器设备风险预警指标

对于九个界面，应对风险进行预警，并结合学校一流学科建设实际，协同不同部门，建立信息化、一体化的仪器设备管理机制。

表5-8　科学仪器设备风险预警指标

序号	界面	风险	预警措施
1	I_1研制	研制率几乎为零	形成年度研制仪器设备工作总结。提前对下一年度研制制定鼓励方案，提高科研人员研发动力，提高智力资源的能力
2	I_2编制采购需求	未围绕有组织科研，脱离实际学科建设、科研需求	根据学科建设指标大数据，与学院采购需求匹配
3	I_3购置	滥用专家身份，购置论证不充分	对仪器设备论证库内专家信息进行严格把关，探索购置仪器设备新机制

(续表)

序号	界面	风险	预警措施
4	I_4预算立项	对于执行周期一年度的预算,使用科学仪器设备的科研项目对学校一流学科、原始创新贡献效果不明显	根据上一年的项目绩效,准确评估预算立项后的项目,对学校一流学科、原始创新的贡献效果。适当调整立项标准,提前发布下一年度预算立项新标准
5	I_5招标采购	采购效果不符合学校科研需求	采购后的效果,仪器设备使用是否运行成本低、出成果多
6	I_6验收	验收的标准不严,甚至验收专家结构不合理,有些验收走形式	严格要求验收标准,并对验收过程中的文件、材料、视频进行信息化存档
7	I_7核算与决算	由于科研人员中期、结题等报销时限有要求,未能及时满足科研人员报销时限需求	科技部门、设备管理部门、财务部门加强项目监督,对于中期、结题等时间节点,提前通知办理要求,尽量实现一个项目一网通,节省科研人员跑多个部门办理繁杂的手续
8	I_8管理、开放共享	设备使用效益缺乏管理,无行政人员管理科学仪器设备,或管理人员能力、专业技术水平不足,不能胜任仪器设备管理职责。开放共享绩效不合格,或常年处于排名中合格档后几名	科学仪器设备投入与效益挂钩,财务部门对管理效益差的部门的下一年度投入进行收紧
9	I_9报废	对报废未实行评估	提高第三方评估的专业水平

案例5-9 部分校内测试费结算单填报信息不规范

在科学仪器设备开放共享中,常遇到测试费、利用率未按照规范要求管理等问题。某高校校内测试费结算单未按要求规范填写测试仪器设备编号,涉及金额325.07万元。部分结算单所填写的测试设备未在学校设备账上,部分结算单填写的设备名称与设备账登记不符,且与测试内容不相关。上述事项不符合该高校测试服务管理办法第九条"各方职责如下……测试服务提供方(以下简称提供方)……严格按照学校规定进行测试服务收入结算"及第二十五条"提供方应加强测试服务管理,确保业务活动内容真实、完整。"的规定。建议学校规范测算费结算管理,严格审核测试费结算单。

(资料来源:《经济责任审计情况通报》)

案例5-10　多校区仪器设备资产管理不规范

部分高校建立了多校区或多区域科研机构,但对多校区、多区域科学仪器设备管理不到位。对于新校区、多区域的校区,对占有、使用的属于学校的仪器设备资产应建立协议托管制度,加强日常管理,及时报送统计信息,因此规范科学仪器设备资产授权使用行为,加强对区域研究院资产管理的指导与监督。根据某高校资产账,某高校实验楼已拆除,固定资产未及时变更资产账和财务账,账实不相符。某高校有四个区域研究院,共使用学校家具及仪器设备800项,资产原值合计2 270.64万元。2017年至2020年,区域研究院未按要求建立协议托管制度和及时报送统计信息。2021年,学校未按要求与区域研究院签订资产授权使用协议。上述事项不符合该高校国有资产管理办法中的"各使用单位对各种资产至少每年盘点一次,做到家底清楚、账账相符、账卡相符、账实相符,防止国有资产流失"的规定。建议学校加强固定资产盘点,及时对资产变动情况进行账务处理,确保账实相符。

(资料来源:《经济责任审计情况通报》)

第六章
构建科学智能决策链体系

第一节 科学仪器设备配置决策链

高校科学仪器设备的配置需要以科学智能的决策为指导。决策即作出选择和权衡,选择以价值、利益与偏好为基础,因此决策的两大基石是事实要素与价值要素。好的决策有利于增加高校的教育投入,提高科学仪器设备配置效益,扩大科技成果产出。决策分为流程与分析,其中流程是软性因素,分析是硬性因素。斯坦福大学商学院组织行为学教授奇普·希思(Chip Health)在《行为设计学》中指出,决策流程比决策分析重要六倍。杜玉杰等(2010)提出建立高校实验资源配置科学决策机制,主要包括建立仪器设备管理工作流程(系院申报、部门把关、专家论证、学校审批、立项建设、招标采购、验收入库、日常管理、效益考核、责任追究)与坚持实行学科群下仪器设备共享平台论证办法。通过科学决策、可行性论证增强仪器设备购置的科学性和可行性,减少了仪器设备重复购置。通过构建仪器配置的九个流程界面(图2-1)形成配置管理网络,结合表2-1、表2-2,分析资源配置的结果与价值。高校应与科研院所、第三方机构等不同组织合作,开辟创新网络,实现以服务促创新的全过程。科学仪器设备配置网络融合科技创新形成有价值的科学智能决策链。比如江苏省在综合分析大型科学仪器设备总量、年有效工作机时、仪器价值及地区发展差异等多种要素的基础上,对全省范围内拥有数量较多但利用率不高的大型科学仪器设备进行梳理并组织专家综合论证,编制了《新购大型科学仪器设备预警目录清单》(表6-1),推出大型仪器设备预警制度。

表6-1 江苏省新购大型科学仪器设备预警目录清单

序号	仪器类别	重点预警仪器	地区分布情况[台(套)]
1	红外光谱仪	傅立叶红外光谱仪	南京57、苏州17、徐州8、镇江6
2	光电直读光谱仪	电感耦合等离子体发射光谱仪	南京53、苏州10、徐州6、扬州6
3	光谱成像仪	光谱成像仪	南京64、苏州10、徐州5、镇江4
4	拉曼光谱仪	拉曼光谱仪	南京49、苏州14、无锡7、常州4
5	光学显微镜	荧光显微镜	南京106、苏州18、徐州9、扬州9
6	图像分析仪	图像分析仪	南京48、苏州9、徐州8、无锡7

(续表)

序号	仪器类别	重点预警仪器	地区分布情况[台(套)]
7	流式细胞仪	流式细胞仪	南京90、苏州38、无锡16、徐州10
8	PCR仪	荧光定量PCR仪	南京51、苏州7、无锡4、扬州4
9	离心机	超速离心机	南京40、苏州8、扬州4、南通3
10	DNA测序仪	DNA测序仪	南京41、苏州5、无锡4、扬州4
11	原子力显微镜	原子力显微镜	南京38、苏州17、徐州4、无锡4
12	射频和微波测量系统	信号分析仪	南京50、苏州5、南通2、无锡1
13	激光器	激光器	南京84、苏州14、镇江11、扬州2

一、科学仪器设备管理政策执行过程理论模型

美国研究者史密斯(T. B. Smith)提出政策执行过程理论模型,该模型认为影响政策执行的变量主要有：理想化的政策、执行部门、目标群体和环境因素。结合高校科学仪器设备的九个界面,高校科学仪器设备管理过程中影响政策执行的主要变量有以下四种。

(一) 理想化的决策

科学仪器设备配置过程中理想化的决策应是合法、合理、可行的决策和管理办法,具体包括决策的制定背景、政策依据、形式、类型、范围,以及师生、科研人员对决策的认识。根据财务部门调研走访的反映来看,科研人员普遍反映立项、采购、安装、验收环节时间长,报销手续多,非科研性事务多,占用科研时间,消耗精力,影响科研活动。在高校,对于科学仪器设备实施管理,比较理想化的政策是在坚守财政红线的前提下,尽可能优化、减少管理程序,减少管理界面。

制定科学仪器设备公共政策的主体是政策系统的核心成分,是指参与和影响公共政策决定、执行、监督等过程的组织、团体和个人。高校科学仪器设备配置的最高决策是履行"三重一大"决策程序,重要经济制度一般是要通过系主任、副校长和校长审核确认。

案例6-1 校长办公会和党委常委会审议决策

某高校2017年召开招标工作领导小组会议,审议通过《招标工作管理办

法》等6个招标管理文件;2017年至2020年,学校经营性资产管理委员会先后审议通过《校属企业领导人员廉洁从业若干规定》《企业国有资产管理暂行办法》《所属企业国有资产评估项目备案管理办法》《校属企业资产评估项目备案专家审核管理办法》,上述制度未履行"三重一大"决策程序。2017年,某高校"仪器分析中心实验室维修改造"修缮项目资金安排为200万元,仅通过专项修缮项目审批工作会议审定,未报经校长办公会和党委常委会审议决策。上述事项不符合《关于党政领导班子落实"三重一大"决策制度的实施办法》"一、决策主要事项(一)重大决策事项……7.学校重要规章制度的制定、修改和废除……(三)重大项目安排……3.学校重大基建项目、产业发展规划及政策和100万元以上重大修缮项目……"的规定。

(资料来源:《经济责任审计情况通报》)

(二) 政策执行部门

政策执行部门通常指高校具体负责政策执行的行政职能部门。在执行科学仪器设备管理政策过程中,往往涉及执行部门的部门权力结构、人事配备、人力资源工作态度、领导模式和技巧、执行人员等情况。

1. 部门负责人

高校科学技术研发部门负责人应联合财务管理部门、仪器设备管理部门,做好仪器设备的高端前沿规划。形成定期议事规则,利用大数据,分析近几年科技基础条件资源数据,定期发布大型科学仪器设备新购预警目录,从源头控制大型科学仪器设备的重复购置,提高大型科学仪器设备的利用率和财政资金的使用效益。

2. 执行政策的人力资源

对仪器设备的管理提供专业的支撑,具体表现在仪器设备管理队伍、采购管理人员对仪器设备应具有专业知识,核算的会计人员重视科研预算,熟悉科研经费管理体制,能够精确地执行政策,对于不符合实际情况的政策和制度,能够具有清晰的认识,能提出优化方案,着力解决仪器设备管理问题,避免制度执行泛化。

（三）政策目标群体

政策目标群体即政策对象，泛指由于特定的政策决定而必须调整其行为的群体，一般指高校中的科研工作者。

（四）政策环境因素

与政策环境相关联的因素，包括政治环境、经济环境（汇率变化）、文化环境、历史环境等，是政策执行的路径依赖和影响因素。例如，政策执行环境中的市场汇率变化影响政策执行效果。每年修购项目经费在4—6月下达（1 000万左右），项目执行在每年8—10月，具体付款时间在每年8—12月。因汇率经常在下半年浮动，往往在每年2月估计的设备价格，在年底会上涨浮动2%～5%。以汇率变化较大的2018年为例，如进口设备经费支出1 000万元人民币，年初汇率6.3时可采购158.73万美金的设备，到年底汇率上涨为7.0时则只能采购142.86万美金的设备，中间15.87万美金（约100万元人民币）因汇率浮动而不能贡献于科研设备采购，这种情况下预算往往预留较大空间，执行时导致差异增大，科研经费执行效率降低。

二、科学仪器设备科学智能决策链分析

仪器设备在配置过程中积累的大量数据，经过信息化系统（AIGC、chatGPT等）智能处理，将会转化为有价值的决策。科学智能决策不断推动高校科学仪器设备配置向信息化、数字化方向发展转型，有利于提高绩效统计。比如一个部门对设备利用率的管理程度；比如可加强跨部门数据共享，强化科学仪器等科技资源（固定资产、实验材料）的管理与资产管理、财务管理的工作协同；等等。在流动要素中（图2-1），最容易推行的是物力流，因为人力流和财力流的配置改革阻力较大，借助信息技术界面渗透力，推动物力在不同部门、不同高校之间流动，逐渐带动人力流和财力流的改革。

（一）采购界面

美国政治学家阿尔蒙德指出，利益集团是"因兴趣和利益联系在一起，并意识到这些共同利益的人的组合"。公共选择理论认为人是理性的并追求

个人利益最大化。该理论认为不论个人还是政府,最理性的事情就是提升自我利益。因此,公共选择理论认为政府官员和其他任何个人一样都是利己的,只要有可能,政府的职能就应由私人部门来承担。

在科研经费使用过程中,我们可以清楚地看到,供应商肯定会采取一切办法将利益最大化,不惜代价产生第三方机构围标、串标。但是,政府及政府的代表者,即设备的使用方,也在追求资源的最优配置。从政策制定者传递到政策执行的对象,由于界面存在,必然会产生传递压力。在一个科学仪器设备政策执行过程中,利益集团的出现对公共政策的决定与实施产生一定影响,从而促进公共政策给这一团体带来一定的政策偏好和照顾。如果多个高校(多个利益相关单元)结盟形成的利益集团在市场上进行批量采购,其议价能力、谈判能力及之后的合同执行能力与单个高校的力量是不能相提并论的。因此多个高校联合进行批量采购,不仅能降低采购成本,并且为政策执行及公共财政经费的使用带来了积极且正面的效果。更进一步,如果多个高校与第三方机构进行仪器设备匹配共享取代招投标采购,会进一步降低采购成本,提高仪器配置效益。

(二)管理界面

正是由于高等教育资源相对稀缺,实验室要勇于改革,利用实验技术优势,做出有利于学校发展的决策。从单纯的大型精密贵重仪器共享开放收费,向实体平台承接技术服务转变,实现实验技术服务收费管理,增加实验技术服务方面的收入,这是有政策支持的、可以充分发挥学校实验技术优势的内容。凡实行政府定价和政府指导价的项目按政府定价或指导价执行,其余项目按照市场化方式商定收费金额。主要收费项目内容包括:

(1)测试、计量、计算、分析、化验、鉴定、数据处理、微机培训、软件制作、机械零部件加工等;

(2)资料复制、录音、录像、放映及仪器设备调试、安装和维修等;

(3)技术改造及科研试制、小批量生产等;

(4)教学、科研实验及对外加工等;

(5)代培实验技术人员,授课、指导实验、实习等;

(6)实验装置、实验技术、实验设计的改进及实验室建设和管理等方面咨询服务。

（三）科学仪器设备成本核算界面

目前，根据文献调研和实地走访，发现问题集中在投入与产出关系失衡。究其原因，可以从目前科学仪器设备的开放共享成本核算三种情况展开：运行亏损、损益持平、运行结余。

1. 运行亏损

典型表现是亏损幅度较大，运行收益低，入不敷出。究其原因，由于缺乏统筹规划造成不必要的重复建设、仪器设备资源闲置，以及设备型号老旧、服役期超长，导致用户使用率低，机时不饱和，设备自主维修投入大，零件损耗大，管理人员投入成本高，改扩建成本增加。

2. 损益持平

典型表现是设备运行成本与收益基本持平，结余基本为零或者较少。这一类仪器设备的管理虽然进行了积极的开放共享，机时数饱和甚至24小时运转，但由于缺乏定额管理，绩效考核或是信息化管理手段少，使用新工艺、新材料、新技术方面敏感性不高，造成零件浪费多、人工费用高，导致运行成本高，甚至与收益持平，因此无结余或结余较少。

3. 运行结余

这类仪器设备积极利用了信息化手段，采用了新工艺、新材料、新技术，如使用了低碳绿色技术，降低了运行成本，仪器设备更耐用、寿命长，且在采集大量数据后，将大数据进行整合，推进数据资产定价，实现了仪器设备与数据资产双重收益。

第二节　优化科学仪器设备配置的决策链体系

决策是发展理念的行动先导力。高校资源配置是高等教育高质量发展的重要保障和有力支撑。高校资源配置需要进一步适应市场经济发展和社会变革。在我国高等教育普及化的背景下，通过分析科学仪器设备一体化资源体系中的竞争力和发力点，形成增强高校科技创新竞争力的决策，改变政府"一元"经费投入主体，形成"多元"经费投入主体。构建科学仪器设备资源配置主体、经费投入绩效、人力资源评价和贵重精密仪器资源开放共享、仪器资源配置创新环境形成的决策链(Decision-making chain),推进优化和整合。

一、科学仪器设备经费资源配置主体:从"政府调控"向"市场调节"转变

高等教育资源的市场化配置,不能任由市场自主调节,必须由政府相关部门参与监管和评价。高等教育市场不是完全意义上的市场,它有自身的特点和规律,高等教育资源配置也不是完全依靠市场提供,需要政府的调控和引导,政府力量表现为依法对市场机制和大学组织进行调控,从而确保有效率的激励和约束机制。2022年中央经济工作会议指出,政府不是创新的主体,要通过政策推动高校、科研院所等科研机构的科技创新能力提升。

高校特别是地方高校并不具备市场资源竞争能力,需要地方政府保底。北京高校具备了一定的市场资源竞争力,在市场经济体制逐渐建立和完善后,我国教育资源配置也应该由政府控制逐步走向市场调节。通过校企合作,适当引入第三方机构助力高校的教育事业发展,增强高校的创新活力。随着我国市场经济体制逐步完善,越来越多的资源和生产要素从政府配置中分离出来,进入市场和高等教育领域,形成了具有高等教育特色的社会资源市场。

研究表明,在原有计划配置的框架中,高等教育资源不可能再扩大,其增长主要是在市场环境中通过制度创新实现的。以全国普通高等学校教育经费收入中的校办产业和社会服务收入中用于教育的经费为例(多指高校的经营收入),2014年为197 043.2万元,2015年为259 470万元,2016年为234 756.4万元,2017年为209 301.8万元,2018年为299 562.7万元,可见经营收入具有波动性,并受一定市场环境的影响。

高等教育资源配置已经到了按照市场经济规律建立有效市场机制的时代,避免计划经济时代政府资源配置的不均衡和浪费现象,进一步增强高等教育资源的市场供给能力,使高等教育资源能够最大程度地做到优化配置,高效地利用市场杠杆,调节高等教育资源的流动,从而使高等教育资源配置趋于合理和公平。鉴于区域高等教育资源发展不均衡,地方高校市场资源竞争力弱,资源严重不足,为了维持其正常发展,地方高校更依赖地方政府调控,更需要其提高财政拨款。一方面,高校争取更多办学自主权,特别是资

源配置权力;另一方面,缺乏市场资源(指政府财政外的资源)获取能力,需要政府支持。而优势学校因其资源获取能力强,市场竞争能力大,需要政府放权,更希望市场调节资源配置。

二、科学仪器设备资源支配权力:从"政府统管"到"放管服"转变

根据2015年教育部发布的《关于深入推进教育管办评分离 促进政府职能转变的若干意见》,政府应当简政放权,落实高校的法定办学自主权。国家调控的学术资源管理也同样面临着完善和改革,充分发挥学术资源的杠杆作用,真正促进我国高校科研人员科研动力和科技创新热情,提高原创能力。高校争取办学自主权,其中最核心的部分是大学的人力、财力和物力的支配权,即高校资源配置自主权。政府投入并主导的资源配置,高校支配的灵活度较低,表现在预算制度、人力资源、高校科研特殊性与财政通用性的矛盾、自主竞争能力等方面。

1.预算制度

国家拨款科目实施严格的预算制度,在规范管理的同时,限制了高校创新科目的实施,特别是在教学服务、学生活动等软性支出方面。

2.人力资源

政府控制的编制管理,使人才流动政策遇到重重阻碍,急需推进不拘一格的选人用人机制。

3.高校科研特殊性与财政通用性的矛盾

在政府主导的财政模式下,资源支配更指向基础设施建设,经费支付、管理和审计科目并未充分考虑高校科研的特殊性,如科研经费多用于设备更新和条件建设,科研经费变成设备费,真正用于调研、资料收集、技术创新和成果推广的费用的比例偏低。

4.自主竞争能力

引入市场资源配置机制,就是将高校资源配置权还给学校,学校通过自主竞争获取办学资源,并将其用于急需建设的项目上。

三、科学仪器设备经费投入绩效:从"过程监控"向"成果评估"转变

20世纪80年代初期,英国效率小组提出,在财务管理中应设立经济性(Economy)、效率性(Efficiency)和有效性(Effectiveness)的"3E"绩效标准体系。对大学资源配置结果的考量要走出简单的"效率"范畴,走向"资源配置绩效"。国务院办公厅2018年出台了《关于进一步调整优化结构提高教育经费使用效益的意见》,提出各级教育部门和学校要牢固树立"花钱必问效、无效必问责"的理念,逐步将绩效管理范围覆盖所有财政教育资金,并深度融入预算编制、执行、监督全过程,完善细化可操作、可检查的绩效管理措施办法,建立健全的,能体现教育行业特点的绩效管理体系。

1. 建立"经费包干制"

推动高校经费投入绩效的内部动力。如人才资源配备与使用,学术资源的评审与资助,设备购置与使用等,强化产生效果的评估。另外要改变"短、平、快"的观念,建立长效机制。

2. 推动经费与科技创新联动

在高校设立科技专项经费,建设诺贝尔奖级别的学术机构,建设双一流高校,能深刻推动国家科学和技术的发展。在这重要的建设时期,北京在全员发力。海淀区科技创新资源雄厚,坚持创新驱动发展战略,在原始创新上发力,实现了多项"从0到1"独有的突破,做国际科技创新中心建设的排头兵。不断改善的"高校特色"会带来各方面的收益,以"高校特色"迎面高等教育领域百年一遇的变化。在雄安新区办学,吸引资源,促进城市发展。面向未来的在线高等教育服务,通过改变组织架构提高竞争力。

3. 构建"成果评估"后期资助政策

加强原创性成果奖励。当前高校各类资源配置主要以预测性目标为依据,并进行投入和分配。如国家各类科研项目、国家各类人才工程项目及国家各类平台建设等,都是以前期投入为保障,而对目标达成的评估,则会有效改变资源配置的盲目性,增强资源配置的针对性,更多地考虑"成果"因素,减少经费的审批程序和流程,能够推动经费自主使用权限,提高经费使用效果。

四、科学仪器设备专业技术人力资源评价：从"资源集中"向"资源均衡"转变

高校人力资源评价政策通过竞争和激励的手段，实现科学仪器设备资源配置的均衡化。一是改变以往的"资源叠加政策"，避免重复支持，拓展不同层次人员获得科学仪器设备资源的机会。2020年《关于深化高等学校教师职称制度改革的指导意见》（人社部发〔2020〕100号）明确提出"克服唯论文、唯'帽子'、唯学历、唯奖项、唯项目等倾向"。二是拓展省部级人才工程和重大项目的数量，加大对京津冀区域重大问题的研究。在北京高校，现有的人才资源，特别是国家级人才和国家重大科研项目的承担者，主要集中在少部分高校中的极少数人身上，无法形成高校整体性竞争能力。加大省级重要资源配置，引导绝大多数高校教师参与竞争，能够发挥更大的激励作用。三是优化校级人才资源配置，鼓励地方为高校设立非竞争性科研经费，支持广大教师特别是青年教师潜心研究、自由探索。四是提高科学仪器设备使用团队的专业技术性，加大培训和晋升的力度，通过专业化的培训，降低仪器操作过程中的熵增。通过深化行为经济学的影响，统一仪器设备使用团队的技术行为，提高科研数据的准确性。此外，还需加快推进高校科技成果使用、处置和收益管理改革，完善和落实促进科研人员成果转化的收益分配政策。

五、大型贵重仪器设备资源共享优化：从"分块政策"向"一体政策"转变

优化高校仪器设备资源开放共享政策要通过一定的竞争机制，实现由以往的"分块政策"向"一体政策"转变。

1. 给予仪器需求部门自主权

同一部门对于高校仪器设备资源配置应当由科学技术研发和使用部门统筹规划，科学仪器设备的需求、维护、使用都是由需求部门来实现的，应给予充分的自主权，避免行政部门"二传手"条块分割效应。目前，教育部各部门的资源配置缺乏整体构架，"扶优"或"扶弱"都出现"一边倒"的现象，资源配置要么集中于优势高校的优势学院，要么倾斜至"弱势高校"，形成"两

端多中间少"的现象。

2. 提高高校仪器设备资源配置政策的统一性

各级政府对于高校资源配置应当实行统一政策,特别是省级政府,应当尽量达到国家政策要求的高校资源配置标准,而不因地区经济发展不佳,减少高校资源投入。

3. 优化高校内部资源配置的合理性

加强学科投入的同时,统筹专业投入;加强科研支持的同时,保障教学投入;加强一流师资建设的同时,保证师资队伍素质全面提升;加强重点建设的同时,保障一般建设需求;等等。

4. 提高高校仪器设备资源区域共享政策的专业性

国家应加大高校间仪器设备资源开放共享力度,通过搭建平台、对口帮扶、政策引导等方式,支持专业培训,开放共享技术与服务协同发展,避免条块分割,促进协同创新、共同发展。但由于高校仪器设备资源共享、跨区域资源共享、跨校资源共享效应仍未显现,因此,应落实区域高校资源共享保障与评价机制的效力,并结合经费投入政策,真正实现高校内部、区域高校间资源共享,减少各高校重复投入,从而推动高校内部资源有效的优化。

决策链为购置大型科学仪器设备提供科学依据。我国科学仪器设备总量大、种类多、分布广,应引导各单位从严控制仪器设备的重复购置,提高财政资金使用效益。一是对拥有量大、使用效率不高的通用型科学仪器设备进行定量,建立台账并公布清单,连续发布新购大型科学仪器设备预警目录,加强指导各单位在新建和采购大型科学仪器设备时开展专家评议。以江苏省为例,三年来共核减新购大型科学仪器设备602台(套),节省财政资金7.97亿元。

将联合评议作为仪器设备开放服务绩效考核的重要指标,通过考核加强宣传,引导各单位将联合评议作为贵重仪器设备购置的必要环节。将购置论证放到学科建设部门下达经费预算之前,确保仪器设备购置科学合理。

搭建科技资源统筹服务云平台,通过实施省科技创新政策,盘活存量资源,推动面向创新一线开展共享服务,鼓励中小企业使用高校院所仪器设备资源,降低研发成本。

第三节　信息技术赋能决策链

通过科学仪器设备自动感知对象、自动化采集数据、自动分析数据、自我诊断,最终生成自动智能决策。决策智能(Decision intelligence)是通过探索与模拟因果关系来预算未来、指导决策与行动的系统化、流程化的体系。

一、发展现状

当代信息社会,网络空间逐渐与由人类世界与物理世界组成的传统社会空间深度融合,形成了由人类世界、物理世界、网络空间组成的三元世界。"人—物—网"纽带关系理论同样适用于高校科研过程。高校科研活动是一个开放系统,不断地与外界进行经费、能量、信息的交换。随着信息网络技术的进步,实验室作为高校重要的科技创新空间,不断与互联网融合,形成了智慧实验室空间。越来越多的科学仪器设备与物联网连接起来,高校科学仪器设备管理信息化程度越来越高,原有实验室管理模式和方法逐步显得落后,面临信息化的挑战。

(一) 前沿介绍

2022年,美国国家科学院发布的 *Empowering tomorrow's Chemist: Laboratory Automation and Accelerated Synthesis: Proceddings of a Workshop in Brief* (2022)(《赋能未来的化学家:实验室自动化和加速合成:研讨会简报(2022)》)报告介绍了实验室自动化的研究成果。伊利诺伊大学厄巴纳香槟分校的马丁•伯克(Martin Burke)和印第安纳大学布卢明顿分校的尼古拉•波尔(Nicola Pohl)将实验室设计成"云实验室"(Cloud lab)或能装在盒子里的实验室(Lab in a Box),利用自动化远程控制(Remote-control)实验室内的激光器、显微镜、波谱仪等科学仪器设备,可以完成实验室日常工作,比如实验方案设计、仪器操作、数据获取、样品分析、实验报告生成等。随着材料变量等参数变多,实验复杂程度呈指数级增加,而机器人正好能辅助实验的操作,攻克样品种类多、操作以及测量流程复杂、操作仪器设备复杂等困难,本杰明·伯格(Benjamin Burger)等人于2020年研发了一种机器人,在8天的时间内成功完成了688个实验,并在 *Nature* 发表文章 *A mobile robotic chemist*(《移动机器人化学家》)。高校在建设学科方向上,也应瞄准前沿方向,展开相关关键技术在科学仪器设备领域的应用。

(二)信息技术助力科学研究

几百年前伽利略发明望远镜,列文虎克发明显微镜,开启了现代科学仪器革命。日益发展的人工智能则是当下和未来时代的"望远镜""显微镜",让科研人员能更有效地看到更远、更微观的科学现象。人工智能将在可预见的未来全方位助力基础研究方法的提升,包括但不限于生命科学、材料科学、新药研发、数学研究、大气科学乃至金融经济学等学科。

高校建设了信息化管理系统,在仪器设备管理过程中形成了大量有价值的数据资产,通过数据自动化提取与挖掘,节省科研人员操作科学仪器设备的人力劳动。以传统物质科学研究为例,主要依赖科研人员的科学直觉与实验判断,配合大量科研人员开展重复性实验来验证,加之科学仪器设备预约难等因素,导致整个验证过程时间长、成本高、效率低,并且与当今世界数字化、智能化发展趋势脱节,逐渐无法适应现代科学研究。在将大数据分析应用于科学仪器设备的管理,实现精准测样方面,人工智能提供了巨大的潜力。

(三)信息技术降低成本分析

美国经济学家戈德法布(Goldfarb)和塔克(Tucker)认为,数字技术通过降低经济活动的搜寻成本(Search costs)、复制成本(Replication costs)、交通运输成本(Transportation costs)、追踪成本(Tracking costs)、证明成本(Verification costs),促进了经济效率的提高。对于高校科学仪器设备配置,数字技术降低了采购需求调研成本,科学仪器设备的资料数据复制成本低;对于科学仪器设备数据可以远程在线分析,不用担心地理位置和距离问题;对于任意一台科学仪器设备的数据,方便操作者及时查询。

二、改革措施

杜玉杰等(2010)提出发挥互联网(校园网)的界面渗透作用,建立实验室管理、仪器设备管理、大型仪器设备共享等实验资源共享信息平台,通过平台的建设使全校师生能够及时了解学校实验资源共享的有关政策、实验室资源信息,能够便捷地开展共享信息的发布、查询以及实验室和大型仪器设备的预约、确认等工作,使实验资源共享效益最大化,达到实验资源充分共享的目的。为使科学仪器设备配置更具科学性、时效性,应提升管理效率。构建五要素合力模型(图6-1),对仪器设备进行配置管理,依托射频技术、大数据技术等实现对仪器设备使用管理状态查询与全生命周期管理。

(一)提升先进技术管理意识与能力

在人工智能时代,作为科学仪器设备的配置主体与技术人员要具备先进数字技术的管理意识、人工智能的思维以及数据分析能力,具体表现在可视化技术、分类/回归技术、关联分析技术、文本挖掘技术、流程挖掘技术、深度神经网络技术、计算机辅助分析技术、区块链与智能合约、机器人流程自动化(RPA)等。在物联网中,计算机、智能手机是信息资源的具体载体,集合了前端和终端,可以作为数据的采集器和传感器,将重要数据上传到财务或大数据系统中,实现科学仪器设备在线完成购置论证到采购、验收、入库、折旧、报废的功能。对于不同的流程,要找到相同点和差异点,识别经济业务流程的控制点和优化点,对内部经济业务流程进行优化和再造。通过技术手段,可以提高基础工作的效率和质量,促进科技资源达到最优配置,用信息资源免除人员事务性工作时间,有利于实现信息融合、价值融合,最后达到组织融合。以科学仪器设备配置的九个界面为例,传统的配置环节耗费大量人力和时间,影响工作效率和工作准确率,从填写采购需求到验收,需要填写采购审批表、论证报告、验收报告等文件,现在通过系统,直接填写保存,下次可以直接提取,方便快捷。

(二)优化界面流通

在五要素合力模型中(图6-1),改革五要素的总方向是通过信息化技术途径来减少熵增,实现信息化管理,即熵减,实现宏观最优秩序、微观层面不断创新的管理模式。信息资源的突出表现是信息化系统。目前,由于预算管理一体化,将财务系统、资产管理系统、采购管理系统、房产管理系统之间的业务流程关系进一步集成。目前这四个信息化系统,是由不同部门按照不同需求构建的,因此要实现协同,需要打通各个系统的接口。随着预算管理一体化的推广,四个系统越来越趋向一体化管理。在五要素合力模型中,财力、物力、人力、时空资源四类要素可通过信息技术建立起较为完备的信息化操作系统,现在要打通各个系统之间的壁垒,实现信息的顺畅流通。

高校是公益二类机构,通过采购活动将财力变为物力。如果要通过仪器设备实现高校财力开源,短期内可以通过大型仪器设备共享收费等途径来实现;长期则需要通过物力支撑高等教育,实现多渠道融资,比如优秀人才智力回馈、校友捐赠、国家对高校激励等方式。在高校中的财力和物力相互转换的关系中,高校可以利用大量数据生成信息资源。信息资源强,会给各业务流程带来高效率的节点推送,提高物力、财力、人力的资源配置。信息资源是连接整个高校的无形力量,贯穿整个校园,是智慧校园的坚实基础。物力提供物质基础。师生在五要素合力的影响下,进行知识的生产与传播。

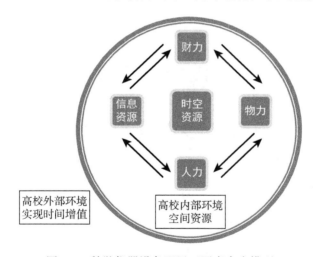

图6-1 科学仪器设备配置五要素合力模型

制定教学实验室预算应建立实验室建设和修购的备选项目库,根据各学院实验室的实际使用、运行和建设计划,认真地编制预算;通过邀请校外专家进行必要的评审程序,根据专家意见,结合学校实际情况,在评审会上进行沟通交流,集思广益,最终选择值得支持的项目;进一步明确实验室绩效目标和考核指标,制定实验室预算实施计划,建立实验室预算管理机制。在财力允许的范围内,根据专家评审、咨询意见,选定符合学校发展战略和规划,且方案切实可行的项目付诸实施。

案例6-2　数据自动收集软件

2008年,清华大学购买安装世界上领先的冷冻电子显微镜,这是亚洲第一台调试成功并可以收集数据的冷冻电镜设备。在信息技术新浪潮带动下,清华大学冷冻电镜平台教授开发了数据自动收集软件。在开发数据自动收集软件之前,科研人员要坐在显微镜前手动操作、聚焦、拍照片,每一张都要人工调好相关参数。对于多组科研实验数据,需要人工拍摄几百到上千张照片,科研人员在显微镜前一坐就要好几天,既费时又费力。安装数据自动收集软件后,只要经过人工预处理,用两三个小时挑选待测样品、设置拍摄参数,拍照与数据分析全部交由计算机自动软件完成。收集数据的时间从几天变为短短几个小时,采用信息技术不仅提高了效率,也提高了显微镜数据的稳定性。

(资料来源:新华社报道)

第四节　利用第三方机构赋能

科学仪器设备配置涉及多个学科与领域,其储存场所往往是实验室。实验室是一个集专业性、技术性、实践性特点于一体的固定场所。实现实验室科学仪器设备科学配置,既要满足高校自身的管理需求,也要争取第三方机构安全技术支撑。为消除实验室的风险因素,高校应健全第三方机构安全管理标准,依托信息技术,达到高水平的现代化大学治理。

一、科学仪器设备与第三方机构

科学仪器设备是科学研究和技术创新的重要基石。随着改革开放的不断深化,市场化服务越来越多地融入高校的服务中。在高等教育管理研究中,一般选取高校作为主要研究对象,因此,第三方机构是指非高校的外部社会服务机构,承担科学仪器设备服务(安装、改造、维护、维修、拆除与处置),以及实验室专用储存场所建设、实验场所内设备设施实验材料服务(供给、校内运输)、信息软件服务、环境治理服务(废液、废气、废固处理)。第三方机构呈现出技术专业化、服务水平高的显著特征,他们大量涌入高校,承担了部分建设与服务业务职能,在一定程度上提供了技术支撑,并逐渐表现出信息化特征。伴随着信息技术与第三方机构的发展,存放科学仪器设备的场所(以实验室为主体)在向数字化、智慧化转型。

引入市场机制(第三方机构管理)能使高校更好地配置仪器设备,营造创新的知识环境。美国化学会的《化学与工程新闻》杂志(*Chemical & Engineering News*,C&EN)报道了2018年全球仪器设备公司TOP 20排位榜单,这些科学仪器设备公司都是广义上的第三方机构。全球一些企业巨头主导着科学仪器设备市场。最典型的现象就是：排名前五的大仪器设备制造商占前一年前20家公司销售额的一半以上。比如仅赛默飞世尔科技公司一家就占前20名公司仪器设备销售额的23%。科学仪器设备是进行科学研究和科技创新的基础,在当今比拼科技实力的时代,全球对于科学仪器设备的需求不断增长,据专业调查公司统计,2021年全球实验室分析和生命科学仪器设备市场规模已超过690亿美元。在全球科技快速发展的推动下,全球科学仪器设备行业市场规模将持续增长,预计到2026年全球实验室分析和生命科学仪器设备市场规模有望增加至1 020亿美元,2021—2026年复合增长率为6.9%。

21世纪以来,美国等主要科学仪器设备制造国家设立专项计划(资金)发展"重大科学仪器"。我国也加快科学仪器设备研发生产,全球科学仪器设备行业进入加速发展阶段。高校实验室是现代化大学的心脏,是实验教学、科学研究、创新平台的重要支撑和保障。第三方机构安全管理是构建高校大安全格局中必不可缺的一环,全面提高第三方机构安全管理能力,并进行有效替代,将促进高校实验室治理现代化水平的提升。

二、总体情况

国家级科研机构是高校科技创新的重要平台,其中国家重点实验室占据了大部分,高校国家重点实验室是实验教学、科学研究、创新平台的重要支撑和保障。据不完全统计,北京34所"双一流"建设高校的国家级科研机构近三年呈现稳定增长趋势(表6-2)。

新中国成立以来,高校实验室规模和水平建设得到巨大提升,取得辉煌成就,实验技术经历了萌芽期、膨胀期、低沉期、复苏期,向成熟期不断发展。

据1981年教育部统计，全国高等院校实验室有21 936个，实验室总面积为294万平方米，教学科研实验仪器设备总值为27.1亿元。截至2018年底，实验室已达36 953个，总面积达3 778万平方米，仪器设备总值达5 533.06亿元。

表6-2 北京"双一流"建设高校国家级科研机构

序号	2021		2020		2019	
	国家级科研机构	科研人员	国家级科研机构	科研人员	国家级科研机构	科研人员
1	32	3 102	32	3 026	13	2 988
2	20	3 034	14	3 017	15	2 937
3	6	2 037	6	1 708	14	1 891
4	5	1 584	5	1 531	9	1 557
5	6	1 768	6	1 718	5	1 635
6	6	1 509	6	1 479	—	845
7	23	2 953	14	2 628	5	2 729
8	10	1 590	8	1 590	6	1 450
9	2	1 437	9	1 378	8	1 331
10	11	1 498	11	1 354	—	1 317
11	113	6 786	161	6 786	—	6 637
12	9	1 009	10	1 009	9	—
13	2	708	11	657	2	629
14	3	1 153	3	1 188	2	1 103
15	0	707	0	695	0	644
16	11	482	11	451	10	456
17	5	770	4	769	3	741
18	17	1 163	4	1111	2	1 092
19	1	659	3	587	1	552
20	3	782	1	757	0	714
21	28	936	—	908	1	843
22	5	488	4	423	4	427
23	0	828	0	809	0	763
24	3	960	0	1 049	0	911
25	1	782	0	660	1	643
26	0	966	0	403	0	386
27	0	756	0	769	0	749
28	0	127	0	127	0	128
29	0	347	0	340	0	355
30	0	170	0	144	0	141
31	0	286	0	247	0	268

(续表)

序号	2021		2020		2019	
	国家级科研机构	科研人员	国家级科研机构	科研人员	国家级科研机构	科研人员
32	4	248	0	237	2	245
33	2	346	2	357	3	327
34	0	169	0	149	0	146
合计	328	42 013	325	39 934	115	37 452

作为"双一流"建设高校的坚实后盾,实验室在知识保障、学术生产、科学研究方面持续发力,实验室建设趋向规范化、标准化、专业化,实验技术不断精细化与专业化,其中大量服务机构、供货商、公司、企业(统称第三方机构)在物力(硬件)、信息(软件)、环境治理方面提供了有力的技术支持,并承担着物资进出校园纽带的角色。但由于有些第三方机构人员素质参差不齐、安全管理缺失,甚至由于不安全行为造成安全生产事故与人员伤亡,与高校之间产生法律纠纷。2009年,某高校第三方机构人员在调试厌氧培养箱过程中,由于调试人员使用错误气体发生高压气体钢瓶爆炸,造成2名调试人员与3名师生不同程度受伤。2015年,某大学实验室发生硫化氢泄漏事故,造成1人死亡。事故原因为负责气瓶供应的第三方机构人员不熟悉操作业务,更换气瓶操作不当,造成气体泄漏。2020年,某大学实验室发生实验设备燃烧事故,造成2人受伤。事故原因为维修人员违规使用助燃气体代替惰性气体进行维修,导致设备引燃。从构建大安全格局出发,实验室安全不能仅仅局限于高校内,第三方机构的安全管理是整个大安全格局中必不可少的一环。目前,高校实验室安全管理的对象多是本单位实验室人员,而针对第三方机构的安全管理较少,这明显已经成为实验室安全管理的短板。因此,全面提高第三方机构安全管理能力具有十分重要的意义。

三、高校在第三方机构安全管理中存在的问题

(一)管理责任不清,造成监管错位

针对第三方机构,高校的管理工作包括遴选、采购论证、约定合同、监管作业过程、验收管理、评价管理等环节。一般来说,师生、招标采购中心、资产管理中心、实验室管理中心、安全保卫部门、后勤部门等都应参与其中。由于高校普

遍未形成规范有效的第三方机构安全管理工作流程，未制订第三方安全管理制度，未明确各方的管理职责与协调机制，在各环节审核过程中容易被忽视。此外，管理部门是多头的、分散的，也会造成各部门监管力度不一，没有形成监管合力。

（二）专业存在差异，存在监管难度

专业差异存在两个方面：一是实验室用户与第三方机构方面。第三方机构的专业操作性质通常与建筑施工或者机械制造类似，与实验室用户(特别是化学类用户)的实验技术需求存在差异。双方对对方的安全风险、安全技术、安全管理要求并不了解，要提前进行深入沟通。通常情况下，在实验室技术人员与第三方机构人员同时作业(即交叉作业)时，容易对彼此作业造成影响，安全技术措施也可能不够全面有效。二是管理部门与第三方服务机构方面。管理部门人员工作偏向教育管理，技术能力不足。在仪器设备审核过程中，只能把关"有没有"，难以知晓"行不行"，不能提出针对性的管理意见，造成审核流于形式、浮于表面。

（三）缺乏审核机制，监管不够长效

目前，第三方机构安全管理缺乏审核机制，其准入、评估以及淘汰机制不够完善，对其服务能力、操作危险等级也未进行评估。在实际安全管理中缺乏对第三方机构的考评和检查，缺少了解其实力与服务质量的渠道，用户的"口口相传"往往成为选择第三方机构的依据，管理部门也无从把关，从而频繁出现安全管理问题。

（四）管理观念落后，监管存在空白

《中华人民共和国安全生产法》规定："生产经营项目发包给其他单位的，生产经营单位应当与承包单位签订专门的安全生产管理协议，或者在承包合同约定各自的安全生产管理职责"。这说明实验室用户在第三方机构作业过程中要承担一定的安全管理责任。而实际上，实验室用户往往认为第三方机构不在自己的管理范围内，第三方机构应为其作业负全部责任，如造成人身损害和财产损失，甚至将此作为条款写入合同或协议中，形成"生死合同"。这种"谁作业，谁负责"的观念导致用户不对第三方机构进行监督管理，任由其作业,这不仅存在安全监管空白,也是一种违法行为。

四、第三方机构"1+3+3"安全管理体系构建

实验室第三方机构的管理涉及环节多、部门多,需要形成多部门、全流程、标准化协同联动工作机制,全面提升高校实验室对第三方机构的安全管理能力。参考不同行业第三方机构管理的先进经验,围绕着消除实验室第三方机构在人员管理、设备设施、管理体系、服务流程等方面的事故致因,构建了一个框架、"三定、三把关"的"1+3+3"安全管理体系(图6-2),即以一个服务内容框架,制定服务内容的范围与安全评价指标(表6-3);以"规定、约定、核定"的"三定"方式,健全第三方机构安全管理标准;以严把"选择关、使用关、评价关"的"三把关"要求,落实第三方机构"选择、准入、使用、评价"全生命周期安全管理,实现全过程安全管控。

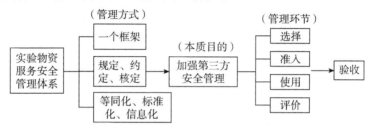

图6-2 "1+3+3"安全管理体系构建与避免事故致因轨迹交叉示意图

表6-3 实验室第三方机构业务安全评价指标库

第三方服务	安全内容	实验室场所	危险等级
自身	人员安全、培训安全、作业安全等	全校实验室	Ⅰ—Ⅴ
物力(硬件)	专门储存场所建设、场所内设备设施服务(安装、改造、维护、维修、拆除与处置)	放射源库房	Ⅰ
		剧毒化学品库房	Ⅰ
		易制爆化学品库房	Ⅰ
		气瓶间	Ⅰ
		危险废弃物暂存库	Ⅰ
		生物实验室	Ⅰ
		实验室电路	Ⅰ
		高温、高压、高速旋转、低温、低压大型仪器设备实验室	Ⅰ
		易制毒化学品库房	Ⅱ
		射线装置实验室	Ⅱ
		其他专用库房、储存室等	Ⅲ

(续表)

第三方服务	安全内容	实验室场所	危险等级
信息(软件)	实验材料服务(供给、校内运输)	危险化学品使用实验室	Ⅰ、Ⅱ
		压力气瓶使用实验室	Ⅰ
	个体防护用品与应急物资(供给、校内运输)	存在职业危害因素的实验室	Ⅰ—Ⅴ
	安装、调试、维护、报废	压力气体探测系统	Ⅰ
		监控、门禁系统	Ⅱ
		实验室安全巡查系统	Ⅲ
		化学品采购与管理系统	Ⅲ
		实验室设备管理系统(大型仪器设备开放共享系统)	Ⅳ
		实验室安全教育与准入系统	Ⅴ
		实验用房管理系统	Ⅴ
		虚拟仿真技术	Ⅴ
环境治理	通风净化设备、消防服务(安装、改造、维护、维修、拆除与处置)	危险废弃物存放实验室	Ⅰ
	废气、废液检测服务	产生废气、废液实验室	Ⅰ
	危险废弃物分拣与运输	危险废弃物暂存库	Ⅰ
实验室安全风险标准化评价	安全风险评估	全校实验室	Ⅰ—Ⅴ

(一)以一个服务内容框架做好顶层设计

实验室第三方机构承担了大量技术工作,明确其服务内容与范围是开展工作的基础,而确定其操作过程的危险等级是安全工作的准心。基于实验室危险等级分类、服务过程中不安全行为分类和实验室事故因素分析(150起实验室事故中,危险化学品因素占62%、仪器设备因素占23.33%、线路安全因素占8%、生物安全因素占4.67%),构建了第三方安全评价指标库,其中危险等级(或安全防护等级)分为5级,Ⅰ级服务内容最危险,等级最高,如建设放射性强、易燃易爆、剧毒化学品、强腐蚀化学品、高温高压高速旋转等专用储存场所和生物实验室,实验室电气建设、改造、维护、维修、拆除与处置等场所内设备设施服务,需要安全防护和建设的等级也是最高。Ⅱ级服务内容是建设低危险程度的易制毒化学品库房、普通危险化学品使用实验室、射线装置实验室以及监控和门禁系统的安装、调试、维护、报废服务。监控系统的建设之所以具有如此高的危险等级,是由于实验室内的安全事故或事件是瞬间爆发的,在取证调查的时候往往要借助监控去查证。Ⅲ级服务内容是其他专用库房、储存室、实验室安全巡查系统、化学品采购与管理系统的建设。Ⅳ级服务是实验室设备管理系统(大型仪器设备开放共享系统)。Ⅴ级服务涉及实验室安全教育与准入系统、实验用房管理系统和虚拟仿真技术。个体防护用品与应急物资、实验室安全风险标准化评价由于涉及不同安全防护等级,因此覆盖了Ⅰ—Ⅴ级的服务内容。

(二)以"三定"健全第三方机构安全管理标准

从制度层面"规定",严格把关第三方机构的选择。制定第三方机构管理制度,通过把实验技术项目合同(招标文件)编制到评价全过程的安全要求融入实验室安全管理标准中,从制度上对第三方机构全过程安全管理进行全面规范。制度内容要包含完善招标文件的编审机制、设定安全否决条款,新增安全管理条款、严控第三方机构准入、严控人员准入、严控外部设备准入。为第三方机构安全管理提供有力的制度保障,从源头上消除第三方机构人员的不安全行为。

以北京科技大学、中国地质大学(北京)等高校化学试剂的管理为例,目前主流做法是对第三方机构进行公开遴选。定期发布遴选公告,由专家审核第三方机构提交的资质能力证明文件。其中重点审核营业执照、近三年经营活动是否存在违法记录、信用查询、纳税人证明以及商标注册证或代理商授权书。涉及危险化学品的,还要审核《危险化学品经营许可证》《道路运输经营许可证》等文件。若涉及管制化学品,还要审核在公安部门备案的相关证明文件(表6-4)。

表6-4 审核第三方机构资质文件

服务内容	营业执照	资质文件						其他文件
		危险化学品经营许可证	道路运输经营许可证	驾驶员、押运员备案	特殊备案证明	商标注册证/代理商授权书	近三年无重大违法记录声明、财务审计报告、信用查询、一般纳税人证明	
危险化学品 — 剧毒危险化学品	√	√	√	√	√	—	√	√
危险化学品 — 易制爆化学品	√	√	√	√	√	从业单位备案证明	√	√
危险化学品 — 易制毒化学品	√	√	√	√	√	经营备案证明	√	√

（续表）

服务内容 营业执照	资质文件						其他文件
	危险化学品经营许可证	道路运输经营许可证	驾驶员、押运员备案	特殊备案证明	商标注册证/代理商授权书	近三年无重大违法记录声明、财务审计报告、信用查询、一般纳税人证明	
危险化学品 压缩气体	√	√	√	√	气瓶充装许可证、特种设备检验检测机构核准证	√	√
一般危险化学品	√	√	√	—	√	√	√
金属、非金属材料	√	—	—	—	√	√	√
普通化工产品、生化试剂	√	—	—	—	—	—	√
其他服务	√	—	—	—	—	—	√

用合同文件"约定"。签订合同前应对实验室进行风险辨识，把实验技术项目相关的安全要求等列入合同(如果合同金额达到公开招标要求，需要将安全要求写进招标文件)。第三方服务机构在合同(投标文件)中制定项目安全技术措施，响应合同(招标文件)要求；签订合同时，把双方在合同(招投标)过程中约定好的项目安全要求全面列入合同条款，与第三方机构建立风险共担、互利共赢的命运共同体。以危险废物分拣与处置业务为例，北京科技大学、中国地质大学(北京)等学校分别与废物分拣公司、废物处置公司签订了危险废物分拣、处置合同，将危险废物暂存库的日常维护、上门分拣危险废物、安全防护用品配备、安全运输、危险废物咨询与服务以法律条文的形式约定下来，高校与第三方机构形成了新型环保价值共同体。

在实施过程中实现信息化"核定"。在施工过程中，以满足合同要求和现场施工安全为底线，制定第三方机构安全评价指标，核定第三方机构履行安全管理要求的情况，通过信息化系统实现各个指标的自动采集、计算，得到每个第三方机构的信用分值，实现对第三方机构的项目实施动态安全评价，根据评价结果建立"红、黑名单"，实施激励和约束，优胜劣汰。通过信息化管理督促第三方提升自主安全管理能力，保障现场作业安全，做到过程核定。以北京科技大学采用化学品采购与管理平台进行订单评价为例，信息化平台不仅实现了实验室化学品的供应、采购、审批、使用到处置的全程动态管理，管理部门与用户均可通过平台实时掌握化学品流向信息。此外，平台内引入订单评价功能，用户可以对第三方机构的产品质量、服务能力进行打分。

（三）以"三化"规范第三方机构全过程、全周期安全管理

实行"等同化"管理。基于第三方机构的安全承诺书，实行无区别待遇，执行统一的第三方机构安全管理规定，压实其安全生产责任制，通过每年的信用打分考核，来促进第三方机构安全管理水平的提升。

实施"标准化"过程管控。在硬件上强调设备安全标准化，在作业流程上强调作业程序标准化，严控作业风险，提升作业安全水平，严管"三防"措施落实，提升现场安全水平。北京科技大学推进化学品库房安全设备标准化，配置了防盗防入侵设施、温湿度监测系统、通风系统、静电消除器等硬件，实现风机与有毒有害气体浓度、湿度、温度联动报警，以标准化的硬件确保重点风险点准确预警。中国地质大学（北京）推进危险废物暂存库作业流程标准化，要求在库房张贴标准化作业流程，危险废物分拣工作人员佩戴标准的个人防护用品，在门口消除静电之后，方可进入库房，严格按照安全标准化作业流程进行操作。

建立"信息化"技术支撑。目前，实验室的安全管理从传统经验驱动转向数据驱动，信息化手段大大提高了第三方机构的服务水平与效率，对第三方机构采用网络平台模式进行数字化管理，建立信用评级打分是必然趋势。利用人脸识别技术与信息化平台审批人员的进入，在审批过程中可通过第三方机构提交的人员信息了解人员资质能力，避免不具备专业能力的人员入校实施作业。

（四）第三方机构的有效替代

信息技术的每一次变革，都带来实验技术的深刻变化，人工智能、信息化系统在实验室管理与教学、应急物资采购中广泛应用，大大降低了第三方机构进校接触风险，并且呈现出人工智能和区块链等前沿数字技术手段的实验论证研究。对于第三方机构的有效替代可以基于高校自身实验技术提高和前沿智能技术取代两个主要途径。一方面，2021年人力资源和社会保障部、教育部联合发文《关于深化实验技术人才职称制度改革的指导意见》，相关改革将充分调动广大实验技术人才的积极性、主动性和创造性，极大

地推进实验技术人才自身提高,从而加速实验技术发展,部分甚至全部取代以往掌握在第三方机构中的实验技术与服务内容。另一方面,教育部大力推进区块链技术在物资设备供应链与物流体系的应用研究,对于重要的物资设备、实验材料(如放射源、高危险设备、疫苗、危险化学品)采用产品全生命周期追溯技术,实现产品全过程透明可追溯,以往物资设备(尤其是应急物资)在生产、运输、销售、监管过程中的低透明度、高成本、低效率问题将会得到根治,新型的供应链与物流体系,将会对第三方机构形成有效替代与挑战。

第七章
创新价值链

价值链分析越来越成为设计科学仪器设备资源配置方案的基础。但是高校财务部门目前仍按照路径依赖的方式进行经费核拨,因此本章通过将教学科研与九个界面创新价值链结合,分析知识生产过程中的活动价值,深入讨论创新价值链条第一阶段研究与开发阶段各个界面重要的中间体,主要有大型仪器共享平台、分析仪器测试中心、实验室等。

第一节 实验室价值链体系

1985年,哈佛大学教授迈克尔·波特(Michael E. Porter)在《竞争优势》一书中,提出创新价值链,将企业活动分为基本活动与支撑活动,而后价值链的概念延伸到诸多领域,比如生产链、供应链。在高校的创新价值链中,高校的知识生产活动也可以分为基本教学科研活动和行政部门提供的支撑活动(表7-1)。高等教育作为一项培养人才的社会活动,具有特殊的矛盾与运动规律。苏联教育学者科贝利亚茨基在《高等学校教育学原理》中提出教育过程的特点,指出高等学校研究的主要内容是科学的发展;在高等学校的教学过程中,教学和科研是紧密联系的;大学生的学习认识活动具有高度的自觉性、积极性,他们的学习活动近似于研究工作;如果所有学科的教学都能从职业的角度考虑,教学可能会取得更好的效果。科学仪器设备作为典型的物力资源,主要存放在大型仪器共享平台、分析仪器测试中心、实验室,这些场所既提供基本的教学科研活动,又提供行政管理部门的支撑活动。在制定科学仪器设备财务资源配置方案过程中,一般需要对科学仪器设备的作业链进行分析,以科技创新需求为出发点,区分各个环节对科技创新和知识生产价值创造的贡献。核定各学院采购的仪器设备偏离市场经济价值系数、仪器设备维修频率、满足科研人员需求所必需的科学仪器,然后应在资源配置过程中给予优先保证,这样可以发挥其最大效用。而对于那些非增值的学科与科研活动,在不降低科技创新活动质量、生产知识价值的前提下尽量减少其资源配置,采取有效措施予以取消。

表7-1 科学仪器设备创新价值链

高校教育活动	环节	活动具体内容	价值分析
基本活动	教学科研	利用科学仪器设备进行教学和科技创新	发现仪器设备的需求,自主研发研制科学仪器设备

(续表)

高校教育活动	环节	活动具体内容	价值分析
支撑活动	预算立项	立项、预算编制、核算、决算	保障财力转化为物力的合规性
	采购	获得科学仪器设备途径之一	保障财力转化为物力的合规性
	管理	对科学仪器的全生命周期管理	保障仪器设备正常运行
	使用、开放共享	仪器设备的使用人开展科学实验	通过使用科学仪器设备,得出重要发现和科技成果

一、实验室与经费配置

目前来看,实验室管理部门与财务管理部门之间的沟通滞后,实验室日常各项经费的预算申报、审批等环节仍停留在使用电话、邮件或微信群等方式进行沟通。这种传统管理方式审批流程缓慢,已经影响实验室经费使用效率,越来越不能适应预算管理一体化的要求。建立新型的实验室经费配置模型势在必行。有些高校建立起了实验室经费信息化系统,但是在经费配置方面,由于不能消除不同学科之间的差异,存在着实验室重复建设的现象。因此建立资金查询系统,实现实时定位资金的流向显得尤为必要。

美国拥有一个庞大的国家实验室体系,在国防、推动经济、引领科技发展趋势、催生诺贝尔奖领域发挥了巨大作用。美国政府强调国家实验室的共享和开放。科研资源高度集中化、多学科交叉融合、设置在战略必争领域、相对稳定的动态平衡是美国国家实验室的主要特点。每个国家实验室年度经费都在千万美元量级以上,年人均经费为10万~40万美元。国家与依托单位之间实行互利双赢模式,国家实验室内部多采用矩阵式学术组织结构。根据两者的互动模式,可以分为国有国营、国有民营、民有民营、民有国营。

二、高校实验室经费配置现存问题

通过对中美国家、高校实验室体制改革情况进行整理,发现北京"双一流"建设高校实验室体系存在资源配置效益不高、经费投入分配依据不合理、建设定位不明确、制度不完善、财政机制不健全的问题。尤其是对于实验室经费中的科研与非科研支出监督要求不同,存在着管理不清、内控机制不健全的问题。

（一）实验室经费投入分配优化机制不健全、资源配置整体效益发挥不够

宏观层面，北京地区119所高校实验室分布在北京市各区，分为四个层级：(1)北京地区国家实验室；(2)国家重点实验室；(3)教育部、北京市重点实验室；(4)北京高校、科研院所等实验室创新单元(学科实验室)、校企合作实验室等。高校各实验室的经费管理呈现分散化的特点，科技资源未形成合力，经费相关制度不健全，分配科研经费，各高校仍然以科研实验室级别作为投入科技创新实验室建设费与运行费的依据，这些在建设世界一流大学高地的要求下，都需要改革。

（二）在国家创新体系中的定位不明确

由于我国科技水平偏低，缺乏足够的自主科研能力，加之实验室基础设施条件较差，导致国家实验室序列的实验室体系建设力度不够。目前，高校实验室体系的运行机制、支持方式、归口管理部门或机构等方面的制度设计仍在进行中，尚未起到头雁效应，验收标准仍存在争议，在国家创新体系中的定位还不是十分清晰。

（三）财政支持机制不健全、支持力度不足

根据财政支持机制，我国多以国有国营模式为主，缺少其他灵活的支持机制。有些实验室是在跨部门的若干国家重点实验室基础上筹建的，随着国家实验室的筹建，一些原有国家重点实验室被撤销，所获得的国家实验室筹建经费少于对原有国家重点实验室的经费支持。这种筹建中尚未建立的财政支持制度，实际上使得国家实验室反而成了依托单位的"紧箍咒"，严重制约我国高校优势科研机构的发展。

（四）经费效益不明显

在实验室体系建设中，仪器设备和实验室建设的专业性非常强，对于中央高校改善基本办学条件专项资金财政绩效评价的专业性要求非常高。因此，绩效评价结果多为专家的主观意见，存在监督评价困难的问题。同时，专项

资金质量指标往往难以描述，导致产出的效益边界不清晰，产出效益具有长期性，无法真实体现高校项目的特点，使得绩效评价工作难以发挥实效（表7-2）。

表7-2 实验室建设经费问题

序号	问题	形成的原因	建议
1	设备设施运行使用效益尚未有效发挥	部分设备、设施的使用率偏低；受益范围偏窄；发生故障后维修不及时	探究提高仪器设备使用率的方法
2	财务监管不到位，预算管理不规范	在专项资金中列支日常费用、办公耗材及低值易耗品购置费用	加强财务监管
3	设备类项目安排缺少整体规划，项目实施缺少协同	预算统筹性不足，设备类项目实施计划衔接不足，尤其以专业性高的实验室项目为例	加强预算管理一体化

三、实验室经费配置优化路径

为积极响应科研"放管服"，2021年8月，国务院发布《国务院办公厅关于改革完善中央财政科研经费管理的若干意见》，2022年1月，新修订的《中华人民共和国科学技术进步法》正式实施，旨在激发科学技术人员创新活力、减轻科研人员事务性负担。经费的申请、使用、管理都属于科研活动事务性范畴，加之从2022年4月22日起，财政部开始推行预算管理一体化，对实验室建设经费配置提出了"花钱必问效，无效必问责"的要求。在实验室经费配置传统模式中，财务部门与实验室管理部门作为"裁判员"在经费配置过程中发挥了重要的作用。但是随着学科交叉的不断深入，预算管理一体化要求不断提高，需要学科、科技、规划、采购、国资等部门协同，尤其是实验室经费中的科研与非科研支出具有不同的特点，构建新的经费配置模式非常有必要。基于实验室经费全生命周期配置模型，优化实验室在科技创新中的作用途径如图7-1所示。

（一）充分发挥信息化作用，提高实验室经费效益

明确高校实验室属性，按国家重大需求、科研成果进行经费配置，探索以科技创新、有组织科研、减少实验室重复支持建设为导向的经费配置模式，以预算导向推动实验室规划与布局，通过规范实验室经费管理要求，调整人员费、运行费、材料费支出比例，增加相关科研材料费用，提高经费导向的配

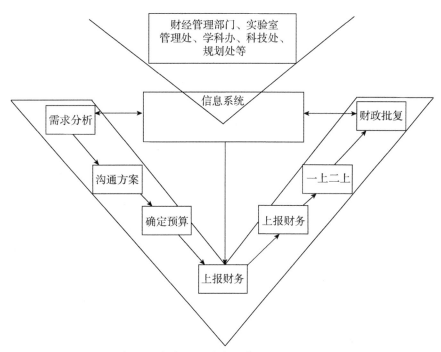

图 7-1 实验室经费全生命周期配置模型

置资源效益,探索国家战略科技力量共同体创新路径,为按国家战略需求和科技发展规律布局中国特色实验室体系、建立清晰的实验室体系架构和实体管理机构、加快构建规则统一的国家实验室平台体系提供研究支持。对于非涉密实验室,研究实现实验室管理信息系统的互联互通、信息共享的方案。

强化实验室的经费大数据管理,将经费管理信息集中到信息化平台,通过协同发力,发挥经费的最大效益;对实验室经费从预算编制、支出申请、审核调整、控制监督、余额结算等全生命周期管理;从经费来源、财务年度预算数、实验室经费审批负责人、收入项目(大型仪器设备共享)、支出项目等方面对不同类型的实验室进行分类管理。以仪器设备的管理与财务经费管理为主要载体,进行融合研究;深入研判互联网发展对我国实验室经费配置的影响、互联网与实验室经费配置融合程度、经费分配对实验室体系影响的作用机制。

(二)充分发挥人才与第三方机构优势,引领实验室经费高效率配置

借助信息化的全生命周期平台,实验室管理人才将实现动态化的管理策

略,有助于辨识实验室内开展的科研活动属性,进一步判断实验内容相互交叉是否能产生原始创新;有助于学科发展,并尽可能消除不同学科之间的差异;有助于促进学科实体平台的发展。参照美国国有民营模式,探索引入第三方机构服务模式,不断提升实验室管理的效能与产出质量。

(三)发挥经费"药引子"作用,加大经费投入

利用经费推动技术、人才、资本等创新要素以及科学研究、技术开发、生产制造等创新活动在一定地理空间集聚并发挥作用。摸清高校不同类型实验室经费来源、政府给予稳定支持经费的额度与测算依据,为政府拨款决策提供定量化的研究支持。通过经费配置、仪器设备选取等为载体,探索构建国家战略科技创新共同体的途径,以健全完善支持基础研究、原始创新的经费机制,建立以实验室为主体的技术创新体系,加大基础资源与条件的开放共享。

(四)强化协同效应,整合北京实验室创新资源

高校实验室、科研院所实验室是最基本的创新单元,以建设国家实验室、"揭榜挂帅"机制为契机,将不同的经费资源、实验室空间资源、人力资源、科技资源、学科资源、创新资源进行整合。

高校应研究不同层次实验室之间的不同属性及其北京市的定位,例如,对于北京市"三城一区"定位,统筹考虑雄安新区实验室规划,分析"三城一区"+雄安新区的实验室建设格局的可行性,通过经费配置、人才流动,实现一流水平的资金流、人才流、设备流的动态配置,不断提高科技成果产出。

第二节 世界一流大学高地建设视角下配置改革

随着大数据、人工智能、区块链等信息技术广泛应用于实验室建设与管理,建立一个高度智能化、自动化、数字化的实验室,将成为未来高校实验室的重大战略任务。本节通过文献分析、实地调研、专家访谈等研究手段,分析了实验室改革中存在的问题和实验室改革的目标,构建了实验室管理综合改革的模型,揭示了在建设世界一流大学高地的时代背景下实验室管理的新特点,提炼和总结了我国实验室实践活动的规律,为推动高校实验室改革

提供相应的决策依据。

一、实验室改革中存在的问题与分析

(一) 实验室体系不完备,多头管理缺乏衡量指标

目前,高校管理机构基本归口于实验室与设备管理部门,受多个上级部门的管理。以北京市高校实验室为例,除了接受教育部若干部门的管理,还要接受生态环境部等部门的管理。此外,一些高校实验室功能定位与时代脱节,且实验室管理仍停留在以经验和制度并行的管理模式上,对于实验室体系是否定位清晰、是否布局合理、是否梯次衔接、是否开放共享、是否富有活力等,均缺乏明确的衡量指标。

(二) 实验技术人才缺乏活力,服务教学、科研与创新不足

高校主要强调教学与科研两个中心,而实验室作为支撑平台的配角,其重要性未能得到充分认识。实验技术队伍结构不合理、积极性不高,职称晋升渠道受限,尤其在与日俱增的安全管理压力下,人才活力未被充分激发,距离世界一流实验室管理水平相差较大,且服务实验教学、科学研究与技术创新显得不足。此外,有些高校无法保障正常的实验室功能与对外服务功能,导致实验室整体资源无法形成有效的合力。

(三) 未能准确处理实体与虚拟、人工与数字化关系

实验室是促进理论与实践教学深度融合的重要平台,然而实验室的实体地位作用不明显,部分实验室无法满足教学及科研的实际需求。根据《新时代高校理论与实践教学深度融合若干问题观察报告(2019)》显示,高校实验教学条件能满足学校教学需要的占42.0%,基本满足的占30.4%,一般满足的占18.9%,不太满足和不满足的占到了8.7%。由于虚拟仿真实验是一种不受时空限制的开放性实验环境,各高校开始建设虚拟仿真实验室,但存在着运行实体不清晰、投入资金有限、与实体实验教学中心不能协同发展等问题。此外,大部分高校的系统数据存在格式不统一,无法批量使用,也很难形成数字化管理体系。

（四）安全问题凸显

实验室人员流动性大，危险源种类多且变化快。相比于企业系统化安全标准，国内高校缺少对应的实验室管理标准，存在诸多安全隐患。2015年以来，在高校先后发生了15起重大实验室事故，每一起重大事故都造成了不同程度的人员伤亡，其中4起发生在北京，给学校和社会造成了一定影响与经济损失。

二、建设世界一流大学高地视角下实验室改革的内涵与目标

（一）实验室管理综合改革内涵

深层次的改革使实验室内部结构在调整中不断适应国家建设发展的需求，并趋于系统化和科学化。新时代实验室建设的基本原则在于，突出建设重点，聚焦核心领域的关键任务，经费分类投入值得投入的实验室建设项目。实验室管理综合改革逐渐形成了一套较为完整的理论，即以人才培养、科研服务、社会服务、队伍建设、学科建设、资源分配为主要内容，以提高实验室水平和效益为改革重点。综上分析，可以将实验室综合改革概括为以关键要素人、财、物为抓手，以综合、全方位的方式对体制机制进行的革新。

（二）世界一流大学高地与实验室综合改革

一流实验室必须是科技赋能、结构优化、服务效率提升的实验室。"高地"是一个地理学与军事学术语，具有高度与宽度特征。科技创新之高，是集聚稀缺资源与发挥龙头引领作用之地，是科技创新思想结晶之地。近代科技发展史表明，对经济建设有重大影响的发明多数来自实验室。由于北京市在高水平人才培养、先进仪器设备、科技成果等方面具有先天优势，在建设世界一流大学高地的过程中，更加需要深入推进实验室管理的综合改革。

（三）安全问题和治理结构推动实验室管理向技术型、数字型转型

随着大学治理现代化，目前北京市高校实验室改革不仅是高校内部治理结构的改革，更与国家安全、疏解北京非首都功能战略密切相关。近三年来，

北京高校与科研机构发生的实验室事故导致多名学生身亡,安全事故中受伤的一般都是在校学生(少数是教师)。加强对实验室学生的安全教育、推进信息化建设与技术预警、利用大数据等技术消除实验室隐患等,应成为实验室安全管理的有效措施。此外,部分在京高校已经进入疏解转移雄安新区阶段,并已成立新校区建设指导组。雄安新区需要什么样的高教之城、北京市的高等教育资源转移到雄安新区之后应该如何规划、如何有效发挥实验室的支撑作用、如何将实验室管理向技术型、数字型转型,这些都是实验室管理人员急需解决的实际问题。

三、改革的方向和具体路径

(一)综合管理改革指标的筛选

为构建实验室管理改革指标体系,选取了学术权威性高的中国高等教育学会"实验室管理研究"专项课题的关键词作为构建管理改革模型的基准,对2020年和2021年连续两年词频进行统计分析(图7-2),共有14个关键词:统筹规划、实验教学、管理模式、建设模式、经费投入、信息化管理、实验技术队伍、仪器设备资产、管理理念与文化、安全与应急、开放、制度体系、产出、战略任务与科技竞争力。基于中国知网,搜索"实验室改革"关键词,共搜索到271篇研究论文,选取了10篇代表性论文,并提取关键指标进行定量频次统计(表3-18),从时间分布、发文机构分布等方面计算指标分布,并结合对管理改革主题词、词频热度、词频广度的统计,从研究演进脉络、特点内容、前沿趋势方面探究实验室综合改革概况。由于实验室管理改革与教育政策密切联系,因此为得到科学合理的词频热度,利用主题词词频次数除以时间间隔的方式进行平均,其中改革词频热度、广度计算如下:

$$词频热度 = \frac{某主题词词频次数}{首次提及与最近提及时间间隔} \times 100\%$$

$$词频广度 = \frac{某主题词词频次数}{所有主题词词频总次数} \times 100\%$$

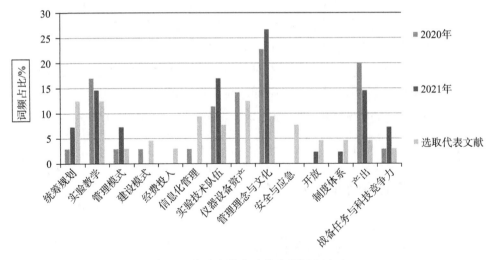

图 7-2　实验室综合改革主题词频广度

（二）微信公众号调研

由于信息化管理趋势由最初通过专门门户网站登录信息化系统，逐渐向智能手机 APP 发展，目前基于智能手机的微信公众号对实验室管理进行了便捷化赋能。"微实验室"具有互动性强、信息到达率高、工作流程简单、宣传性强、服务及时便捷等优势，能更加方便地展示实验室具体信息，实现仪器设备查询与预约、实验室开放管理等先进服务理念，方便师生、科研人员最大化、最便捷、最有效地进行沟通和交流。因此，对世界一流大学实验室管理机构与微信公众号服务功能进行了网上调研（表 7-3）。通过调研 7 所"双一流"建设高校，发现目前高校实验室部门的微信公众号发布的内容围绕立德树人，与企业号发布内容相比更具思政特点，且关注不受限制、服务内容差异较大，具有高校特色。

表7-3 部分世界一流大学实验室管理机构与微信公众号综合情况调研分析表

序号	"双一流"建设定位	城市集群	实验室管理机构	微信公众号	类型	开通的服务功能	
高校1	一流大学建设高校	京津冀	实验室与设备处	实验室	服务号	通知公告	安全常识、信息动态、通知公告
高校2	一流大学建设高校	京津冀	实验室与设备管理部	环保办	服务号	信息动态	
高校3	一流大学建设高校	长三角	实验室与设备管理处	实验设备处	服务号	信息发布 业务大厅 服务查询	我的房间、安全考试、特殊时段备案、废弃物处置、仪器共享、危化品台账录入、耗材采购平台 大仪平台介绍、化学品查询、MSDS查询
高校4	一流大学建设高校	长三角	资产管理与实验室管理处	资产管理与实验室处	服务号	新闻公告 业务办理	新闻动态、教师公寓申请公示 快速通道
高校5	一流大学建设高校	长三角	保卫与校园管理处(实验室安全合署)	实验室安全卫士	服务号	安全教育 联系实验室处	
			保卫与校园管理处		服务号	部门主页 信息咨询 综合服务	部门主页链接 安全教育 物业保修等保卫业务
高校6	一流大学建设高校	长三角	资产与实验室安全管理处	资产与实验室安全管理处	服务号	通知公告 制度流程 办事大厅	常用通知、设备调剂、问题答疑、资料下载、联系实验处 设备采购、资产管理、国资综合管理 合同管理系统、资产管理系统、大型仪器共享平台、实验室安全考试系统、危化品管理系统
高校7	一流大学建设高校	粤港澳大湾区	设备与实验室管理处	设备与实验室管理处	服务号	"我的"系列服务	竞价、论证、资产、实验材料采购平台、仪器共享

资料来源：7所高校排名来自2021软科世界大学学术排名前100名数据。

第七章 创新价值链 259

(三)构建管理模型

与北京若干"双一流"建设高校实验室管理机构的负责人进行专题访谈,向本校30年以上教龄的实验技术人员和教师征求改革意见,通过实验室实地安全检查、安全教育培训等工作,积累与师生接触的基层经验,悉心听取建议,思考释放实验室基层"能动性"的有效途径,构建了实验室管理综合改革通用模型(图7-3)。实验室的综合改革动力是在从内到外、自上而下的良性互动过程中形成的,因此模型分为实验室、学院层、学校层以及校外四层。根据改革对象不同,主要由八个指标构成,即统筹规划、建设与运行、安全与应急、制度体系、管理理念与文化、科技资源、战略任务与科技竞争力、产出。其中,建设与运行分实验教学、管理模式、建设模式、经费投入、开放、信息化管理六个二级指标,科技资源分技术队伍和仪器设备资产两个二级指标。

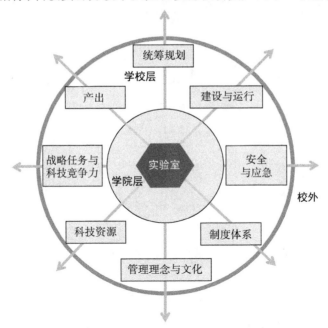

图7-3　实验室管理综合改革通用模型

(四)改革阶段分类与特点

综合以上调研结果可以将我国对实验室管理综合改革的研究大致划分为以下三个阶段:初始起步阶段(1985年及以前)、爆发增长阶段(1986—2015

年)和稳步深化阶段(2016年至今)三个阶段,总体呈现出研究时间偏短、研究机构力量薄弱、改革研究高度依赖教育体制、研究有待创新深化等特点。

从图7-4中可看到近两年词频最高的关键词是"安全与应急",为0.6。近年来实验室安全事故时有发生,教育部高度重视实验室安全,从2015年开始,开展了部属高校科研实验室安全大检查,促使实验技术安全管理、环保健康等成为实验室改革的新方向,这与图7-4中的词频热度是一致的,也充分说明了实验室综合管理改革研究与教育体制改革呈现高度依赖性。2016年,创建"双一流"大学的方案出台后,建设世界一流实验室成为实验室改革的重点工作。

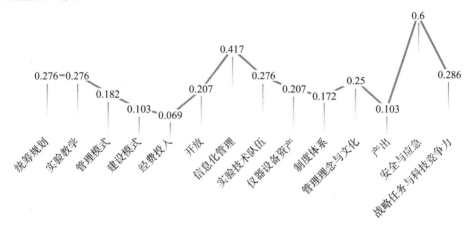

图7-4 实验室管理改革词频热度统计曲线

(五) 改革研究热点与前沿趋势

改革研究热点主要分为:统筹规划、实验教学、管理模式、建设模式、经费投入、开放、信息化管理、实验技术队伍、仪器设备资产、制度体系、管理理念与文化、产出等(图7-4);研究前沿趋势主要有:信息化管理、实验技术队伍、仪器设备、安全与应急等。未来实验室的改革方向应是朝着安全高效、绿色低碳、精细智慧、人机一体化的方向发展。目前,人工智能、大数据、5G等新技术正在与管理科学、实验室行业加快融合并广泛应用,推动了管理技术手段向信息化、精细化、智能化、自动化、无人化、痕迹可追踪化、可共享化、全生命周期化转变,实验室综合管理改革也向技术型和数字型方向转变,这与建设世界一流大学高地的国家战略高度契合。

四、模型指标解读与实践

(一) 统筹规划,健全制度体系,引入新理念与新管理模式

根据实验室管理改革通用模型(图7-3),高校应创新实验室管理方式,完善实验室制度体系,用先进的实验室管理体制和运行模式来指导实验室建设与管理工作。打破教学实验室与科研实验室的藩篱,推进教学与科研深度融合,形成"共建、共享、共治"的实验室治理生态理念。以中国地质大学(北京)大学物理教学实验中心为例,在暑假、非教学实验室课程之外的时间进行灵活开放,逐渐成为高校科普的重要基地。实验室监控全面覆盖,实验室管理人员从监控画面即可实现云管理。通过宣传教育,转变实验室管理者与师生的观念,定期召开院长例会推动实验室开放,制定实验室开放的管理办法,目前在20个教学实验室中有5个实验室实现了对外开放。

(二) 利用数字信息新技术,推动管理流程再造

2009年,侯亚彬等人较早地从事仪器设备采购过程管理系统、实验室网络管理系统、实验技术人员信息库自主研发等,探索了实验室管理手段的现代化和信息化。由于信息化系统解决了实验室碎片化管理难题,其管理方式向信息化方向发展,推动了实验室数字化改造与转型。将实验室环境控制智能化是管理发展的趋势,通过视频监控、环境监测等技术手段,实现仪器运行状态、环境参数监控等实时化和智能化。通过积极推广"6S"管理理念,即整理(Seiri)、整顿(Seiton)、清扫(Seiso)、清洁(Seiketsu)、素养(Shitsuke)与安全(Safety),采用先进的信息技术手段对实验室的温度、湿度、压力、污染物浓度、火情等进行在线监测。基于智能手机,实现资产设备管理变动业务提醒、危险废弃物处置、实验室安全巡查等。通过建立实验室基础数据综合管理系统、仪器设备资产系统、大型仪器设备共享管理系统、实验室安全监控与检查系统等,对实验室基础数据进行智能分析,分析实验室资产管理规律、模式、办法及措施,实现实验室综合管理的目的。

(三) 建设更高水平的平安实验室,实现智能预警

实验室综合管理是建设高水平平安实验室的条件保障,中国地质大学

(北京)我校充分利用第三方机构,对全校的放射源与射线装置进行监测,根据监测结果进行安全工作安排,提高了实验室的安全性。此外,充分重视化学化工实验室、辐射性实验室、生物安全实验室等危险性实验室的安全管理,对于化学试剂的采购采用"法治"+"互联网"的新管理模式,对于化学化工实验室的环境管理,采用"6S"管理理念构建实验室环境监管体系(图7-5),并采用智能预警和智能应急方式保障实验室运行安全。此外,实验室应该建设技术含量高、安全体系完善、智能高、低碳环保的安全管理体系,这样才能有效保障实验室综合管理的实施。

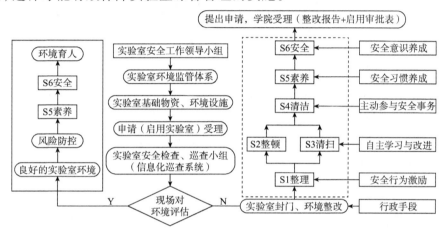

图7-5 "6S"管理理念下的实验室环境监管体系

(四)优化实验队伍结构

通过采取有效的实验技术队伍建设措施,发挥不同层次人员的作用,提高实验技术人员的管理效能与研究活力。目前,实验技术队伍的类别包括实验教学教师、实验技术人员、实验室管理人员、实验技术工人等。此外,应将研究生融入实验技术人才队伍,发挥其在实验室安全管理中应有的作用。高校应积极推进实验室队伍职级化改革,在明晰实验队伍的政策导向、明确实验技术人员岗位职责、打通实验队伍的职称评审与职级晋升路径等方面采取了有效的措施,进一步优化了队伍结构,调动了实验技术人员的工作主动性及积极性。

高校实验室综合改革对世界一流大学高地建设起着至关重要的作用,是国家全面深化教育改革在实验技术领域的具体表现与应用。通过构建实验室综合管理改革模型,推动高校实验室管理工作重点由单纯的硬件更新转向精细化内涵式发展,尤其向数字化、技术型转型。高校实验室管理改革应以制度建设为引领、以信息化技术为抓手、以流程细化为助力,推动实验室综合管理改革的进程,并通过信息技术织牢实验室安全网来遏制高校实验安全事故的发生;应突出高水平、有特色、国际化的发展导向,提升实验技术队伍整体素质,实现高校实验室高质量发展,支撑世界一流大学高地建设。

第三节 安全价值链

精密贵重科学仪器设备技术含量高、复杂、集成度高,一个隐患或者疏忽都有可能酿成大的事故。由于维修或事故产生支出成本,管理者要根据共享平台运行的独特性,加强对科研大型仪器共享平台危险源的分析,全面预判实验室安全管理中的各类危险源,特别是重大危险源,加强各类危险源监管,并做好应急防范。

一、高校大型仪器共享平台危险源分析

目前大型仪器共享平台常见危险源主要包括(但不限于)以下几个方面:危险化学品、电和气、特种设备、高温或低温、高压或低压、化学反应、运行设备、生物感染性、网络与信息以及辐射等。实验室安全管理过程中要定期进行实验室危险源辨识与排查,对采购、运输、储存、使用和废弃物处置等环节要进行全时段、全方位管控,建立危险源安全风险分布档案和相应的数据库,将安全隐患消灭在萌芽状态。

近年来,高校,特别是理工科院校实验室对特种设备、射线装置等危险性设备的需求日益增加。然而因特种设备以及射线装置管理不规范而导致的安全事故时有发生。与精密贵重仪器设备相比,该类设备的安全管理既有相同点,又有不同点(图7-6)。实验室作为高校进行科学实验与研究的基本单位,其安全稳定尤为重要,特种设备以及射线装置的安全管理在实验室安全管理过程中是极其重要的一环,因此,在实验室建设初期应重点围绕特种设备以及射线装置开展各种安全教育,进行安全管理工作,将安全隐患消灭在萌芽阶段,为后期开展实验研究提供坚实的保障,也可有效杜绝安全隐患

事故，降低实验室安全风险。

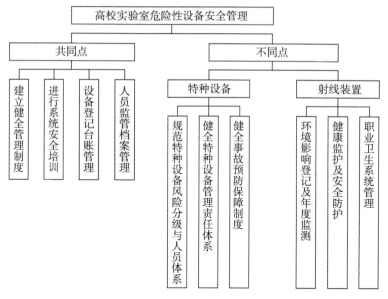

图7-6 危险性设备安全管理

（一）人员流动强，开放时间长

高校大型仪器共享平台对校内外用户开放，具有人员流动性大、结构复杂及学科背景差异大等特点。并且目前大多数高校大型仪器共享平台采用监控等手段实行24小时开放，难以做到实时监督，给实验室安全管理工作带来了一定的挑战。

（二）仪器集中放置，操作要求高

大型仪器共享平台实现了校内优质资源集中管理，仪器设备的数量和种类多，价值昂贵，不同设备工作原理、安装条件、配套环境和操作要求差异很大。并且大多数设备精密度较高，使用维护要求较高，如维护不及时或使用不当，可能造成仪器故障，带来极大的经济损失，甚至安全事故。如何针对设备特点管好用好这些仪器设备，需要建立专业的技术队伍及科学的人员培养、管理机制，提升技术管理人员自身的专业素质和责任意识。

（三）学科交叉性强，危化品种类多

大型仪器共享平台用户具有不同学科背景，包括基础医学、化学、药学、材料科学、生物学等，不同学科样品前处理及检测要求也各不相同，其实验室安全管理具有不同特点。

不同仪器在操作过程中会涉及各种危险化学品、易燃助燃气体的使用，如电子显微镜制样及染色会用到戊二醛、醋酸铀、环氧乙烷、剧毒品锇酸等，液质联用仪常用甲醇、乙腈、有机酸碱等作为流动相，小动物活体成像常用到麻醉剂异氟烷及氧气。实验结束后会产生有毒有害化学危废物、感染性的生物废弃物以及耗材废弃物，这些都是实验室安全管理中的重大安全隐患。因此，需要针对各个流程建立完善的制度体系，推动科学、规范、高效的管理，营造平安和谐的实验环境。

近些年，交叉学科和跨学科合作的发展使实验室内特种设备越来越普遍。高校实验室内常见的特种设备主要包括起重机械、场(厂)内机动车、锅炉和压力容器等，气体钢瓶的使用则更为普遍。

二、危险性仪器设备的分类

高校实验室常用的危险性仪器设备有特种设备、射线装置(如同位素放射仪等)，将其统一归纳为危险性仪器设备是因为特种设备以及射线装置会对人身安全和财产安全造成较大危害。特种设备是指对人身和财产安全有较大危险性的设备。按照《特种设备目录》，特种设备包括了锅炉、压力容器、压力管道、电梯、起重机械、客运索道、游乐设施、场(厂)内机动车辆八大类，其中高校实验室里常见的特种设备主要是压力容器、起重机、场(厂)内机动车辆。射线装置根据对人体健康和环境可能造成的危害程度分为三类(表7-4)。在高校实验室中，部分工科院校会使用Ⅱ类射线装置，大多数高校以Ⅲ类射线装置为主。

表7-4 射线装置分类

类别	事故时危害程度	危险程度
Ⅰ类	短时间照射可以产生严重放射损伤	高
Ⅱ类	可以产生较严重放射损伤	中
Ⅲ类	一般不会产生放射损伤	低

高校实验室危险性设备规范化管理的重要性日益凸显,已成为实验室安全工作中与危险化学品并重的一个重要部分。现阶段高校实验室对危险性设备分类不清、重视程度较轻、没有高效的管理措施。本节针对危险性设备的特点和现状,提出了对危险性设备制度、安全培训、设备台账、人员档案等共性问题进行统一管理,对其不同点进行特色化管理的办法。该办法可最大限度地提高实验室危险性设备管理效率,降低实验室危险性设备安全事故风险,为实验室危险性设备安全管理提供新思路。

三、加强信息化管理

价值链构建需要信息资源的软性价值和科学仪器设备组成的硬性价值。

(一)建立完善的信息化系统

充分利用信息化手段提升安全工作水平。通过门禁系统对实验室仪器设备安全状况进行实时跟踪。门禁系统具有设置楼层、各实验室及仪器的使用授权、进出实验室人员情况(姓名、出入时间、次数)统计、仪器使用状况及计费统计等功能。使用过程中一旦发生异常,可通过门禁系统对使用者不安全行为及操作进行追踪,达到监督的目的,提高学生维护实验室安全的自觉性,从而确保平台正常运行。搭建配套的信息化系统,包括显示仪器设备定期检验时间,提醒相关负责人按时完成检验,保证设备无安全隐患;上传并显示仪器设备相关检测报告、安全操作规程等相关附件,确保文件公开透明,以避免安全事故发生;管理并显示各二级单位危险性设备人员相关资质,包括上传特种设备作业证、射线装置培训证、职业卫生健康档案等,以确保操作人员在岗期间符合标准要求。通过信息化手段审核操作人员资质,完成线上预约以及线下使用,规范管理开放共享。通过信息化也可规范台账管理,明确危险性设备的使用人学时,以便于绩效考核。

(二)加大安全设施配置与保障体系

必要的物质、人员、条件等保障体系是实验室安全的基本要素。实验室要确保必要的安全防范设施和装备齐全有效,配齐配强实验室安全管理员队伍,牢固树立"隐患就是事故"的观念,及时更新或升级安全设施,充分利用信息化手段提升安全工作水平。定期对实验室安全基础防范设备(包括监控探头、门禁系统、洗眼器、紧急喷淋装置、危险化学品柜、通风橱、危险废物收集装置)、消防设施(包括消防栓、灭火毯、灭火沙箱、楼层消防疏散图、烟雾报警器)的安全性进行检查,并及时补充。按照国家法规标准定期配发个人安全防护用品,包括实验服、防护眼镜、口罩、手套、铅衣、急救箱等,保护使用者安全。同时根据每台仪器特点加强仪器维护设施配备,为仪器配备UPS (Uninterruptible power supply)电源,防止突然断电损害仪器,如流式细胞分选仪配备紫外灯、恒温恒湿系统以及无尘系统等特殊设备,从而保证大型仪器稳定运行。采用光盘或用户使用系统进行数据拷贝,防止数据转移过程造成计算机病毒污染。

四、开放共享、绩效考核问题讨论

高校实验室建立起科学仪器设备开放共享机制,危险性设备由于其安全隐患较多,开放共享的限制较多。针对该情况,高校实验室建立专职危险性科学仪器设备管理岗,做到一机一负责人(特殊安全岗位要求两人),该负责人负责审批使用仪器的操作人员以及学生的资质,做好持证上岗。特种设备操作人员须持特种设备作业人员证,射线装置操作人员须经上岗体检合格证、培训合格证,并佩戴个人剂量笔和必要防护用品,才可使用危险性设备,并由专职设备管理岗人员负责进行仪器设备使用登记以及使用过程中的监护。

危险性设备是多数高校实验室常见的设备,随着危险性设备安全日益受到各部门和高校的重视,危险性设备安全管理已成为高校安全管理的重要内容,危险性设备安全管理需作为实验室安全管理的重要环节,进行全层级、全过程、全要素的安全管理。高校应不断拓宽危险性设备宣传途径,促进危险性设备安全文化建设,提高防护与管理的信息化水平,杜绝危险性设备事故的发生,为高校的教学科研工作保驾护航。通过对危险性设备共性问题统一管理,做到抓共性,提高管理效率。通过对危险性设备不同特点实行个性化管理,做到抓特性,精准解决问题。

第八章
优化配置的政策建议

本章总结前七章对科学仪器设备配置九个界面的分析,提出符合高等教育、科研、社会、经济规律的科学仪器设备配置模式,通过建设仪器设备高地、做好多校区科学仪器设备配置一体化规划、加大基础研究、创新科学仪器设备采购、信息化赋能创新工作流程、引入第三方机构共同治理、推动科学仪器设备与经济学耦合、提高政策一体化力度等改革措施(表8-1),推动北京"双一流"建设高校科学仪器设备配置改革,为增大科学仪器设备经费投入(w_i)提供参考,为提升资源配置效益和科研人员创新活力,不断产出创新成果,建成世界一流大学和高水平研究型大学做贡献。

表8-1 北京"双一流"建设高校科学仪器设备配置改革措施

改革指标	内容	界面定量的指标	具体措施
建设仪器设备高地	一流学科+科学仪器设备	y,w	发挥资源禀赋,加大资源募集力度
	人才活力界面+科学仪器设备		
	拓宽收入界面+科学仪器设备		
做好多校区科学仪器设备配置一体化规划	多校区物理空间+科学仪器设备	A	加大物理空间资源整合力度
	实验室改革+科学仪器设备		
加大基础研究,鼓励"产学研用"发展模式	基础研究+科学仪器设备	x	整合政府、企业、高校、科研机构等各方面资源
	产学研+科学仪器设备		
创新科学仪器设备采购	及时修订制度	x,w	为获得科学仪器设备提供最佳方案
	及时修订制度,增强可行性		
	建立设备零采购匹配共享渠道		
信息化赋能创新工作流程	引进电子审批网络系统,节省审批流程与时间	z	信息资源不断与科学仪器设备配置融合,推动资源配置进入智能化时代
	简政放权,减少审批		
	成本核算		
引入第三方机构共同治理	发挥第三方机构的创新活力优势	z	多功能集成化创新
推动科学仪器设备与经济学耦合	行为经济学+科学仪器设备	x,y,z,w	将经济学原理与科学仪器设备配置耦合,全面提高 x,y,z,w 变量
	近距离经济学+科学仪器设备		
	界面经济学+科学仪器设备		
提高政策一体化力度	培训+科学仪器设备	y,z,w	一体化管理提高配置效益
	进口+科学仪器设备		

(续表)

改革指标	内容	界面定量的指标	具体举措
提高政策一体化力度	环境因素变化对设备科研经费使用效率的影响+科学仪器设备	y, z, w	一体化管理提高配置效益
	增强预算管理+科学仪器设备		

一、建设科学仪器设备高地

（一）建立新界面：一流学科+科学仪器设备

配置科学仪器设备，高校应做好教育、科技与人才的统筹。科学仪器设备有望成为综合性大学"双一流"建设的关键引擎。

加强学科融合，实现统一的资源共享管理体制和运行机制，有助于达成高校大型科研仪器设备资源与人才资源的最大化利用。高校要优化学科结构，加强学科融合，实现房屋、仪器设备、图书资料等资源的有效利用，防止因低水平学科重复建设所带来的资源重复投资现象；要充分利用学科的综合优势，找到学科内容上相融的耦合点，归并小规模的专业实验室，建立综合性的实验中心，节约仪器设备的重复购置，减少资金浪费；要建立资源共享的管理体制和运行机制，包括固定资产管理的机构设置、规章制度、运行办法等，克服固定资产重复购置、谁使用谁占有、不外借、不流通等现象；要加强对捐款、无偿划拨、自制或改建的固定资产的管理，定期更新大型科学仪器共享系统，引入市场机制，提供共享仪器运行竞争意识，或带动部分专业机构引进社会化运营模式。

（二）人才活力界面+科学仪器设备

人才是第一资源，高校的创新变量取决于高校科研人员规模，科研人员通过利用高校提高的创新资源，出于创新动机，主动开展科技创新活动，完成知识生产，通过营造的创新环境集聚人才，进而产生了内生动力。高校作为基础研究的主力军和重大科技突破的生力军，要善于利用科学仪器设备资源，统筹发展科技、培养人才、增强创新，充分释放科学仪器设备重要的支撑和创新引领作用。很多研究只是把科学仪器设备当作基础工具，忽略了其对于创新的反引领作用,科学仪器设备不仅是由于开展创新活动需要而去采购的,设计出的科学仪器设备作为创新工具同样能够引领更多领域的创新。

(三)拓宽收入界面+科学仪器设备

2022年9月,国务院常务会议决定,对部分领域设备更新改造贷款阶段性财政贴息和加大社会服务业信贷支持,促进消费,发挥主拉动作用。高校要利用好政策扶持,高校科研和培养人才是具有正外部效应的教育活动,而国家有效的产业政策主要针对此类正外部效应活动。

通过发挥一流学科建设的优势及自身拥有的资源禀赋,打造与重大科技基础设施协同创新的研究平台体系;加大资源募集力度,争取多元化的资助,提升教育收入。资源禀赋是每个高校建设一流学科、优化资源配置的重要依据。根据近十年来北京高校仪器设备数据和经验统计,多学科交叉不能被圈囿在狭窄的学科孤岛内。基于仪器设备的信息学、经济学,与高校学科发展融合、贯通带来的是整体和系统的规划提升,从整体来看,会提高资金的使用绩效。

二、做好多校区科学仪器设备配置一体化规划

(一)多校区物理空间+科学仪器设备

通过提升时间与空间资源,拓展新校区,高校办学物理空间与产权校舍面积增大,提高了科学仪器设备的安装空间,更有利于仪器设备配置。多个校区、不同高校之间的科学仪器设备资源配置存在的经济风险要通过校区功能定位逐步化解。校区功能定位是指多校区大学中,每个校区的用途或功能应进行科学的规划并进行有效的利用,防止因规划定位不当而带来巨大的乱投资浪费现象。校区功能定位的关键在于要明确各校区在大学总体发展中的地位和作用,有效地利用校区促进大学的发展,把校区发展与学校的远、中、近期的发展目标结合起来,通常可以采用学院"整体搬迁型""基础发展型""混合型"等模式对校区的功能进行定位。从区域经济视角来看,近年来北京的高等教育资源空间结构不断从市中心向郊区、雄安新区转移,这种空间布局的变化通过增加界面流动性,提升了京津冀城市群整体创新能力,雄安新区高校科学仪器设备配置的标准相较于北京高校,应在基于产权校舍

面积的线性关系的标准上上浮一定的比例。在校区功能定位中,应增加"学院整体搬迁型"校区,减少"基础发展型"校区,优化科学仪器设备配置,减少资源浪费,避免因学科专业相同而在不同校区重复建设专业实验室、重复购置科学仪器设备。

(二)实验室改革 + 科学仪器设备

随着科研团队的个性化实验室发展迅速,以及实验室资源高度集中,出现了制度体系不健全、仪器设备开放共享程度低、实验室创新活度不够、管理人员积极性不高、安全事件事故时有发生、安全压力大等新情况、新问题,导致实验室支撑世界一流大学高地的作用不明显,因此实验室综合改革迫在眉睫。为此,许多研究者进行了不同程度的改革探索,并取得了相应的成效。在北京建设世界一流大学高地的时代背景下,构建了综合管理改革模型,揭示了实验室管理综合改革的指标及新特点、新规律,并针对性地提出了深化改革的方向与具体路径。

三、加大基础研究,鼓励"产学研用"发展模式

(一)基础研究 + 科学仪器设备

由于仪器的研发门槛高,涉及化学、材料、电子、机械、自动化等诸多学科和领域,研发周期漫长,回报周期长,因此,政府、高校需要有长期持续投入的决心。国产科学仪器的创新和发展本质上依赖于基础研究,未来应继续加强基础研究指导以及加大对国产科学仪器的科技投入,建议国家自然科学基金委与科技部提高对"国家重大科研仪器研制项目"和"重大科学仪器设备开发专项"的经费投入,鼓励科学仪器行业取得重大原始创新成果,通过建设仪器设备高地,抢占国际科技竞争的制高点。鼓励"中国首创",由中国最先创造或改进的科学仪器不仅能够打破外国垄断,更能在市场采纳中占据先机,获得应用迭代的初始条件,进而为实现持续创新和市场扩散奠定基础。此外,要特别注重知识产权保护,加强成果保护意识,为后期的成果转化奠定基础。鼓励成果转化,完善激励政策,构建优势互补、无缝衔接、快速响应的"产学研用"协同科技攻关体系。

科学仪器的"产学研用"协同科技攻关体系应以政府为主导,加强宏观

管理，营造有利于科学仪器开发应用的政策环境；以企业为主体，提高科学仪器的技术转化能力与制造水平；以高校和科研机构为技术核心，实现科学仪器理论研究的突破和技术的不断创新；以市场为导向，满足不同细分用户的需求。通过整合政府、企业、高校、科研机构等各方面资源，同时围绕市场规律，在各个不同主体间形成有效互动，强强联合；加大核心零部件基础研究，完善产业结构。针对科学仪器核心零部件研发不足、严重依赖进口的困境，要加强核心零部件的基础研究，特别是材料、电子、机械、自动化等学科和领域的基础研究。

（二）产学研+科学仪器设备

（1）重视跨国技术并购。高端科学仪器创新所涉及的知识中，很多都是需要经过长期摸索和积累才能获得的缄默性知识，并且往往被发达国家企业严密保护起来。跨国技术并购是解决技术能力积累难题和引进一部分核心技术的重要方式。

（2）注重仪器消耗品的研发。消耗品作为仪器售后的重要组成部分，对推动仪器的发展和售后收入具有重要的作用。

（3）针对产业链孱弱的问题，积极鼓励国外仪器厂商在国内建厂，不但可以汲取仪器制造上下游的核心工艺、技术，还可以培养大量的专业技术人才。此外，自建工艺链或产业链往往因投入大、周期长、短期回报低，导致公司无法长期维持，国家应该出台政策激励自建工艺链或产业链的企业，在研发补贴、减税、退税等方面给予一定的政策支持。

（4）完善评价体系，提高服务质量。针对国产科学仪器市场认可度不够，推广应用难的问题，要继续加强并完善相关的评价体系，企业自身要提升仪器的售后服务。对于国产科学仪器的功能和质量等指标，行业内没有明确的规定，建议出台相应的团体标准等，为国产设备的采购及后续仪器评价提供参考依据。

（5）建立客观公正的仪器验证、评价体系。集中对国产仪器进行参数验证，为国产设备的推广和应用提供数据支撑。还可对国产检测设备的功能改进、升级换代提供发展方向。企业要提升产品的售后服务。一方面是要提升对仪器本身的售后服务，包括对仪器本身的不断优化，仪器故障的快速响应及维护等；另一方面要积极拓展仪器的应用服务，为客户不断挖掘仪器的潜在应用及满足客户需求的定制化服务。

四、创新科学仪器设备采购

采购管理、财政经费管理、项目负责人的政府代理人各自为政,应采取创新方式将"博弈"转为匹配共享的共同体。

(一)及时修订制度,增强可行性

已多次采购的同款设备,在保证科研经费使用效率的前提下,三方报价可变为匹配共享制度,历年设备采购价格或者历年设备采购报价单可供参考,以便减轻经办人员的工作压力,相应提高采购效率,减轻人员工作量;或者采用电子邮件报价、口头报价,对报价的规范形式从宽安排;或者采用课题组长负责制,不需三家报价,直接提交比较及采购活动情况记录,承诺进行客观的市场调研与评估即可,采用事后监督、诚信监督的办法。

(二)建立设备零采购匹配共享渠道

2018年8月10日,国务院印发《关于优化科研管理提升科研绩效若干措施的通知》国发〔2018〕25号,其中明确高校和科研院所要简化科学仪器设备的采购流程,对急需的设备与耗材,采用特办、随到随办的采购机制,可不进行招投标程序,缩短采购周期;对于独家代理或生产的仪器设备,按程序确定采取单一来源采购等方式增强采购的灵活性和便利性。对于新建课题组,采购设备的时间效率高于性价比。新课题组的组建从到岗招人到形成一个完备的实验室,一般需要半年时间。这时候设备采购是基本配置,采购的时效直接影响了实验人员开展科研工作的效率。设备一天不到,相关实验就会一直停滞,如借用其他组设备还需要协调时间、地点,进展缓慢。对于新建课题组,建立特殊的制度管理条例,使课题组在尚无职工到位的情况下即开始建立,加快支持实验室建设,有利于科研经费对科研工作的支撑,达到国家科研经费划拨的真正目的。

五、信息化赋能创新工作流程

（一）引进电子审批网络系统，节省审批流程与时间

现在很多单位采用无纸化办公，财务系统也鼓励使用电子发票，使用互联网实现无纸化办公是大趋势。个别公司还提出了电子章的概念，即与普通法人章、合同章有相同法律效力的电子合同章，用于电子合同审核，建立电子合同系统。现在电子合同与网络报销系统已经有一些公司在做，但因整个市场未成熟，技术方面有待提高，尚未推行到科研院所，相信随着信息化市场的快速发展，这些会在近十年内有很大改变。

目前，越来越多的研究所开始建立"试剂耗材采购系统"，签字报销统一由采购部处理，消除课题组签字盖章流程的繁杂。特别对于新建课题组，设备采购数量不多，但是周期长。可以考虑效仿试剂采购的简化方式，部分审批流程从简或者采用电子签名，节约时间成本与人力成本；同时在新建课题组人员已经入职未到位的情况下即可以开始实施设备采购，采用新建课题组特批流程，节省时间，提高采购效率。

（二）简政放权，减少审批流程

资源配置执行层面应尽量在简化程序、强化服务的基础上做足"管理"文章，简化并加快采购、验收、报销、日常管理等部门的审批、运作、流转等操作程序，这有助于提升科研工作效率与科研活力，增加科研人员积极性与成就感。以中国地质大学(北京)推行的财务报销"瘦身计划"为例，在科学仪器设备资产报销过程中，对于不一定需要某特定岗位签字审批的项目，可以使用电子签名章、线上审批的方式，避免教师多跑路，尽量减少经办人员在发票报销及审批过程中的等待时间。目前，北京"双一流"建设高校中，大部分高校实现了网上报销与线下报销并行的工作流程。

（三）成本核算

针对科研经费下拨迟缓的情况，研究所可以与项目依托单位协商，明确立项前后即可开始经费支出，不一定要等到经费到位后。审计时对于项目立项经费拨付延迟的项目认定时间区间相应推迟。

六、引入第三方机构共同治理

第三方机构是独立于政府企业之外的,由专业性公司或组织构成,具有自主管理和运行能力的机构,在公共管理系统中的作用日益受到研究者的关注。高校作为仪器设备公共政策的制定者,要提前预判创新失灵、活动陷阱,第三方机构却可以弥补这些问题,通过聚合分散的政府经费使用方,或者说是设备购买方,成为新的公共政策执行者,从而维护科研工作者或者国家经费的利益。成立第三方维权或者服务机构,为科研院所科学仪器设备采购遇到的商务及违约问题提供帮助与指导是极其必要的。同时成立黑名单或者灰名单制度,对严重失信的供应商给予内部曝光,给供应商施加一定的压力,对于议价谈判或者维权,会起到推动作用。

2012 年 3 月,教育部、财政部出台《关于实施高等学校创新能力提升计划的意见》,大力推进"高等学校与高等学校、科研院所、行业企业、地方政府以及国际社会的深度融合,探索建立适应不同需求、形式多样的协同创新模式",协同创新中心通过围绕一个总体研究目标,将大学、科研院所以及企业等创新主体紧密联系起来,把原来分散在许多研究机构和研究领域的研究者积聚到同一个机构协同攻关,从而把基础研究、开发研究、应用研究和产业化集约在同一个机构内,形成了一个多功能集成化创新。针对设备采购过程中遇到的迫切问题,可以由协同创新中心牵头解决,或者建立协同办理机制,弥补制度主体不足或者维权复杂的情况。

"一体化机构"是各经费使用单位的共同联合机构,事实上并不需要有"联合机构"的实体,只要某类设备的国内主要需求方能够形成这个组织,对该商品的国内市场形成一定的控制能力即可达到改善现状的目的。这个组织一旦有足够的议价能力与维护权益的能力,那么垄断供应商对国内各科研院所、高校及事业单位的主导权将大幅下降,在设备采购过程中,议价及售后服务等问题会有较高的谈判主导权,财政经费的权益会得到更高的使用效率。

七、推动科学仪器设备与经济学耦合

高校之间是不断互动的,政府与高校之间也是不断互动的,经济学原理是全面提高界面分析变量,从而提高配置效益的有效途径。现在大型仪器设备主要通过科技部平台进行查询,对于仪器设备佐剂与实验材料的零散资源仍然没有好的途径进行检索和开发利用,比如宝石、矿物、岩石标本,这些不在大型仪器设备的范畴里,导致低水平的重复利用、资源浪费严重。新的时代性,给经济理论提供了更多肥沃的土壤。根据高校科学仪器设备的具体配置过程中的一些新的发现,我们提出了一种新的经济学理论——近距离经济学,该理论受到了以下经济理论的影响。

(一)行为经济学 + 科学仪器设备

行为经济学在高校科学仪器设备管理过程中突出表现在认识到管理主体、创新主体、配置主体的不同行为特点,并根据不同的主体行为作出不同的科学决策。配置主体应及时了解、调研创新主体的切实需求,积极与项目审批主管单位沟通,积极参与政策的制定过程,认识项目制定的根本出发点,了解政策制定的目的与效能。在本单位管理层、执行层加强项目管理与组织管理意识。战略家正是受到行为经济学、行为技术学等的影响,会更加科学地配置科学仪器设备资源。他们的行为会在实验经济学和行为经济学中不断被选为研究对象,进行剖析,对于高校制定科学合理决策具有重要参考意义。

(二)近距离经济学 + 科学仪器设备

高校大型仪器设备的共享固然能给相关主体带来收益,但同时也需要成本。扩大共享的效益,主要通过扩大共享的感知收益和降低共享的感知成本两个途径得以实现。如果感知收益超过感知成本,则共享主体相对满意,共享能够得以维持;如果感知收益小于感知成本,则共享就不存在真正意义上的商业价值,难以自愿进行。从"高校大型仪器设备共享的效用分析"可知,虽然从理论上讲共享促进了社会经济福利水平的改善,存在"帕累托最优"的理想状态,但共享只能在特定的范围内,超出特定的经济范围,共享就难以自愿进行并且最终不经济。在高校大型仪器设备的共享方面,政府可以通过适当的转移支付手段实现最优机制设计,如果政府无法观测共享政策实施给利益受损人带来的损失,则政策的实施难度会加大。

(三)界面经济学 + 科学仪器设备

以开放共享界面为例,共享产生四个方面的成本:共享供给成本、共享需求成本、共享服务成本和共享管理成本。与此同时,共享也产生四个方面的收益:(1)产权私有化转化中产生了共享收益;(2)使用权交易产生了共享收益;(3)正外部性产生了共享收益;(4)共享参与者积累了社会资本。共享主体基于共享成本和共享收益构成了共享的感知价值模型。由于高校大型仪器设备是一种稀缺资源,共享的供给方和需求方会对共享价格作出不同的反应,由此带来共享均衡;更进一步,共享的效用变化遵循边际效用递减规律和效用最大化原则,共享主体都会依据共享效用,决定是否愿意共享或共享的程度。因此,要提高高校大型仪器设备共享的总效用:(1)必须承认其市场调节背景下的稀缺资源属性;(2)共享只能在特定的范围内,超出特定的经济范围,共享就难以自愿进行并且最终不经济;(3)逐步完善大型仪器设备共享平台。

八、提高政策一体化力度

公共政策的有效执行必须具备一定的前提条件,如执行机构的结构和人员,主管领导的工作方式技巧,执行的能力与信心,目标群体的组织或制度化程度,文化、社会经济与政治环境等问题。所以在设备采购项目为主的科研经费管理过程中,需要从全局出发,加强政策执行各方面的配合与支持,包括人员配置、资源配置与组织形式等的全面考虑,特别在执行层面加强沟通交流,拓宽知识面,对外部政策环境的变化能够作出及时应对。

(一)培训 + 科学仪器设备

加强相关制度、项目管理的学习。增加采购及设备管理人员培训,及时了解政策环境。同时因事业单位的科研工作人员,多数时间做实验或者研究科研论文,对于项目管理、行政公共管理等知识与思维方式了解不多,对于科研项目制度的理解与学习较少。建议重点在管理学方面增加培训与学习的宣传,实验之外,从公共管理或者项目管理的角度来处理项目执行问题。

项目负责人及各类项目管理人员应投入时间精力学习科研经费制度及管理办法。各类项目委托单位对自己主管的项目都制定有项目管理办法及科研经费管理办法,但要求不尽相同甚至差异很大。如《国家自然科学基金资助项目资金管理办法》和《国家重点基础研究发展计划专项经费管理办法》

以及《国家社会科学基金项目经费管理办法》中关于预算编制、支出结构、项目决算等内容都有差异。管理人员及科研人员需要投入很大的精力去理解不同的政策标准,实际执行时不同的人对同样的政策条文理解得不相同,形成了政策制定者与执行者之间信息不对称的矛盾,从而加剧了科研经费管理的混乱。

(二)进口+科学仪器设备

引用外贸汇率控制工具,或者适当提早或者推迟采购时间,避免汇率造成经费损失。可以与外贸代理公司确认汇率风险规避条款、商务条款等,形成常态化的政策执行风险控制策略。建议提高国产设备的质量与技术水平,在国产设备提供了较好的市场供应环境后,各科研院所可减少科研设备进口。

(三)环境因素变化对设备科研经费使用效率的影响+科学仪器设备

科研单位采购人员要及时了解政策动态,及时提出应对措施,避免损失。如中美贸易战过程中实施惩罚性关税问题,对于原产美国的设备试剂等应及时提示风险以及供应商可能因此带来的违约与商务问题,可以建议需求方及时替换能替换的设备,不能替换的提醒科研人员做好预算调整,提示报关运输等风险;在实施惩罚性关税结束后,要留意是否有退税政策以避免经费损耗,应及时关注海关免税及报关问题、物流存储问题及设备安装调试问题,这些因素都将对设备采购及科研经费的使用效率产生一定的影响。对于经费支出单位,当课题组经费紧张时,采购设备量会急剧下降,考虑到其自身的发展课题组自然会货比三家、多方考虑。所以建议对这些经费来源进行分类管理:对于有必要监管的,可以从严监管;对于不必要监管的,可以根据设备采购经费适当放权,以事后抽查信用登记的方式进行监督。

(四)增强预算管理+科学仪器设备

普及预算重要性,强调预算安排的合理性与准确性,强调预算执行管理以及结算在科研工作中的作用。预算管理部门要就年度预算及追加预算针对性地定点传达提醒各部门,对不按预算执行的单位要做到充分沟通,做到提前预警,减少预算调整。"非官方政策参与者在对自我利益的维护和践行中应该提出对政策制定有利的建议,避免不必要的盲从心理。不同主体要避免对社会和权威的依赖性,积极主动地参与与官方对话的场合中去。"对于在科研工作过程中不适用或者实际执行困难的规章制度,科研单位应积极与政策制定者沟通,积极反馈政策问题。政策制定者也应制定政策调整机制,在政策制定后通过调研或者听取参与者的反馈意见来及时修订。只有政策的制定者与执行者、参与者各相关层面积极互动,才能形成确有成效的规章制度。

政策与项目管理制度执行过程中,应多角度考虑多项制度之间的关联,可以通过对项目与项目之间管理办法的研究,制定者与执行者在执行过程中可能遇到的问题,适当与项目主管单位沟通,细化项目管理办法,避免制度与制度之间的并行或者矛盾。当然,在不违背项目设立初衷的情况下,应允许制度与制度之间可以并行或者可以互相规避。

参考文献

阿克洛夫,戴蒙德,卡尼曼,等. 行为经济学经典[M]. 贺京同,宋紫峰,杨继东,等译. 北京:中国人民大学出版社,2020.

伯尔. 工业研究的渊源[J]. 科学与哲学,1984(2):63–94.

蔡齐祥,曹丽燕,张威,等. 未来科技创新实验室安全环境的政策及管理方向研究[J]. 科技管理研究,2016,36(22):34—40.

蔡瑞林,袁锋,吴小亚. 高校大型仪器设备共享的经济学分析[J]. 实验室研究与探索,2012,31(4):384–388.

陈敏. 中国院校研究案例:第二辑[M]. 武汉:华中科技大学出版社,2010.

陈盼,陈宁,亓云涛,等. 浙江省国产科研仪器发展现状分析及对策[J]. 分析测试技术与仪器,2022,28(1):57–61.

陈庆云. 公共政策分析[M]. 北京:中国经济出版社,1996.

陈学飞. 西方怎样培养博士:法、英、德、美的模式与经验[M]. 北京:教育科学出版社,2002.

程星. 世界一流大学的管理之道:大学管理研究导论[M]. 北京:北京大学出版社,2018.

杜奕,冯建跃,张新祥. 高校实验室安全三年督查总结(Ⅱ):从安全督查看高校实验室安全管理现状[J]. 实验室技术与管理,2018,35(7):5–11.

杜玉杰,赵卫红,李桂林,等. 地方高校实验资源优化配置的实践[J]. 实验室研究与探索,2010,29(9):168–170.

冯端. 实验室是现代化大学的心脏[J]. 实验室研究与探索,2000,(5):1–4.

冯建跃,张新祥. 开展实验室安全督查提升高校安全管理水平[J]. 实验技术与管理,2016,33(9):1–4.

冯志林,赵庆双,管志远,等. 高校做好特种设备安全管理的基本要素[J]. 实验技术与管理,2009,26(2):171–174.

傅秀芬,闻星火. 加强建设,深化改革,提高实验室的水平和效益[J].

实验技术与管理，2006，23(8)：121–124．

郭金明．实验室的演化历史及其对我国组建国家实验室的启示[J]．自然辩证法研究，2019，35(3)：76–82．

何碰成，王斌楠，黄文豪，等．"双一流"建设视角下高校实验室综合改革的策略与路径[J]．实验室研究与探索，2017，36(12)：261–263．

何声升．高校科技创新绩效影响因素分位研究：创新价值链理论视角[J]．高校教育管理．2020，14(5)：104–114．

侯亚彬，王立，岳爱玲．深化改革进一步提高实验室建设与管理水平[J]．实验室研究与探索，2009，28(12)：197–199．

洪彬，陈小飞，邓白平，等．对一般高校仪器设备资源优化配置的思考[J]．中国现代教育装备，2008，65(7)：3–5．

黄凯．高校实验室仪器设备最优化配置的实践研究[J]．现代科学仪器，2018(5)：122–125．

黄盼盼，李擎，齐心，等．高校科研仪器设备绩效评价研究[J]，中国现代教育装备，2022(13)：36–38．

教育部中外大学校长论坛领导小组．中外大学校长论坛文集：第三辑[M]．北京：高等教育出版社，2006．

金久暄．关于特种设备现场管理实施措施[J]．中国设备工程，2020(18)：52–54．

克拉克．研究生教育的科学研究基础[M]．王承绪，译．杭州：浙江教育出版社，2001．

李斌，廖镇．国内外大型实验室经费问题现状分析[J]．科技与管理，2009，11(2)：33–35．

李娜，蒋林华．区块链在高校仪器设备智能化管理中的应用[J]．实验室研究与探索，2020，39(9)：290–294．

李平，黎艳．科技基础设施对技术创新的贡献度研究：基于中国地区面板数据的实证分析[J]．研究与发展管理，2013，25(6)：92–102．

李霞，董易，梁月．美国依托大学建设的世界级实验室管理运行机制研究：以国家实验室为例[J]．实验技术与管理，2020，37(7)：278–284．

李永平．影响实验室设备低成本运行的因素分析[J]．河北冶金，2016，245(5)：63–64．

李志刚，何一萍，宋强．贵州大学实验室安全管理体系建设探索与实践[J]．

实验技术与管理, 2018, 35(12): 9–12.

梁建国, 于燕梅. 高校化工实验室安全环境建设的探索与思考[J]. 实验技术与管理, 2014, 31(10): 229–231.

廖冬梅, 翟显, 杨旭升. 安全科学在高校实验室安全文化中的应用与研究[J]. 实验室研究与探索, 2020, 39(8): 308–312.

林盛杰, 周伊萍, 姚乐彦. 营造良好科研环境 保持学校科研工作可持续发展[J]. 宁波大学学报(教育科学版), 2005, 27(1): 92–94.

刘博, 沈菊琴. 界面及界面管理概念界定[J]. 华东经济管理, 2012, 26(9): 109–111.

刘长宏, 岳庆荣, 李刚, 等. 高校实验室仪器设备最优化配置的实践研究[J]. 实验技术与管理, 2016, 33(4): 232–238.

刘浩. 高校设备配置资源优化的思考[J]. 科技创新导报, 2009(6): 148.

刘华, 赵永明, 潘苏, 等. 放射源安全管理现状及对策[J]. 辐射防护, 2002(5): 272–276.

刘献君. 中国院校研究案例: 第一辑[M]. 武汉: 华中科技大学出版社, 2009.

刘雪蕾, 李恩敬, 张志强, 等. 大学实验室环境安全健康管理信息系统设计与实践[J]. 实验室研究与探索, 2018, 37(6): 297–301.

刘雨欣. 全生命周期成本研究: 文献综述与展望[J]. 现代营销(学苑版), 2021(8): 144–145.

柳洪洁, 刘美, 徐瑞雪, 等. 改革实验室管理模式 提高研究生科研创新能力[J]. 实验室科学, 2014, 17(1): 146–148.

芦丽君, 曹勇. 优化资源配置强化基础实验室建设[J]. 中国高等教育, 2006(6): 46–47.

陆书玉. 电离辐射环境安全[M]. 上海: 上海交通大学出版社, 2016.

鹿现永. 美国大学实验室安全管理对我国建设安全"双一流"实验室的启示[J]. 实验室技术与管理, 2020, 37(9): 306–310.

罗春花, 马绍斌, 范存欣, 等. 暨南大学学生核辐射知识态度和行为[J]. 中国学校卫生, 2012, 33(3): 336–337.

骆开军, 焦林, 文富聪. 实验室特种设备安全管理体系的探讨与研究[J]. 设备管理与维修, 2022(11): 13–14.

马万华. 从伯克利到北大清华: 中美公立研究型大学建设与运行[M].

北京：教育科学出版社，2004．

闵维方，文东茅，等．学术的力量：教育研究与政策制定[M]．北京：北京大学出版社，2010．

宁信，张锐，王满意，等．高校辐射安全管理的实践与探索[J]．实验室研究与探索，2019，38(12)：312–315．

潘军．一流大学场域构建与湾区经济演进：关系与启示[J]．高校教育管理，2021，15(4)：44–53．

潘懋元．高等教育研究方法[M]．北京：高等教育出版社，2008．

彭春元，林远煌，许显坚，等．高校实验室管理工作的改革与实践[J]．实验室研究与探索，2011，30(6)：355–358．

彭浩，涂勇．基于系统论的科技基础设施概念模型研究[J]．科学学与科学技术管理，2008(9)：10–13，23．

皮晓青，唐守渊，冯驰，等．科技资源开放与共享策略研究[M]．重庆：西南师范大学出版社，2009．

乔世德，王德胜．化学社会学[M]．昆明：云南教育出版社，1992．

全守杰，高鑫．大学战略规划何以推动知识生产模式转型：杜克大学的个案研究[J]．高校教育管理，2021，15(4)：54–63．

沈蕾娜．隐形的力量：世界银行的高等教育政策及其影响[M]．北京：高等教育出版社，2011．

沈佳坤，张军，冯宝军．一流学科建设经费的优化配置路径分析：学术与社会双重逻辑的实证研究[J]．高校教育管理，2021，15(3)：45–60，82．

盛路．高校辐射安全管理实践与思考[J]．实验技术与管理，2014，31(12)：211–213．

史天贵，彭绍春，兰山，等．高校实验室综合改革的思考[J]．实验技术与管理，2016，33(2)：1–3．

司托克斯．基础科学与技术创新：巴斯德象限[M]．北京：科学出版社，1999．

陶学荣．公共政策学[M]．大连：东北财经大学出版社，2012．

王春安，危紫翼，杨茜，等．国外先进实验室人员配置与经费情况对我国实验室建设运行的启示[J]．实验技术与管理，2021，38(12)：243–248，282．

王芳，田宏伟，段天林，等．美国一流大学实验室及大型科学仪器设备管理的特色及启示[J]．实验室研究与探索，2018，37(10)：258–261．

王冬. 高校实验室成本管理研究[J]. 实验技术与管理, 2018, 35(8): 246–249.

王国强, 吴敏, 斯舒平, 等. 高校实验室安全准入制度的探索与实践[J]. 实验技术与管理, 2011, 28(1): 181–185.

王佳雯, 倪思洁. 科研何时不再"用别人的枪打鸟"[N/OL]. 中国科学报, (2017–03–07)[2023–05–30]. https://kns.cnki.net/kcms2/article/abstract?v=3uoqIhG8C45iO2vZ0jWu7b6KLB8DnSLpF1jAt4iYh2jZ1AqPWJczH7WXlZBGXP463Ub8IoVk4RCqU6WdwEeE6_odAbFy3v4sV9tE9HD6ZKU%3d&uniplatform=NZKPT.

王荣斌, 覃成林. 科技资源开发与区域经济增长研究: 以河南为例[J]. 中国人口·资源与环境, 2004, 14(5): 103–106.

王士国. 高校科研仪器设备全生命周期成本核算研究[J]. 实验室研究与探索, 2022, 41(8): 304–309.

王士国. 世界一流大学高地建设视角下高校实验室管理综合改革研究[J]. 实验技术与管理, 2021, 38(12): 249–254.

王士国, 卢凡, 王晓华, 等. 高校实验室危险化学品"互联网+电子追踪+法治"规范管理新模式探索与实践[J]. 实验技术与管理, 2020, 37(12): 312–316.

王士国, 肖源. 紧密围绕科研规律优化科学仪器设备和耗材采购[J]. 中国政府采购, 2021(9): 32–35.

王士国, 肖源. 安全生产治理现代化内涵和治理效能提升探究[EB/OL]. (2021–04–08)[2021–05–11]. http://rmlt.com.cn.

王文明, 施重阳, 扎尼别克. 基于区块链技术的智能合约实验平台[J]. 实验技术与管理, 2019, 36(3): 86–91.

王贻芳, 彭良强. 国家重大科技基础设施: 助建科技创新高地的大国重器[N/OL]. 人民日报, (2022–08–30)[2023–05–20]. http://paper.people.com.cn/rmrb/html/2022-08/30/nw.D110000renmrb_20220830_1-20.htm.

王战军, 刘静, 王小栋. 世界一流大学高地: 概念、特征与时代价值[J]. 高等教育研究, 2021(6): 29–37.

吴莹, 卜建, 李壮. 高校实验室特种设备安全管理探究[J]. 教育教学论坛, 2016(3): 12–13.

武学超, 罗志敏. 悉尼大学世界一流学科的科研卓越发展路径[J]. 中国高校科技, 2018(11): 42–46.

夏永林. 高校实验室资源的和谐配置与管理[J]. 实验技术与管理, 2008, 25(12): 185–187.

谢安邦. 高等教育学[M]. 北京: 高等教育出版社, 1998.

辛良, 朱宜斌, 孙志强, 等. "双一流"建设背景下高校实验室改革与创新[J]. 实验室研究与探索, 2020, 39(6): 246–252.

徐静年, 苏建茹, 郭奋. 高校实验室污染不容忽视[J]. 实验室技术与管理, 2005, 22(11): 130–132.

许欢. 科研仪器设备是实现科学创新的必要条件[J]. 中国纤检, 2021(6): 54–56.

杨军. 基础设施对经济增长作用的理论演进[J]. 经济评论, 2000(6): 7–10, 41.

叶儒霏, 陈欣然, 余新炳, 等. 影响我国科技资源配置效率的原因及对策分析[J]. 研究与发展管理, 2004, 16(5): 113–118.

叶元兴, 马静, 赵玉泽, 等. 基于150起实验室事故的统计分析及安全管理对策研究[J]. 实验技术与管理, 2020, 37(12): 317–322.

易琳. 独立医学实验室成本控制思考[J]. 合作经济与科技, 2015(12): 104–105.

游达明, 王美媛. 界面管理研究动向及未来展望[J]. 科技进步与对策, 2014, 31(11): 152–156.

于春雨. 高校实验室特种设备现状分析及管理探讨[J]. 中国现代教育装备, 2020(23): 36–38, 45.

俞虹成, 王帼娟, 杨雪, 等. 基于作业成本法的高校科研项目成本核算探讨[J]. 行政事业资产与财务, 2021(5): 76–77, 115.

袁伟, 范治成. 大型科学仪器中心对科技创新影响因素分析[J]. 中国科技资源导刊, 2018, 50(6): 1–5.

袁勇, 付国春, 戴灵豪, 等. 加快推进国产科研仪器"进口替代"的思考[J]. 分析测试技术与仪器, 2022, 28(1): 62–67.

张盖伦. 资金、合作、人才三大难题阻碍国产仪器创新[N/OL]. 科技日报, (2021–07–06)[2023–05–30]. https://kns.cnki.net/kcms2/article/abstract?v=3uoqIhG8C45iO2vZ0jWu7b6KLB8DnSLpvEMyZWnWRX709lG6r56CZP5a4tB383–aP3nNVB7mFEamjHJ6W85xZdCb0frvlPqPecpQQLZLrj0%3d&unipl

atform=NZKPT.

张盖伦,刘莉. 近九成科学仪器依赖进口,国货如何突围[J]. 决策探索(上),2021(8):76–79.

张海峰,毛建瑞,刘一. 创新人才培养视阈下的高校教学实验室综合改革[J]. 实验室研究与探索,2017,36(11):246–251.

张丽英. 大型仪器设备共享管理和成本核算探讨[J]. 热带农业工程,2015,39(8):55–58.

张柳华,张宝书,张世民,等. 高校物资供应与管理[M]. 北京:北京工业大学出版社,1998.

章薇,张银珠,孙益,等. 高校实验室特种设备安全管理探讨[J]. 实验技术与管理,2019,36(1):1–3.

赵雨宵,翟宇,王士国,等. 实验室安全第三方机构管理体系研究[J]. 实验技术与管理,2022,39(2):234–238.

郑志远,李传涛,王杰,等. 高校实验技术队伍的现状调查及思考[J]. 实验技术与管理,2019,36(9):244–246.

中国高等教育学会. 新时代高校理论与实践教学深度融合若干问题观察报告(2019)[M]. 北京:北京理工大学出版社,2020.

周光礼. 中国院校研究案例:第三辑[M]. 武汉:华中科技大学出版社,2011.

朱德米,刘志威. 中美一流大学行政化程度的测量与比较[J]. 复旦教育论坛,2019,17(3):31–37.

朱开轩. 深化改革,发挥效益,把高校实验室工作提高到一个新水平[J]. 实验技术与管理,1992,9(1):1–7.

朱启超,陈英武,匡兴华. 复杂项目界面风险管理模型研究[J]. 科研管理,2005,26(6):149–156.

卓泽林. 世界一流大学如何为地区经济发展服务:耶鲁大学的经验[J]. 复旦教育论坛,2016,14(3):106–112.

AJAY A,JOSHUA G,AVI G. Prediction Machines:The Simple economics of artificial intelligence [M]. Cambridge:Harvard Business Review Press,2018.

ANTHONY R M, Justus von Liebig.FRS: Creator of the world's first scientific research laboratory[J]. Interdisciplinary science reviews, 2003, 28(4): 280–286.

ARTHUR W. Increasing returns and path dependence in the economy [M]. Ann Arbor: University of Michigan Press, 1994.

AVI G, CATHERINE T. Digital economics [J]. Journal of economic literature, 2019, 57(1): 3–43.

BERETTA M. Between the workshop and the laboratory: Lavoisier's network of instrument makers [J]. Osiris, 2014(29): 197–214.

BOB A, JOHN N, FENG S.The reorientation of higher education: Challenging the east–west dichotomy [M]. Hong Kong: Springer, 2012.

CAVINATO J L. A total cost/value model for supply chain competitiveness [J]. Journal of business logistics, 1992, 13(2): 285–301.

COLIN F C, ERNST F. When does "economic man" dominate social behavior? [J]. Science, 2006, 5757(31): 47–52.

DAVIS T. Effective supply chain management[J]. Sloan management review, 1993, 34(4): 35–46.

EIGHMY T, SCHOVANEC L, MULCAHY M B, et al. Ten years after the Texas Tech accident. Part II: Changing safety cultures and the current state of academic laboratory safety at Texas Tech University [J]. ACS chem health safe, 2020, 27 (3): 150–159.

FABIANO L R, DIEGO R. Mathematical models to explain the origin of urban scaling laws: a synthetic review [J]. Physics reports, 2023: 1012, 1–39.

JICHAO L, YIAN Y, SANTO F, et al. Scientific elite revisited: patterns of productivity, collaboration, authorship and impact [J]. Journal of the royal society interface, 17: 20200135.

JIN C, SONG C, BJELLAND J, et al. Emergence of scaling in complex substitutive systems[J]. Nature human behaviour, 2019, 3(8): 837–846.

JOHN J, RICHARD E, ALEXANDER P, et al. Highly accurate protein structure prediction with AlphaFold [J]. Nature, 2021, 596: 583–589.

KAPICI H O, AKACAY H, JONG T D. How do different laboratory environments influence students' attitudes toward science courses and laboratories? [J]. Journal of research on technology in education, 2020, 52(4): 534-539.

LOYALKA P, OU L L, GUIRONG L, et al. Skill levels and gains in university STEM education in China, India, Russia and the United States [J]. Nature human behaviour, 2021, 5: 892-904.

MARK B, BOB A, MARK M. Comparative education research: Approach and methods[M]. Hong Kong: Springer, 2007.

MARYAM F, LAURA V. A growth model of the data economy [R/OL]. Washington D. C.: National Bureau of Economic Research, Inc, 2021. NBER Working Paper, no.28427. http://www.nber.org/papers/ w28427.

MICHAEL P, ERIN L, RUSSELL J F. Papers and patents are becoming less disruptive over time [J]. Nature, 2023, 613(5): 138-144.

MICHAEL S, THIEME R J. A cross-national investigation of the R&D-marketing interface in the product innovation process[J]. Industrial, 2006, (4): 308-322.

MINKYONG B, FRANK D, IVAN A, et al. Accurate prediction of protein structures and interactions using a three-track neural network[J]. Science, 2021, 373(6557): 871-876.

National Academies of Sciences, Engineering, and Medicine. The Importance of Chemical Research to the U.S. Economy [R]. Washington D.C.: The National Academies Press. 2022.

National Academies of Sciences, Engineering, and Medicine. Empowering tomorrow's chemist: Laboratory automation and accelerated synthesis: Proceddings of a workshop in Brief (2022) [R]. Washington D.C.: The National Academies Press.

PHILIPPE A, BENJAMIN F J, CHARLES I J. Artificial Intelligence and Economic Growth [R/OL]. Washington D. C.: National Bureau of Economic Research, Inc, 2017. NBER Working Paper, no.23928. http://www.nber.org/papers/w23928.

RAINS G, MAHMOOD S. The political economy of development policy change [M]. Oxford: Basil Blackwell.1992.

RAVINDRAN S. Smartphone science: apps test and track infectious diseases[J]. Nature, 2021, 593: 302–303.

RESTUCCIA F, D'ORO S, KANHERE S S, et al. Blockchain for the internet of things: Present and future[J]. IEEE internet of things journal, 2018 (1): 1–8.

RUSSELL D A. Managing high-technology programs and projects[M]. Beijing: Tsinghua University Press, 2004.

SHIGUO W, SUYING X, GAOFEI H, et al. A fluorescent chemodosimeter for live-cell monitoring of aqueous sulfides [J]. Analytical. chemistry: 2016, 88: 1434–1439.

SHIGUO W, LEYU W. Lanthanide-doped nanomaterials for luminescence detection and imaging[J]. Trends in analytical. chemistry, 2014, 62: 123–134.

SHIGUO W, HAILE L, QIURUI S, et al. Cryptogovernance for security supervision in the internet of things [J]. Procedia computer science, 2022 (202): 260–268.

STONE W. Acoustics in China. Nature, 1881, 23: 448–449.

WATSON M, NELSON D, PETER C. Managerial analytics: An applied guide to principles, methods, tools, and best practices [M]. New Jersey: Pearson FT Press, 2014.

ZHONGYI W, KEYING W, JIYUE L, et al. Measuring the innovation of method knowledge elements in scientific literature [J]. Scientometrics, 2022, 127: 2803–2827.